Leseexemplar
336 Seiten. Gebunden
DM 45,00   ÖS 329,00   SFr. 41,50
Erstverkaufstag 27. Juni 1997

STEVEN OZMENT

Die Tochter des Bürgermeisters

DIE REBELLION EINER JUNGEN FRAU IM DEUTSCHEN MITTELALTER

DEUTSCH VON PETRA POST UND
ANDREA VON STRUVE

ROWOHLT

Die Originalausgabe erschien 1996 unter dem Titel
«The Bürgermeister's Daughter. Scandal in a Sixteenth-Century
German Town» im Verlag St. Martin's Press, New York
Umschlaggestaltung Ingrid Albrecht
(Mit freundlicher Genehmigung von
The Fridart Foundation, London:
«Gerechtigkeit», Lucas Cranach d. Ä., 1537)

Ich will streng wie die Wahrheit
und unnachgiebig wie die Gerechtigkeit sein

William Lloyd Garrison, 1831

Inhalt

Die
Geschichte

Junker und Maid, Einblattholzschnitt,
Max Geisberg, 1521

Nun grüß Dich Gott, Du freundlichs Kind.
Gott dank Euch Junker, was habt Ihr im Sinn?
Liebe Jungfrau, laßt mich an Euren Rosen schmecken.
Lieber Junker, sie wachsen nicht in allen Hecken.
Liebe Jungfrau, wenn ich hätt ein solchen Garten,
Wollt ich sein so fleißig warten.
Lieber Junker, man läßt nicht jedermann drinnen gehen.
Ihr müßt gar fleißig darum beten.
Darum mögt Ihr Euch wohl weiter versehen.
Gute Wort soll man nicht verschmähen.

𝔄 m 27. Januar 1552 ging im Gerichtsgebäude der jahrhun-
dertealten freien Reichsstadt Schwäbisch Hall mit der
Verkündung des Todes der Klägerin Anna Sporland, gebo-
rene Büschler (1496/98–1552), abrupt ein Rechtsstreit zu
Ende, der lange Zeit für großes Aufsehen gesorgt hatte. Es
handelte sich um einen spektakulären Fall von elterlicher
Grausamkeit und Enterbung. Anna war zum Zeitpunkt ihres
Todes Mitte Fünfzig und hatte seit 1525, also fast ihr halbes
Leben damit verbracht, gegen ihren Vater, ihre Geschwister
und den Rat der Stadt Hall anzukämpfen. Sie starb verarmt
und verbittert, noch während die beiden letzten Zeugen – ihr
Vetter, der Bürgermeister des fernen Rothenburg, und der
Bürgermeister von Hall, einer ihrer Hauptgegner – zu ihrem
Fall aussagten.[1] Bis zum Schluß stand sie im Mittelpunkt des
öffentlichen Interesses und beeinflußte das politische Gesche-
hen in der Stadt Hall.[2]

Zu Beginn der zwanziger Jahre des 16. Jahrhunderts sah es
noch so aus, als sei Anna Büschler ein glückliches und sorg-
loses Leben beschieden und keines, das sich durch endlose
Familienzwistigkeiten und Rechtsstreitigkeiten auszeich-
nete. In eine höchst angesehene Familie hineingeboren,
selbstbewußt und von jugendlichem Überschwang, galt sie
in ihrer Heimatstadt als Schönheit, erregte jedoch durch ihr
unkonventionelles Auftreten auch Aufsehen. Aber wer im
16. Jahrhundert im Rampenlicht stand, spielte nicht selten
mit dem Feuer.

Sowohl von Männern als auch von Frauen wurde erwartet,
daß sie sich an genau festgelegte Verhaltensregeln hielten,
die je nach Geschlecht, Standeszugehörigkeit und sozialem
Umfeld variierten. Auf ihrer Befolgung basierten die öffentliche Ordnung und der soziale Frieden. Bei einer Gerichts-

11

verhandlung wurde demzufolge dem Charakter und Ruf eines Menschen großes Gewicht beigemessen, da sein gegenwärtiges Verhalten im Licht des früheren beurteilt und sein Leben von jedem Blickwinkel aus beleuchtet wurde.

Anna konnte einer solch genauen Prüfung schwerlich standhalten. Schon als junge Frau hatte sie sich in den Augen der Gesellschaft skandalös verhalten. Ihr Leben war voller problematischer Beziehungen: zwischen Tochter und Vater, Schwester und Geschwistern, Herrin und Dienerin, einer Frau und ihren Liebhabern, einer Bürgerin und ihrer Stadt. Zweimal machte sie ihrer Familie und der Stadt Hall auf unvergeßliche Weise Schande und stellte sie bloß: das erste Mal, als sie ihren Vater hinterging und sich seinen Haß zuzog, das zweite Mal, zwanzig Jahre später, als sie dem Rat der Stadt Hall die Stirn bot und seine Vergeltung provozierte.

Das ungewöhnliche Zeugnis ihres «skandalösen, unzüchtigen und verwerflichen Lebens»[3] ist uns dank der lebenslangen Feindschaft ihres Vaters und ihres Bruders fast vollständig erhalten. Wir verdanken ihnen die Zeugenaussagen von zahlreichen Mitbürgern und angesehenen Persönlichkeiten, die Jahrzehnte später vom Reichsgericht zu den fraglichen Ereignissen vernommen wurden. Und ihr Vater und ihr Bruder waren es auch, die ihre für die Nachwelt so interessanten Liebesbriefe – sie unterhielt mit zwei Männern gleichzeitig ein Verhältnis – entdeckten, an sich nahmen und aufbewahrten, durch die Annas Charakter vor demselben Gericht in Zweifel gezogen wurde.

Was hatte diese Frau getan, um ihren Vater, den damaligen Bürgermeister von Hall, dazu zu bringen, sie in aller Öffentlichkeit eine «böse Schlange» zu nennen, und den Rat von Hall, sie als Querulantin zu bezeichnen, was in beiden Fällen zur Intervention des Reichskammergerichts, des höchsten Gerichts in Deutschland, führte? Warum fesselte das Verhalten einer einzelnen Frau über so lange Zeit die Aufmerksamkeit und zerrüttete das Leben so vieler einflußreicher Personen? Die Antworten auf diese Fragen finden sich in den Verhältnissen der damaligen Gesellschaft und der Geisteshaltung von Menschen, die uns ähnlich und unähnlich zugleich waren.

Unsere Geschichte spielt in Mitteleuropa, in der ersten Hälfte des 16. Jahrhunderts; die Ritterzeit ist vorüber, und die kreative Ära der italienischen Renaissance nähert sich ihrem Höhepunkt. 1527 sollte Rom von kaiserlichen Soldaten, darunter viele deutsche Söldner, geplündert werden. Aber bereits im späten 14. Jahrhundert und dann im 15. Jahrhundert war die relativ geordnete mittelalterliche Welt der Ritter, des Klerus und der Bauern allmählich von der weniger rigiden Welt neureicher Kaufleute, fanatischer religiöser Reformer und aufstrebender Handwerkszünfte, die die wirtschaftlich und kulturell aufblühenden Städte prägte, abgelöst worden.

Der Schwarze Tod, der 1349 seinen Höhepunkt erreichte und vor allem in den Städten entlang der wichtigsten Handelsrouten wütete, trug ironischerweise dazu bei, das Gleichgewicht der Mächte zugunsten des neuen Bürgertums zu verschieben. Im Zuge der Verheerung durch die Pest erklärten Tausende von Bauern ihre Freiheit oder erkauften sie sich von ihren adligen Gutsherren und zogen in die Städte, wo tüchtige Arbeitskräfte gefragter waren und besser bezahlt wurden als auf den heruntergekommenen Gütern.

In den Städten, deren Wirtschaft sich rasch wieder erholte, fanden die Zuwanderer Arbeit in den verschiedenen Gewerben und wurden Teil einer selbstbewußten neuen Schicht, die aus einer Revolution im Bildungswesen hervorgegangen war. Zwischen 1300 und 1500 hatte sich die Zahl der Universitäten in Europa mehr als verdreifacht, und die Chancen auf eine muttersprachliche, weltliche Schulbildung hatten sich vervielfacht. Der Bedarf der städtischen Industrien und

Verwaltungen an gut ausgebildetem Personal wollte befriedigt werden. Die große Zahl von Laien, die jetzt lesen und schreiben konnten, verhalf dem Druckereigewerbe zum Durchbruch. Knapp fünfzig Jahre nachdem Johann Gutenberg, dank der finanziellen Unterstützung seines Schwiegervaters, seine Druckerei in Mainz eröffnet hatte (um 1445), waren bereits zweihundert Druckpressen in Europa in Betrieb, allein sechzig davon in Deutschland. Im ausgehenden 15. und frühen 16. Jahrhundert war durch diese verschiedenen Entwicklungen ein Bürgertum entstanden, das informierter und politisch engagierter war als je zuvor. Es war entschlossen, den Adel und die Kirche herauszufordern, um mehr Einfluß auf sein Leben nehmen zu können.[4]

Nirgendwo war dieses weltliche Selbstbewußtsein ausgeprägter als in Deutschland, dem Schauplatz unserer Geschichte. Kaiser Maximilian I. (1493–1519) bestätigte diesen neuen, ungebärdigen Geist der Zeit: In einem Vergleich seiner Herrschaft im Heiligen Römischen Reich mit der der Könige von Spanien und Frankreich, bezeichnete er sich als «König von Königen». In Spanien gehorchten die Untertanen ihrem König oder widersetzten sich seinen Befehlen, wie man es erwarten konnte, während in Frankreich wider Erwarten die Menschen die Anordnungen des Königs ohne Murren befolgten. Aber in Deutschland, dem Kleinod des Reichs, machten die Menschen das, was ihnen gefiel, als wäre jeder sein eigener König.[5]

Die zwanziger Jahre des 16. Jahrhunderts waren Deutschlands revolutionärstes Jahrzehnt vor Beginn der Neuzeit. In diesen Jahren faszinierte die von Martin Luther angeführte Reformation eine große Zahl von Menschen, vor allem in den Städten. Die reformatorische Bewegung warf der römischen Kirche Verrat an der reinen Lehre und Dogmatismus vor und spaltete Familien, Universitäten und städtische Räte gleichermaßen, da eine Region nach der anderen gezwungen

war, sich zwischen der alten Religion und der neuen zu entscheiden. Während des fast hundert Jahre andauernden religiösen Konflikts zerstörten Protestanten Heiligtümer, säku-
larisierten Klöster, untersagten die heilige Messe und andere
Sakramente, erlaubten dem Klerus zu heiraten, besteuerten
ihn und gestanden der weltlichen Obrigkeit das letzte Wort
in moralischen Fragen und privaten Belangen zu.

Die römische Kirche war nicht die einzige traditionelle Institution, die sich den Haß der Revolutionäre zuzog. In den
Jahren 1524 und 1525 revoltierten in den ländlichen Gegenden
in Mittel- und Süddeutschland Zehntausende von Bauern
und sagten ihren habgierigen und ausbeuterischen Herren
den Kampf an. Der religiöse Gleichheitsgedanke der Reformation leistete einer sozialen Revolution Vorschub. Eine
Reihe von Bauernführern bemühte Luthers Lehren, um ihre
Aktionen zu rechtfertigen, aber Luther mißbilligte diese
Vermischung von Religion und Politik. Überall im Land
wurden die aufständischen Bauern von mächtigen adligen
Armeen – sowohl katholischen als auch protestantischen –
niedergeschlagen und zu Zehntausenden getötet.

In der heutigen Forschung ist es umstritten, ob die Reformation und der Bauernkrieg in der deutschen Geschichte tatsächlich irgend jemanden befreiten. Es besteht Konsens darüber, daß die zwanziger Jahre des 16. Jahrhunderts eher ein
rückständiges als ein aufgeklärtes Jahrzehnt waren und daß
diese beiden wichtigen Ereignisse einem Großteil der Bevölkerung neue Formen der Knechtschaft brachten. Indem sie
das Papsttum abschaffte – das ein Gegengewicht zur weltlichen Obrigkeit dargestellt hatte –, räumte die Reformation
den deutschen Fürsten und herrschenden Eliten absolute politische Macht ein, während der Bauernkrieg denselben
Herrschern als Vorwand diente, mit ihrer neu gewonnenen
Macht den kleinen Mann zu unterdrücken.[6]

Dieselben Jahre werden heute auch als dunkles Kapitel in

der Geschichte der Frauen angesehen. Die Jahrhunderte zwischen 1300 und 1500 waren eher ein goldenes Zeitalter für Frauen gewesen, in dem ihre Bildungschancen und beruflichen Möglichkeiten zunahmen und damit auch ihre Bürgerrechte. Im 16. Jahrhundert jedoch wurde das Rad zurückgedreht. Frauen wurden wieder aus den Zünften ausgeschlossen und aus der Öffentlichkeit verdrängt. Ihr Leben reduzierte sich zunehmend auf die häusliche Sphäre – eine Entwicklung, die Wissenschaftler vor allem den patriarchalischen Idealen der Reformatoren zuschreiben.[7]

Wie viele vergleichbare Städte in dieser Zeit der religiösen Reformen und sozialen Umwälzungen erlebte Hall zugleich eine erfolgreiche lutherische Reformation und einen gescheiterten Bauernaufstand; in beiden spielten Figuren unserer Geschichte eine Rolle. Und der «Star», Anna Büschler, hätte gewiß bezeugen können, daß eine Frau im 16. Jahrhundert gegen große Widerstände anzukämpfen hatte. Auch ihre Geschichte zeugt von einem Aufbegehren gegen Verrat, Tyrannei und Ausbeutung, wenn auch von anderem Ausmaß. Sie spielt in einer mittelgroßen, aber bedeutenden Reichsstadt, dreht sich um eine prominente Familie und gibt uns Einblick in das persönliche Schicksal eines Menschen im ausgehenden Mittelalter. In ihrem Streben nach Gerechtigkeit und Gleichbehandlung hatte Anna Büschlers «Revolte» viel gemeinsam mit den revolutionären Bewegungen der damaligen Zeit. Zweifellos waren ihre Chancen, gegen die Autoritäten in ihrem Leben etwas auszurichten, ähnlich gering wie die der religiösen und sozialen Revolutionäre. Und ob sie letztendlich etwas erreicht hat, ist eine Frage, die der Leser angesichts des vorliegenden Materials selbst beantworten mag.

Als Parabel über die Urkräfte der menschlichen Natur schließlich könnte unsere Geschichte keinen passenderen Schauplatz haben als die mittelalterliche Stadt Hall. Die Stadt und ihre Umgebung wurden als «das klassische Land der

Erdgeschichte» bezeichnet, eine Anspielung auf ihre einzig-
artige geographische Lage und geologische Geschichte.[8] Als
erste ließen sich im 5. Jahrhundert vor Christus die Kelten in
dieser Gegend nieder und errichteten eine Siedlung nahe der
großen Salzquelle, um die sich Hall später ausdehnen sollte;
in den vierziger Jahren des 19. Jahrhunderts entdeckte man
bei Ausgrabungen die Überreste des ehemaligen Dorfs. Der
Name «Hall» geht auf die Urkelten zurück und leitet sich
von «hal», dem keltischen Begriff für «Salzstätte», ab. Später fielen germanische Stämme und die Römer hier ein und
ließen sich nieder; zahlreiche noch erhaltene Straßen und
Bauten tragen ihre Spuren.

Eingebettet in das Tal des Kochers, erstreckt sich die Stadt
über die bewaldeten Flanken des Tals, die nur 850 Meter voneinander entfernt sind und den tiefsten Punkt der Stadt um 97
Meter überragen. Durch die Stadt fließt der Kocher, dessen
Urbett 300 000 Jahre alt ist und dessen Windungen und
Krümmungen im Laufe der Jahrtausende die landschaftliche
Schönheit des Tals geprägt haben. Verläßt man den Bahn-
hof, der 50 Meter oberhalb der Stadt liegt, und wirft zum
erstenmal einen Blick auf die malerische alte Stadt vor der
dunkelgrünen Kulisse des Waldes, ist man überwältigt.[9]

In etwas größerer Entfernung, aber immer noch sichtbar,
befinden sich im Südosten die Limpurger Berge mit der
höchsten Erhebung der Gegend, dem 510 Meter hohen Ein-
korn. Im Westen liegen die dicht bewaldeten Waldenburger
Berge. Die weite Haller Ebene, die sich östlich und nördlich
der Stadt erstreckt, wird landwirtschaftlich intensiv genutzt.
In noch größerer Entfernung liegen Stuttgart (45 Kilometer
südwestlich), Heidelberg (80 Kilometer nordwestlich),
Nürnberg (100 Kilometer nordöstlich) und Augsburg (120
Kilometer südöstlich).

Der Vater

$\mathfrak{A}$ls Kaufmann, Investor und Politiker war Hermann Büschler (1470–1543) ein stolzer und mächtiger Ratsherr und fünfmaliger Bürgermeister der Stadt; er hatte dieses höchste Amt 1508, 1514, 1517, 1520 und 1525 inne. Damals wurden Halls Ratsherren nicht direkt von der Bevölkerung gewählt, sondern vom Rat selbst hinzugewählt, der auch jährlich (am 25. Juli) aus seinen eigenen Reihen den Bürgermeister ernannte – ein parlamentarisches System, das den Kreis der politisch Verantwortlichen extrem klein hielt, wenn auch nicht vom damaligen Standpunkt aus betrachtet. Als oberster Ratsherr war der sogenannte «Stättmeister» vergleichbar mit einem modernen Bürgermeister, abgesehen von der Tatsache, daß er die Interessen des städtischen Rats vertrat, die sich nicht unbedingt mit denen einer Wählerschaft deckten. Als «Karrierepolitiker» hatte Hermann Büschler seit 1492 das eine oder andere politische Amt in der Stadt bekleidet. Seine Familie war durch den Handel mit Wein und Immobilien reich geworden. 1499, als Anna noch ein Kleinkind war, hatte er bereits ein zu versteuerndes Vermögen in Höhe von 7600 Gulden angehäuft, eine beträchtliche Summe in der damaligen Zeit. 1520 war er der reichste Mann der Stadt und besaß das vornehmste Haus, das direkt am Marktplatz lag. Zwischen 1513 und 1525 übte kein Mann in Hall einen größeren Einfluß auf die Stadtpolitik aus, und keiner verlangte der Bürgerschaft mehr Respekt ab als er. Auch außerhalb von Hall machte sich Hermann Büschler einen Namen, wenn er beispielsweise als Vertreter der Stadt zu Landtagen reiste, wo wichtige politische Entscheidungen getroffen wurden, die die ganze Region betrafen.[10]

Im Spätmittelalter entwickelte sich die Familie zunehmend zum Mittelpunkt der Arbeit und des Lebens. Die Produktion

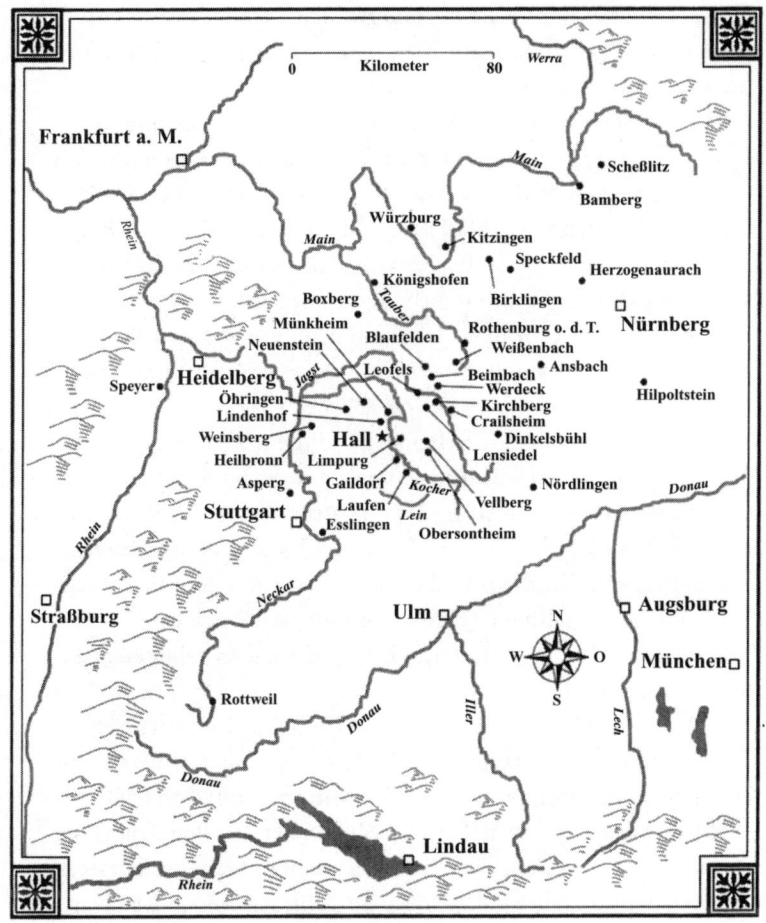

Schwäbisch Hall und seine Umgebung

gesellschaftlicher Güter verlagerte sich von den herrschaftlichen Großhaushalten auf die kleinen städtischen Haushalte, deren Kern das selbständig wirtschaftende Ehepaar mit seinen Kindern bildete.[11] Kinderarbeit war damals allgemein üblich. Spätestens mit dreizehn oder vierzehn Jahren kamen Mädchen in fremde Dienste, Waisenkinder teilweise schon mit sechs oder acht. Mädchen, die kein Vermögen in Form einer väterlichen Mitgift oder eines mütterlichen Erbes in die Ehe einbringen konnten, arbeiteten oft acht, zehn oder auch mehr Jahre in fremden Haushalten, bevor sie und ihre zukünftigen Ehemänner die nötigen Mittel besaßen, um zu heiraten.[12]

Auch die Töchter fürstlicher Familien und des städtischen Adels gingen Beschäftigungen nach, wenn auch nicht außerhalb des Hauses. In jungen Jahren für die Ehe bestimmt – sofern man sie nicht in ein Kloster schickte –, verbrachten sie ihre gesamte Kindheit zu Hause, wo sie erzogen und in den häuslichen Pflichten unterwiesen wurden. Auch die Töchter aus reichen Bürgerfamilien wie den Büschlers arbeiteten selten außerhalb des Hauses.[13]

Anna jedoch war auf der nahe gelegenen Burg der Schenken von Limpurg angestellt. Von ihrem Zuhause war es für Anna ein anstrengender zwanzigminütiger Fußmarsch zur Burg, die auf einer steilen Anhöhe direkt vor den Toren der Stadt lag. Wenngleich die Schenken einem niederen Fürstengeschlecht angehörten, waren sie dennoch lokale Machthaber und nahmen in der gesellschaftlichen Hierarchie einen erheblich höheren Rang ein als die nichtadlige Kaufmannsfamilie Büschler. Aber als Tochter des Bürgermeisters genoß Anna ein gewisses Ansehen und stand nicht nur im Dienst der fürstlichen Familie, sondern war auch mit ihr befreundet. Sie führte den Haushalt und nähte für die Schenkin Margarete, frühere Gräfin von Schlick und Ehefrau von Schenk Gottfried II. (1474–1530), Herr der Limpurg und der Ländereien südlich und südöstlich von Hall. Margarete war Mutter von acht Kindern, zu denen auch der spätere Schenk Asmus oder Erasmus (1502–1553) gehörte, der vier bis sechs Jahre jünger war als Anna.

Nach dem Tod ihrer Mutter im Dezember 1520 kehrte Anna in das herrschaftliche Haus ihres Vaters am Marktplatz zurück (heute Teil des Hotels Adelshof), um den Platz ihrer Mutter einzunehmen und ihm den Haushalt zu führen. Anna war zu diesem Zeitpunkt eine erwachsene Frau von Anfang Zwanzig (zwischen zweiundzwanzig und vierundzwanzig) und hatte nur ungern ihre Stelle auf Burg Limpurg aufgegeben. Hinzu kam, daß sie bereits das Alter überschritten hatte, in dem die meisten Frauen in Hall heirateten und ihr Elternhaus verließen (zwischen neunzehn und zweiundzwanzig),[14] und so war es ihr gewiß auch peinlich gewesen, ins väterliche Haus zurückzukehren.

Nach allem, was man weiß, war ihr Vater ein außergewöhnlicher Mann, und die Haller Bürger betrachteten die Beziehung zwischen ihm und seiner Tochter ebenfalls als außergewöhnlich. «Ein seltsames Leben haben sie miteinander geführt», bemerkte ein Zeuge und spielte damit auf das hohe Maß an Freiheit an, das der Bürgermeister seiner Tochter zugestand und das diese weidlich ausnutzte.[15] 1527 schied Hermann Büschler in aller Stille aus dem Rat der Stadt Hall aus, nachdem er und seine Tochter in der Stadt für einen öffentlichen Skandal gesorgt hatten.[16]

Aber fünfzehn Jahre zuvor war Hermann Büschler der Held der Stadt gewesen und allem Anschein nach zu lebenslanger Amtszeit im städtischen Rat bestimmt. Zwischen 1510 und 1512 war es ihm gelungen, für immer die politischen Rechte der nichtaristokratischen Bürger (*Mittelbürger*, die obere Mittelschicht) und Handwerker im Rat zu sichern. Jahrhundertelang hatte es innerhalb der Stadt Hall und des Rats soziale Spannungen gegeben. In jenen Jahren empörten sich die Bürger und Handwerker über die Hochnäsigkeit des alten Stadtadels,[17] der sie ständig an ihre niedere Herkunft erinnerte – ein eitler und manchmal tragikomischer Versuch, deren politische Ambitionen zu dämpfen und ihre Stimme im Rat zu übertönen. Aber diese beiden Gruppen waren zu groß und zu mächtig, als daß man sie hätte übergehen können. 1550 standen fast der Hälfte der etwa elfhundert Haushalte der Stadt Handwerkermeister vor, und einige von ihnen – wie die Bäcker und Metzger – waren bereits 1510 wohlhabend. Auch eine breite Unterschicht, die sich aus Tagelöhnern, Knechten und verarmten Handwerkern zusammensetzte, bereitete der Stadt Probleme: 40 Prozent der Haushalte zahlten keine oder weniger als ein Zehntel der durchschnittlichen Steuern.[18]

Hall war jedoch für seinen Oberherrn, den Heiligen Römischen Kaiser, zu bedeutend, als daß er lähmende gesellschaftliche und politische Konflikte hätte zulassen können. Die Stadt beherbergte nicht nur wichtige kaiserliche Salinen und deckte den Bedarf der Bevölkerung von Franken und Württemberg an Salz, sondern sie war auch kaiserliche Münzstätte. 1156 hatte Hall vom Kaiser das Marktrecht erhalten, das es ihm erlaubte, Zölle zu erheben, und das Recht, sein eigenes Geld zu prägen. Dadurch wurde es offiziell zur Stadt. Das neue Wappen zeigte ein Kreuz über einer Hand (oder einem Handschuh), das Sinnbild des Marktrechts, während der in früheren Urkunden auftretende zweite Handschuh das Recht der Münzfreiheit symbolisierte. Etwa um dieselbe Zeit wurde der berühmte «Haller» oder «Heller» geprägt.

1276 erkannte König Rudolf von Habsburg Hall als Reichsstadt an und befreite es damit von der langen, verhaßten «Herrschaft» (1260 reduziert zu einer Art Schutzherrschaft) der Schenken von Limpurg, die von ihrer Burg auf der benachbarten Anhöhe aus lange Zeit im Auftrag des Kaisers als die «Herren von Hall» fungiert hatten. Über Generationen hinweg hatten sie immer wieder versucht, Hall ihrem eigenen Besitz einzuverleiben. Sein Status als Reichsstadt gewährte Hall größere Autonomie (von da an unterstand die Stadt direkt dem Kaiser) und zugleich einen gewissen Schutz vor den Übergriffen der Schenken von Limpurg und anderer machtgieriger adliger Nachbarn. Jetzt lebte ein sogenannter *Reichsschultheiß* in der Stadt, der im Namen des Kaisers «den Stab trug», das heißt in Angelegenheiten, die den Kaiser betrafen, Recht sprach und die Zölle und andere kaiserliche Einnahmequellen in der Stadt überwachte.[19]

Schon früher war es in Hall zu sozialen und politischen Konflikten gekommen. Bereits 1261, als Hall selbstregierte freie Stadt wurde, gerieten die adligen Geschlechter, die damals den städtischen Rat beherrschten, und die Bürger, die eine größere Rolle darin spielen wollten, in «Klassenkampfmanier» aneinander. In jenem Jahr rebellierten die Bürger gegen die Anordnung des Magistrats, die Breite der Kellereingänge von Häusern und Tavernen auf fünfundsiebzig Zentimeter zu beschränken, damit niemand hineinfiel, der nachts durch die engen Gassen ging. Mit diesem Protest beabsichtigte man nicht nur, die Durchsetzung der neuen Anordnung zu verzögern, sondern wollte auch bürgerliche Macht demonstrieren (wenngleich sich Adlige, die nicht dem Rat angehörten, ebenfalls dem Protest anschlossen). In beiden Punkten konnten die Bürger einen Sieg für sich verbuchen. Nicht nur, daß die Anordnung vorläufig zurückgenommen wurde, sondern es verließen auch zwanzig bis dreißig adlige Familien die Stadt, angeblich auf der Suche nach einem ruhigeren Domizil.[20]

Erneuter Protest regte sich im 14. Jahrhundert, als der mächtige aristokratische *obere Rat* eine zehnprozentige Steuer für alle Bürger beschloß. Das rief den prompten Widerstand des *unteren Rats* hervor, der die Zünfte repräsentierte und schon lange einen Zusammenschluß der beiden Kammern

23

und eine gerechtere Aufteilung der Macht gefordert hatte. Auch ein Teil des städtischen Adels beteiligte sich an dem Protest. Als der obere Rat gegen die Mehrheit der Bevölkerung auf seinem Beschluß beharrte, kam es zum Aufstand.

Kaiser Ludwig von Bayern (1314–1347) versuchte den Klassenkrieg zu begrenzen, indem er die Bürgerrechte nach den Wünschen der Mehrheit der Stadtbevölkerung erweiterte. In seinem berühmten Brief von 1340 verfügte er außerdem die Umstrukturierung der politischen Vertretung der Stadt und den Zusammenschluß der beiden Gremien. Die neue Verfassung hob das ausschließliche Recht der alten Adelsfamilien auf das höchste Amt im Rat auf und räumte wohlhabenden Bürgern und Handwerkern, ungeachtet ihrer nichtadligen Abstammung, die Mehrheitsvertretung im städtischen Rat ein. Unter der neuen Ratsverfassung sollte Hall fortan von einem sechsundzwanzigköpfigen Rat regiert werden, der sich aus zwölf adligen Patriziern (auch *Geschlechter, Junker* oder *Edelleute* genannt), die den hohen Rang von *Richtern* einnahmen, sechs wohlhabenden *ritterbürtigen Mittelbürgern* oder auch *ehrbaren Bürgern* und acht Handwerkern zusammensetzte. Die Mittelbürger waren eine schnell wachsende soziale Schicht, die zwischen dem alten Adel und der traditionellen Handwerkerschicht angesiedelt war. Sie setzte sich aus reichen Kaufleuten und Zunftmeistern zusammen, die durch Pachtgeld und Handel Grundbesitz und Vermögen erworben hatten. Obwohl nichtadliger Herkunft, hatten viele Mittelbürger in Adelsfamilien eingeheiratet und betrachteten sich ihnen in jeder Hinsicht als ebenbürtig. Wie schon 1261 hatten die Bürger erfolgreich ihre Macht demonstriert, und wieder verließen Adelsfamilien unter Protest die Stadt.[21]

Die Verfassung von 1340 bescherte der Stadt eineinhalb Jahrhunderte lang Frieden, vermochte jedoch nicht die gesellschaftliche Kluft innerhalb des Rats zu überbrücken, geschweige denn innerhalb der Haller Gesellschaft. Im frühen 16. Jahrhundert wurde dieser Frieden erneut gefährdet, als über den Zugang nichtadliger Ratsmitglieder zu einer «adligen» Trinkstube ein Streit ausbrach. Rudolf Nagel, Hermann Büschlers früherer Freund und häufiger Mitstreiter in Ratsangelegenheiten, führte den Widerstand der adligen Ratsherren gegen «niedere» Bürger und Handwerker an, die Zutritt zu der Trinkstube begehrten.

Die betreffende Trinkstube befand sich am Marktplatz im Haus einer reichen Witwe und Wohltäterin namens Sibylla Egen (gest. 1538), die später als Anhängerin der Reformation lokale Berühmtheit erlangen sollte.[22] Der Zutritt zur Trinkstube beschränkte sich auf Mitglieder ortsansässiger Adelsfamilien, die dieses «Privileg» entweder durch Geburt oder Heirat erworben hatten. Der Disput schwärte im Laufe der Jahre innerhalb des Rats und bedrohte die politische Einheit der Stadt ebenso wie ihren sozialen Frieden. 1505 vermachte ein nichtadliger Ratsherr sogar sein Vermögen einer anderen Stadt, um gegen die Ächtung durch seine adligen Kollegen zu protestieren.[23]

Auch Hermann Büschler, der das Ganze als Haarspalterei abtat, wurde der Einlaß verwehrt, weil er den «Adelstest» nicht bestand. Obwohl seine Familie seit Generationen in Hall lebte, war sie nicht adlig, und obwohl er in ein altes Adelsgeschlecht eingeheiratet hatte, war dieses nicht ortsansässig. Seine Frau, Anna Hornberger, war eine Rothenburgerin, keine Hallerin. Andererseits verfügte er durch seine Ehe über eine adlige Herkunft, und mit einem zu versteuernden Vermögen von damals 6800 Gulden nahm er unter den sechsundzwanzig Ratsherren den fünften Rang ein.[24] Und außerdem hatte er 1508 das Bürgermeisteramt innegehabt. Wie konnte einem so wohlhabenden und prominenten Bürger der Zutritt zu einer Trinkstube für Ratsherren verwehrt werden? Für seine adligen Gegenspieler im Rat war die Antwort einfach und jahrhundertealt: Ohne adlige Abstammung fehlte dem Bürgermeister die erforderliche «Standesehre».

Andere nichtadlige Ratsmitglieder teilten Hermann Büschlers Groll, und mit ihrer Unterstützung ging er gegen diese diskriminierende Politik vor. Als er in die verbotene Trinkstube stürmte, wurde ihm mitgeteilt, daß er zwar Wein trinken dürfe, aber lediglich als Gast willkommen sei, nicht als Ebenbürtiger.[25] Der zeitgenössische Chronist Johann Herolt, der die Episode wiedergibt, moralisiert: «Aus solchem Stolz, der nie was Guts bewirkt hat, erwuchs diese Zwietracht.»[26]

Im November 1509 brachte der abgewiesene Bürgermeister den Konflikt um die Trinkstube offiziell vor den Rat. War es nicht lächerlich, fragte er seine nichtadligen Kollegen, daß sie, die mit vierzehn von sechsundzwanzig Sitzen eine ansehnliche Mehrheit im Rat stellten, bei Regen oder Schnee im Kirchhof oder auf dem Fischmarkt vor der Trinkstube stehen mußten, während ihre adligen Amtsgenossen in der Wärme und Behaglichkeit ihrer Stube saßen und debattierten? In einer ersten Abstimmung von sechzehn zu zehn Stimmen und einer zweiten von neunzehn zu sieben, bei der zwei Junker die Seiten gewechselt hatten, stimmte der Rat der naheliegenden Lösung zu: Die nichtadligen Mitglieder des Rats würden ihre eigene Trinkstube eröffnen, wo «gemeine Ratsherren und ehrbare Bürger»[27] mit ihren adligen Sympathisanten als Ebenbürtige zusammentreffen konnten. In einem 1499 erbauten Haus neben der Jakobskirche, das der Stadt unter Leitung der Franziskaner als Spital diente, fand sich ein passender Raum, und man begann mit den notwendigen Renovierungen.

Bald war der Disput um die Trinkstube in aller Munde. Da Hall inzwischen zum industriellen und finanziellen Zentrum der Region geworden war, hatte Kaiser Maximilian I. (1493–1519) alarmiert beobachtet, wie die soziale Ordnung in seiner «Vorzeige-Reichsstadt» zu bröckeln begann. Im April 1510 beschloß er einzugreifen und entsandte eine kaiserliche Untersuchungskommission in die Stadt. Als hätten sie den Konflikt nicht selbst geschürt, beschwerten sich die sieben adligen Ratsherren, die bis zuletzt darum gekämpft hatten, ihre Kollegen aus der Trinkstube fernzuhalten, laut und vernehmlich bei den Mitgliedern der Kommission über den großen Schaden, den Hermann Büschler mit der Einrichtung einer Trinkstube ihrem Spital zufüge.[28] Sie stellten den Bürgermeister als einen Mann dar, der die Finanzen der Stadt schlecht verwaltete, die Untertanen des Adels auf dem Land zu Unrecht mit Geldstrafen belegte und den Rat mit guten Freunden und Verwandten besetzte. Letzter Vorwurf bezog sich auf die Besetzung von drei frei gewordenen adligen Sitzen mit «ehrbaren Bürgern», von denen einer ein Vetter Hermann Büschlers war.[29]

Zur großen Bestürzung der meisten Haller schloß die Kommission ihre Untersuchung mit einem Urteil zugunsten des Adels ab, und wenige Wochen später ließ der Kaiser ihre Empfehlungen Gesetz werden. Er befahl nicht nur, daß die im Bau befindliche Trinkstube im Spital «für immer geschlossen» bleiben sollte, sondern änderte auch die Verfassung von 1340, die der Stadt 170 Jahre sozialen Frieden beschert hatte. Fortan besaß wieder die adlige Minderheitenfraktion im Rat die größere Macht. Die neue Verfassung garantierte den adligen Geschlechtern nicht nur ihre traditionellen zwölf Sitze, sondern auch das Bürgermeisteramt, sieben der zwölf städtischen Richterämter und die Besetzung eines von zwei Gemeindeämtern. Darüber hinaus wurde es den adligen Ratsherren ermöglicht, den allmächtigen *«geheimen Funffer»* zu beherrschen, der sich künftig aus zwei adligen und zwei nichtadligen Mitgliedern sowie dem Bürgermeister zusammensetzte. Wegen der engeren sozialen Beziehungen und den gemeinsamen politischen Interessen von Adligen und Bürgern (Reichtum erwies sich zumindest hier dicker als Blut) konnte man sich darauf verlassen, daß der Bürgermeister, der fast immer von der einen oder der anderen Gruppe gewählt wurde, die Interessen der Patrizier gegen die Handwerker vertrat.[30]

Viele Haller fühlten sich ins «finstere Mittelalter» zurückversetzt. Die Zeugenverhöre durch die Kommission verliefen so emotionsgeladen, daß schließlich die Drohungen der adligen Ratsherren Hermann Büschler dazu brachten, aus Angst um sein Leben aus der Stadt zu fliehen. Mit dem Inkrafttreten der neuen Verfügung wurden er und vier seiner Verbündeten aus dem Amt gewählt und durch drei Junker und zwei Handwerker ersetzt. Die geschlagenen fünf erhoben vor dem Reichskammergericht in Speyer sowohl gegen die Resolution als auch gegen die Schikanen ihrer Ratskollegen Einspruch, aber ihre Widersacher verfügten dort über die einflußreicheren Kontakte.

Hermann Büschler war jedoch niemand, der Beleidigungen und Niederlagen widerspruchslos hinnahm. Er wußte, wie er es seinen Gegenspielern heimzahlen konnte, und zeigte einen Eifer, den ihm selbst seine engsten Freunde nicht zugetraut hätten. Er beschloß, gegen die Entscheidung der Kommission in einer Privataudienz beim Kaiser persönlich zu protestieren und reiste nach Frankfurt am Main. Da sich die Stimmen in Hall gegen die neue Verfassung mehrten, hoffte er, den Kaiser überreden zu können, diese für nichtig zu erklären. Halls Adelsfamilien jedoch, allen voran Rudolf Nagel, waren Hermann Büschler wieder zuvorgekommen. Ihre Freunde am Hof verhinderten erfolgreich, daß Hermann Büschler zum Kaiser vorgelassen wurde.

So leicht gab sich der Bürgermeister jedoch nicht geschlagen; er beschloß, den Kaiser in aller Öffentlichkeit anzusprechen, und zwar auf höchst dramatische Weise. Barfuß und in grobe Wolle gehüllt, Schmutz und Asche über sein bloßes

Haupt gestreut, ein kleines Rad auf die Brust gebunden, einen Strick um den Hals gehängt, ein Schwert ohne Scheide in einer Hand und ein Bittgesuch in der anderen, wartete er an der Straße, die der Kaiser in Köln nehmen würde. Als seine Gefährten merkten, was er vorhatte, hielten sie ihn für verrückt und versuchten ihn vor den Blicken des Kaisers zu verbergen, aber es war zu spät.

Die Hartnäckigkeit Hermann Büschlers zahlte sich aus: Der Kaiser nahm die Bittschrift entgegen, in der Büschler um eine private Anhörung seines Falls bat und gleichfalls seine seltsame Aufmachung erklärte. Es war Hermann Büschlers fester Entschluß, freiwillig durch das Rad, den Strang oder das Schwert (die drei traditionellen Todesstrafen) zu sterben, sollte der Kaiser ihn nach Anhörung seines Falls für schuldig befinden. Dies ist der Stoff, aus dem Legenden gemacht werden! Um die Verhältnisse in Hall zu überprüfen, berief der Kaiser kurz darauf eine neue Kommission. Sie setzte sich aus ausgewählten Vertretern zusammen, die aus über einem Dutzend süddeutscher Reichsstädte kamen. Angesichts des öffentlichen Aufschreis gegen die neue Verfassung in Hall wäre es wahrscheinlich sowieso zu einer Neubeurteilung gekommen. Aber Hermann Büschlers dramatischer Auftritt hatte diese Entscheidung beschleunigt, und man sollte ihn dafür in ewiger Erinnerung behalten.

Die neue Kommission kam Mitte Oktober 1512 in Hall zusammen und sah sich einer Bürgerschaft gegenüber, deren Mehrheit die sofortige Wiederinkraftsetzung der Verfassung von 1340 forderte. Das Ergebnis war ein voller Erfolg für Hermann Büschlers Partei. In einer öffentlichen Zeremonie trennte der Propst des Klosters Komburg, in Vertretung des Kaisers, das kaiserliche Siegel von der Verfügung der ersten Kommission ab und erklärte sie damit für null und nichtig.

Wenn auch das Ereignis keine soziale Revolution darstellte, so vergrößerte es doch die Macht und den Einfluß der

wohlhabenden Bürger und Handwerker der Stadt. Wie
schon in der Vergangenheit traten viele adlige Ratsherren
ihre Bürgerrechte ab und verließen Hall, um sich unter
«ehrerbietigerem Volk» niederzulassen, wodurch weitere
Ratssitze frei wurden, die Hermann Büschler mit «ehrbaren
Bürgern» besetzen konnte.[31] Viele dieser Bürger, wie der
Bürgermeister selbst, betrachteten sich bereits als adlige Patrizier. Hermann Büschlers ältester Sohn Philipp (gest.
1568), der Mitte des Jahrhunderts selbst zweimal Bürgermeister werden sollte (1549, 1551), berief sich auf die adlige Herkunft seiner Mutter und nahm stolz den Titel eines «Junkers»
für sich in Anspruch. Er heiratete Afra Senft, die nicht nur
aus einer ortsansässigen Adelsfamilie stammte, sondern zugleich die Tochter Gilg Senfts war, eines der sieben Edelleute, die seinem Vater bei der Auseinandersetzung im Jahr
1510 bis zuletzt erbitterten Widerstand geleistet hatten.[32]
Nachdem die zweite Kommission die Verfassung von 1340
wieder in Kraft gesetzt hatte, stellten Adlige oder deren Sippschaft noch eine Generation lang den Bürgermeister von
Hall.

Dennoch hatten Hermann Büschlers Widerstand und Mut
dazu beigetragen, eine neue Führung im Rathaus zu etablie-
ren, die sich der sozialen Ordnung des Mittelalters weniger
verpflichtet fühlte und, wie wir noch sehen werden, ebensowenig der römischen Kirche. Dieser Wandel ersparte der
Stadt einige blutige politische Auseinandersetzungen in den
zwanziger Jahren des 16. Jahrhunderts und machte sie empfänglicher für die protestantische Reformation in den Dreißi-
gern.[33] Die erfolgreiche Beilegung der Verfassungskrise be-
gründete auch Hermann Büschlers herausragenden Ruf in
der Geschichte von Schwäbisch Hall.

Die Tochter

Zahlreichen Berichten zufolge war Hermann Büschler seiner Tochter gegenüber zu nachsichtig, nachdem Anna nach dem Tod ihrer Mutter in ihr Elternhaus zurückgekehrt war, um ihm den Haushalt zu führen. Ein Zeuge, der Annas Verhalten als «höchst unzüchtig» beschrieb, glaubte, daß ihr Vater sie dazu getrieben habe.[34] Annas Anwalt zufolge verwöhnte ihr Vater sie mit teuren Kleidern und Schmuck und behandelte sie wie eine «geborene Gräfin».[35] Zahlreiche Zeugen stimmten darin überein, daß sie sich gern herausputzte und es ihr gefiel, die Aufmerksamkeit auf sich zu ziehen, indem sie sich «unanständig und unziemlich» kleidete.[36]

Besonderes Aufsehen erregte ein für Anna speziell angefertigtes Barett, das mit einer weißen Feder geschmückt und reich mit Perlen besetzt war und das sie angeblich für vierzig Gulden erworben hatte. Kritiker behaupteten sogar, daß einige der Perlen von einem Kleid ihrer verstorbenen Mutter stammten.[37] Ihre Geschwister erinnerten sich an einen weiteren außergewöhnlichen Kopfputz (vielleicht handelte es sich auch um ein und denselben), den sich Anna ohne Wissen ihres Vaters gemacht hatte. Sie beschrieben ihn als runden Filzhut, der vom Stil her eher von Männern als von Frauen getragen wurde und den Anna mit weißen Perlen und Taubenfedern verzierte.[38] Anna trug diesen Hut zu einem städtischen Fest – was durchaus angemessen war –, wagte es dann aber, ihn auch in der Michaelskirche zu tragen, wo sie so viele Gemeindemitglieder vor den Kopf stieß, daß der Pastor ihre prahlerische Zurschaustellung am darauffolgenden Sonntag zum Thema seiner Predigt machte. In der Woche nach der Predigt suchte auf Wunsch ihres Vaters der Superior des Franziskanerklosters Anna auf und machte ihr ernste Vorhaltungen wegen ihrer unzüchtigen Kleidung.

Ihren Geschwistern zufolge hatten weder die Vorwürfe des Mönchs noch die Schelte ihres Vaters nachhaltige Auswirkungen auf Annas Verhalten. Ein Priester jedoch, der sich an die Episode ebenfalls erinnerte,[39] berichtete, daß Hermann Büschler Anna zurechtwies, weil «ihre Kleider so weit ausgeschnitten seien, daß man ihren bloßen Leib sehe». Danach, so der Priester, habe er nie wieder den skandalösen Hut oder einen gewagten Ausschnitt an Anna gesehen.[40] Auf die Frage, warum Anna sich überhaupt auf so aufreizende Weise gekleidet habe, meinte ein Weißgerber, daß es ihrem Vater gefallen haben und er sie darin ermutigt haben müsse, denn «wenn der verstorbene Vater der Klägerin keinen Gefallen an der Kleidung seiner Tochter gefunden hätt, hätt er sie nicht so gekleidet».[41]

Wie weit hatte sich Anna von der respektablen Haller Mode entfernt? Städtische Männer trugen in der Regel Filzhüte, die sie an Feiertagen mit Federn schmückten (hohe schwarze Hüte mit weißem Rand wurden bevorzugt). Frauen trugen Pelzkappen und konnten zwischen viereckigen (mit Streifen aus Samt) und flachen Modellen, Spitzenhauben und Schlapphüten wählen. Formelle Oberbekleidung war überwiegend schwarz und weiß und kaum ausgeschnitten. Zur Standardkleidung gehörten Schleier, zum Teil mit schwarzen Streifen, weiße Halshemden, weiße Kragen, Ärmel aus weißem Leinen oder schwarzem Barchent sowie Haarnetze aus Samt. Zu den Accessoires zählten goldene Spangen, silberne Broschen und schwarze Beutel mit gelben Knöpfen. Etwas kühner war die Auswahl an Unterwäsche: Mieder aus Kamelhaar für Frauen und Leibchen aus Silber und Taft für Mädchen. Beliebte Schmuckstücke waren durchbohrte Münzen, neue und alte, darunter auch das Taufgeschenk des Paten (gewöhnlich ein Goldstück), die man häufig zu mehreren an einer Halskette trug. Großen Anklang fanden offenbar auch Perlen. Man trug Perlenketten, Perlenbroschen in Lilienform und in Gold gefaßtes Perlmutt. Es gab Ringe jeder Art: schlichte Goldringe, Ringe aus Kronengold mit Türkis, aus Metallegierungen, emaillierte Ringe, silberne Siegelringe, Silberringe mit einem Kristall (sogenannte «Schwindel-ringe», von denen man auch glaubte, daß sie einen vor der Gicht bewahrten und die deshalb auch «Gichtringe» genannt wurden), in Silber gefaßte Elchhufe, eingefaßter Blutstein, rot eingefaßter Carol-Zink (ein Ring aus Steinen, die in Zink eingefaßt waren) und grüner Malachit (auch «Schrecken-stein» genannt, weil man glaubte, daß er Schrecken abwen-den könne – Neugeborene und Kleinkinder trugen kleine herzförmige Modelle).[42]

Anhand der uns vorliegenden Zeugenaussagen wird deut-lich, daß Hermann Büschler Annas anzügliche Art, sich zu kleiden, eine Zeitlang tolerierte, es ihr dann aber streng un-tersagte. Die meisten Zeugen konnten zwar nicht sagen, ob er sich daran erfreute,[43] stimmten jedoch alle darin überein, daß ein Vater für das Verhalten seiner Tochter verantwort-lich sei und daß ihre Unzulänglichkeit auf ihn zurückfiel.

Wenn man ihren Anklägern glauben darf, dann bestahl Anna ihren Vater regelmäßig und verwendete das Geld, «um sich herauszuputzen».[44] Viel gemunkelt wurde über einen sogenannten Zinsbrief im Wert von zwölfhundert Gulden, den Anna entwendet hatte und den ihr Vater erst wiederbe-kam, als man ihr von offizieller Seite androhte, sie ins Ge-fängnis zu werfen.[45] Andere Zinsbriefe von geringerem Wert konnte Anna offenbar einlösen. Sie stahl auch Getreide aus der Kornkammer ihres Vaters. Wenn er fort war, schickte sie nach dem Müller, gab ihm, soviel er wollte, und er bezahlte sie dafür an Ort und Stelle.[46] Einmal fing Lienhard Vah-mann, der Knecht ihres Vaters, zwei Fässer ab, die mit Vor-räten ihres Vaters vollgepackt waren und die sie heimlich nach Kirchberg geschickt hatte, um sie dort zu verkaufen. Er behauptete auch, von anderen Fässern zu wissen, die sie erfolgreich verkauft habe.[47] Ihren Geschwistern zufolge versetzte Anna einmal einen Familienring bei einem Juden in Wertheim und ein anderes Mal ein Silberhalsband und eine goldene Brosche in Nördlingen. Sie warfen ihr auch vor, gestohlene Tischwäsche, Geschirr- und Handtücher auf dem Markt in Beinbach verkauft zu haben.[48]

Es waren jedoch nicht ihre unzüchtige Kleidung, ihre Diebstähle oder «schlechte Haushaltsführung»,[49] die Hermann Büschler dazu brachten, sie 1525 aus dem Haus zu werfen, sie schließlich aus Hall zu vertreiben und jahrelang gegen sie zu hetzen und zu prozessieren, sondern in den Augen der Familie und der meisten Nachbarn resultierten Annas Schwierigkeiten aus ihrem zügellosen Liebesleben.

Das Vergehen

Als ihre Mutter 1520 starb und sie ihrem Vater den Haushalt zu führen begann, war Anna Anfang Zwanzig und hatte damit schon die obere Grenze des für Haller Frauen üblichen Heiratsalters erreicht. Obwohl sich Zeugen an mehrere Freier erinnerten, sind nur zwei namentlich in den Prozeßprotokollen erwähnt. Der ernsthaftere von beiden war Daniel Treutwein, ein verdienstvoller Kavallerist von niederem Adel. Zeugen erinnerten sich, daß Anna ihn ebenso umworben hatte wie er sie.[50] Die Dienstboten ihres Vaters, Lienhard Vahmann und Barbara Dollen, erinnerten sich auch daran, daß sich Daniel regelmäßig ins Haus der Büschlers schlich und bis spät in die Nacht blieb – zumindest dann, wenn Hermann Büschler schlief oder geschäftlich unterwegs war.[51] Bei diesen Gelegenheiten befahl Anna den beiden Bediensteten, Wein für sie zu holen. Während Vahmann behauptete, sich ihrem Befehl widersetzt zu haben, gab Dollen an, daß Anna ihr mehrmals ein Messer an die Brust gehalten habe, wenn sie zögerte, und daß sie einmal sogar aus Angst um ihr Leben aus dem Haus gelaufen sei.[52]

Vahmann versuchte vergeblich, Annas «aufsässiges Wesen» zu bändigen, indem er sie barsch zurechtwies oder ihr gut zuredete. «Bedenkt Euch doch, Fräulein Anna», erinnerte er sich, gesagt zu haben, «wenn Ihr so weitermacht, wird es noch schlimm mit Euch enden.»[53] Aber letztendlich war Vahmann der Dreistigkeit Annas und ihres Freundes nicht gewachsen. Ebensowenig wie ihr Vater. Dollen berichtet, daß der Vater ihr sämtliche Schlüssel abgenommen habe, als er feststellte, wieviel sie gestohlen hatte. Aber sie legte eine Leiter an sein Fenster an und schickte ein kleines Mädchen in sein Zimmer, um die Schlüssel zu holen. Dann fertigte sie von allen Wachsabdrücke an und hatte schon bald einen neuen Satz Schlüssel, der ihr freien und uneingeschränkten Zugang zu allen Wertsachen ihres Vaters ermöglichte.[54]

Viele Zeugen waren der Meinung, daß Annas Groll auf ihren Vater daher rührte, daß er es unterlassen hatte, zum angemessenen Zeitpunkt eine gute Ehe für sie zu arrangieren. Häufig beklagte sie sich bei ihren Verwandten, daß ihr Vater ihr nicht dabei half, einen Ehemann zu finden. Ihr Rothenburger Vetter Hans Hornberger, der dies zu Protokoll gab, konnte nicht sagen, ob der Vorwurf berechtigt war. Seiner Meinung nach rührten die ganzen Probleme daher, daß Anna so lange unverheiratet im Haus ihres Vaters gelebt hatte.[55] Andere Zeugen mißbilligten es prinzipiell, daß eine Frau im Alter von «achtundzwanzig oder dreißig Jahren» noch zu Hause wohnte (1525 wäre Anna Ende Zwanzig gewesen), ganz gleich, wessen Schuld es war.

Wenn Anna so «viele redliche, ehrbare Freier» gehabt hatte, wie ihr Anwalt behauptete,[56] warum heiratete sie dann

nicht, zumal sie durch das ungehemmte Ausleben ihrer Bedürfnisse den guten Ruf der Familie bedrohte? Anna zufolge
war ausschließlich ihr Vater daran schuld. Er hatte sich vor
seiner väterlichen Pflicht gedrückt, ihr eine standesgemäße
Ehe zu ermöglichen, nur um ihre Mitgift für sich zu behalten,
weil er «Geld seiner Tochter vorzog».[57] Ihre Anschuldigung
wird von Zeugen unterstützt, die aussagten, daß ihr Vater
keinen ihrer Freier gutgeheißen und jede mögliche Heirat erfolgreich verhindert habe.[58] In ihrem fortgeschrittenen Alter
hätte sie natürlich auch ohne die Zustimmung ihres Vaters
heiraten können, aber damit hätte sie ihre Mitgift und ihr
Erbe aufs Spiel gesetzt und ihre Chancen auf dem Heirats-
markt des 16. Jahrhunderts erheblich verringert.

Annas Bruder Philipp und ihre Schwester Agathe andererseits fanden die Behauptung absurd, daß sie viele Verehrer
gehabt und daß der Geiz ihres Vaters ihre Schwester zur
Jungfernschaft verurteilt habe.[59] Hermann Büschlers Meinung nach blieb sie aus freien Stücken ledig. Er behauptete,
ihr mehrere Heiratskandidaten vorgestellt zu haben, die sie
alle verschmäht habe.

Vahmann, der Anna wahrscheinlich ablehnte und keinerlei
Vorteile dadurch hatte, daß er ihre Partei ergriff, widersprach
der Behauptung seines Herrn. Er erinnerte sich, ihn sagen
gehört zu haben, daß er mit Freiern von Anna gesprochen
habe, daß er aber keinen habe akzeptieren können. Und er
habe des öfteren Anna sagen hören, daß sie liebend gern jeden
von ihnen geheiratet hätte, wenn ihr Vater sie nur gelassen
hätte.[61] Er beeilte sich jedoch hinzuzufügen, daß er sich nicht
sicher sei, ob Anna es mit dieser Aussage ernst gemeint habe.

In einer anderen Zeugenaussage aus den zwanziger Jahren
pflichtete Vahmann seinem Herrn bei, daß Anna ein verwirr-
tes und opportunistisches junges Fräulein sei. Obwohl er ihre
Erklärung, warum sie nicht heiraten konnte, bestätigte, ist es
durchaus möglich, daß Anna sich selbst im Weg stand, wie

ihr Vater behauptete. Vielleicht hatte sie unrealistischerweise auf einen gesellschaftlich höher gestellten Ehemann gehofft – vielleicht sogar von königlichem Geblüt – und deshalb ehrenwerte, aber unbedeutendere Freier abgelehnt. Vahmann mag sie in einem Moment nüchterner Selbstbetrachtung angetroffen haben, als sie sich kritisch mit ihrer Situation auseinandersetzte und wünschte, sie hätte ihre Chancen genutzt. Wie dem auch sei, eine Reihe von Zeugen hatte den Eindruck, daß Hermann Büschler weit weniger für seine Tochter getan hatte, als man es von einem Vater zu Recht erwarten konnte.

Hätten sich Anna und ihr Vater auf einen Kandidaten einigen können, wäre wahrscheinlich die Wahl auf den Kavalleristen Daniel Treutwein gefallen. Daß er und Anna mehrmals den Weinkeller ihres Vaters plünderten, erzürnte Hermann Büschler mit Sicherheit. Und der Bürgermeister mißbilligte gewiß auch, daß sich das Paar bis in die frühen Morgenstunden in seinem Haus lautstark amüsierte. Allerdings war dies im 16. Jahrhundert für verliebte junge Paare nichts Ungewöhnliches, und Eltern, damals wie heute, versuchten es zu tolerieren, vor allem, wenn sie glaubten, daß sich daraus eine akzeptable, dauerhafte Bindung entwickeln könnte. Wenn sich auch Hermann Büschler über Annas Benehmen ärgerte, so war ihr Techtelmechtel mit Daniel Treutwein nicht Grund genug, sie an jenem Herbsttag 1525 aus dem Haus zu werfen.

Annas Verbannung aus Hall und die lebenslange Fehde mit ihrer Familie resultierten aus einer für ihren Vater schockierenden Entdeckung, die der pflichtbewußte Vahmann, ohne es zu ahnen, ermöglicht hatte. Er erinnerte sich noch genau an jenen Tag, als es passierte, und an die Umstände, die dazu führten. Es geschah an einem Abend zur Erntezeit, gerade als Vahmann von einer Erledigung beim Schneider zurückkehrte. In einem der beiden Fässer mit gestohlenen Waren, die Anna nach Kirchberg geschickt und die Vahmann abgefangen und nach Hall zurückgebracht hatte, entdeckte Hermann Büschler die Briefe seiner Tochter, die sie mit ihren persönlichen Sachen vorausgeschickt hatte, da sie vorhatte, die Waren dort selbst zu verkaufen. Diese Briefe waren ihr offenbar so wichtig, daß sie sie ständig bei sich trug. Vahmann zufolge las sie sein Herr begierig, vor allem einen undatierten Brief, den Anna offenbar erst kürzlich an die Schenkin Margarete geschrieben hatte. Zufälligerweise erhielt Hermann Büschler etwa um dieselbe Zeit einen Brief von der Schenkin, der Anna betraf.

Trotz Annas enger Beziehungen zur Schenkenfamilie war es nicht üblich, daß sie der Schenkin schrieb oder daß diese ihrem Vater schrieb. Gemeinsam mit den Grafen von Hohenlohe waren die Schenken von Limpurg die eigentlichen Herren der Region und seit Jahrhunderten die wirtschaftlichen Rivalen und politischen Feinde der Stadt. Die Schenken herrschten über ein Gebiet von fast sieben Quadratmeilen südlich und südöstlich von Hall, einschließlich des Städtchens Gaildorf und der Dörfer Unterlimpurg – das unterhalb der Burg lag – und Obersontheim.[62] Obwohl sie den untersten Rang in der fürstlichen Hierarchie einnahmen, hatten die Schenken dennoch in der Gegend um Hall großen Einfluß. Als Ratsherr und Bürgermeister legte Hermann Büschler Wert auf gute Beziehungen zur Schenkenfamilie, und er war stolz darauf, daß seine Tochter eine Anstellung auf Burg Limpurg bekommen hatte.

Als Angehörige eines Fürstengeschlechts, das bis 1230 zurückreicht, war die Linie der Schenken[63] älter als die Reichsstadt Hall. Der Titel «Schenk» leitet sich von «Mundschenk» ab. Ursprünglich bezeichnete man so die Dienstmannen des Kaisers, auch Ministerialen genannt, eine Bezeichnung, die auf das 8. Jahrhundert zurückgeht. Diese Männer verbrachten ihr Leben im Sattel, begleiteten Könige zu feierlichen Anlässen und gewährten ihnen Kost und Logis, wenn sie durch ihr Land kamen. Aus dieser engen Beziehung entwickelten sich besondere Vollmachten, durch die die Schenken im Laufe der Jahre zu wichtigen Amtsträgern in der Verwaltung der kaiserlichen Ländereien und Besitztümer in den verschiedenen Regionen Deutschlands wurden.[64] Als Nutzungsberechtigte kaiserlichen Lands entwickelten sie sich gleichzeitig zu mächtigen Grundbesitzern. Im Gegenzug bauten und unterhielten sie im Auftrag des Kaisers Burgen, von wo aus sie praktisch als kaiserliche Gouverneure die kaiserlichen Besitztümer im ganzen Reich überwachten und an manchen Orten sogar die kaiserlichen Gesandten und Bürgermeister ablösten, die diese Dienste zuvor geleistet hatten. Im 13. Jahrhundert wurden die Ländereien, die die Schenken verwalteten, zunehmend als vererbbar betrachtet, und die Schenkenfamilien entwickelten sich zu mächtigen lokalen Dynastien, obwohl sie in der Hierarchie des Reiches «kleine Fische» blieben.

Der erste Schenk von Limpurg tauchte 1230 in Hall auf, um im Auftrag des staufischen Kaisers die kaiserlichen Salinen und andere kaiserliche Besitztümer in der Region zu beaufsichtigen. Burg Limpurg wurde nur 750 Meter südöstlich der äußeren Stadtmauer erbaut, und der neue Schenk besaß die ausschließlichen Jagdrechte an drei Seiten der Stadt. Er kontrollierte auch die Wälder, von deren Holz die Stadt abhängig war. Es wurde benötigt, um die großen Pfannen zu beheizen, in denen das Salz gewonnen wurde, dem die Stadt ihren Reichtum verdankte. Bessere Bedingungen für einen erbitterten, langwierigen Konflikt zwischen Stadt und Schenken hätte man nicht schaffen können, und während der vierunddreißigjährigen Herrschaft von Schenk Walter II. (1249–1283) wurde kein Versuch ausgelassen, die Stadt dem kleinen Königreich der Schenken von Limpurg einzuverleiben.[65] Doch 1276, noch bevor seine Herrschaft zu Ende war, wurde Hall freie Reichsstadt, unterstand jetzt direkt dem

Kaiser und nicht mehr der Obhut und Aufsicht der Limpurger Schenken. Inzwischen stellte die Stadt die Schenken auch wirtschaftlich und politisch in den Schatten.

Aber wenn die Schenken an den Ufern des Kochers ihre gleichberechtigte Stellung verloren, so fanden sie innerhalb des Heiligen Römischen Reichs neue Anerkennung. 1356 erkannte der Kaiser sie vor allen anderen im Reich als Reichserbschenken an, eine Ehre, die sie der Protektion des Königs von Böhmen verdankten, des «Heiligen Römischen Reichs Erzschenken» und eines von sieben kurz zuvor ernannten Kurfürsten, die von nun an den Kaiser wählen sollten. Als neue Vasallen des Königs vertraten ihn die Schenken von Limpurg bei Krönungen der Kaiser und römischen Könige und bei feierlichen Hofhaltungen des Kaisers. Bei diesen Anlässen ritt der Schenk von Limpurg auf den Kaiser (oder König) zu, mit einem Becher aus Gold und Silber von zwölf Mark Silbergewicht in der Hand (der heute noch existiert). Er war gefüllt mit einer Mischung aus Wein und Wasser. Bei seiner Majestät angelangt, stieg er vom Pferd und reichte seiner Majestät den Becher – ein Zeremoniell, das zugleich den feierlichen Anlaß würdigte und die Treue des Schenken zu seinem Oberherrn bekräftigte.[66]

Obwohl nach 1276 Hall und Limpurg unabhängige politische Einheiten darstellten, blieben sie doch Nachbarn und in vielerlei Hinsicht voneinander abhängig. Sie sollten wiederholt wegen Grenzverläufen, Zöllen, Jagd- und Hoheitsrechten aneinandergeraten. Die Ernsthaftigkeit, mit der solche Angelegenheiten verfolgt wurden, wird am Bau von Halls Schutzhecken, den sogenannten «Hegen», deutlich. Im frühen 14. Jahrhundert begann die neue Reichsstadt damit, das ganze hällische Gebiet mit einem zwölf Fuß tiefen und ebenso breiten Graben zu umgeben, der mit Stangen- und Schlagholz gefüllt wurde und somit eine unüberwindbare Hecke darstellte. Dadurch wurde sichergestellt, daß Reiter das Haller Land und die Stadt nur über bestimmte Wege erreichen konnten. Um die Schutzfunktion der Gräben zu erhalten, wurden diese regelmäßig inspiziert und alle sieben Jahre «gehägt». Mitte des 14. Jahrhunderts erstreckten sich die Hegen bis zum fünf Kilometer nördlich gelegenen Leofels, und jeder, der dabei erwischt wurde, daß er sie beschädigte, wurde zu fünfzig Goldmark Strafe verurteilt.[67]

Nach einer langen Reihe von Zusammenstößen zwischen Hall und Limpurg kam es Ende des 15. Jahrhunderts erneut zum Eklat, als die Brüder Egidius und Daniel Senft, Haller Bürger, den Wildhüter des Schenken erschlugen, nachdem dieser eine Rehhecke zerstört hatte, die diese unweit des limpurgischen Territoriums errichtet hatten. Die Leiche des Wildhüters wurde später an der Stelle gefunden, die die Zoll- und Gebietsgrenze zwischen Hall und Limpurg markierte. Erst 1541, als es der Stadt gelang, Burg Limpurg zu erwerben, die zu diesem Zeitpunkt bereits über dreihundert Jahre alt und teilweise verfallen war, endeten die nachbarlichen Fehden, und der Grenzverlauf zwischen beiden Gebieten wurde eindeutig und endgültig festgelegt.[68]

Glücklicherweise decken sich politische Grenzen nicht mit persönlichen Sympathien und Antipathien, und deshalb war Anna nicht bewußt, daß sie sich in all den Jahren, die sie auf Burg Limpurg arbeitete, auf feindlichem Gebiet aufhielt. Möglicherweise hatte sie anfangs noch in ihrem Elternhaus gewohnt und jeden Tag die Grenze überschritten. Denn Bürgerhäuser wie das Haus der Büschlers waren wesentlich komfortabler als die Burgen der Umgebung, und selbst Fürstlichkeiten, einschließlich des Kaisers, zogen es vor, dort abzusteigen, wenn sie Hall besuchten.[69]

Wenn Anna in einem für Haller Mädchen üblichen Alter, etwa mit fünfzehn, auf die Burg Limpurg kam, stand sie mindestens fünf Jahre in den Diensten des Schenken, bevor sie 1520 wieder in das Haus ihres Vaters zurückkehrte. Während dieser Zeit hatte sich zwischen ihr und der fürstlichen Familie ein freundschaftliches Verhältnis entwickelt, und so besuchte sie die Familie auch nach ihrer Rückkehr nach Hall und half immer mal wieder auf der Burg aus.

In dem Bündel mit Briefen, das ihr Vater jetzt in seinen Händen hielt, befanden sich nicht weniger als zweiundvierzig Briefe, die Anna und Erasmus zwischen 1520 und 1525 gewechselt hatten (elf von Anna und einunddreißig von Erasmus) und in denen sie sich oft freimütig zu Liebe und Sex äußerten.[70] Es enthielt auch neunzehn Liebesbriefe von Daniel Treutwein sowie weitere Korrespondenz, die beide Liebesaffären betraf. Fünfundzwanzig Jahre später legten ihr Bruder Philipp und ihre Schwester Agathe die vollständige Sammlung den kaiserlichen Kommissaren vor, um den verwerflichen Charakter ihrer Schwester zu belegen und um ihre Enterbung zu rechtfertigen. Ihrer Ansicht nach würde keine ehrbare Tochter und Jungfrau je solche unzüchtigen Briefe schreiben,[71] was auch die Meinung ihres Vaters war.

In Annas Brief an die Schenkin, den Hermann Büschler laut Vahmann herausgegriffen hatte, ließ sich Anna über die Schwierigkeit aus, eine vertrauenswürdige Dienstmagd zu finden. Die folgenden Zeilen mögen die Schenkin nicht überrascht haben, ihr Vater jedoch fiel aus allen Wolken:

«Es ist mein ehrlich Ansinnen [schreibt Anna], daß Euer Gnad dem Gerede, das Euch zu Ohren kommt, kein Gehör schenken mög. Da ist ein Mann, der Hermann Büschler heißt, wenn derselb nicht wär, würd ich vielen Dingen ein End machen. Es ist mein ehrlich Ansinnen, daß Euer Gnaden nicht zuläßt, daß jemand wegen mir leiden mög. Meine Hoffnung ist, daß Euer Gnaden alles richten mög.»[72]

Vahmann zufolge war Hermann Büschler vor allem über die zweite Zeile bestürzt,[73] die er folgendermaßen interpretierte: «Wenn Hermann Büschler nicht wäre, würde sie mit Freuden zur Schenkin zurückkehren.»[74] Mit wehmütiger Stimme fragte er seinen Knecht: «Lieber Freund, was soll ich dir sagen? Was hab ich meinem Kind angetan, daß sie mich nicht Vater nennen möcht?»

Etwa um dieselbe Zeit, als Hermann Büschler das geheime Leben seiner Tochter in ihrer privaten Korrespondenz entdeckte, erhielt er einen Brief von der Schenkin. Darin, so erinnert sich Vahmann, informierte ihn die Schenkin diplomatisch über ihre Absicht, Erasmus den Umgang mit Anna zu untersagen. «Fortan», wie Vahmann die Schenkin wiedergab, «solle Anna ihrem Sohn keine Hemden mehr machen, sie könne ihren Sohn selbst einkleiden.» – «Das», so Vahmanns Kommentar, «zwang ihren Vater, sie aus dem Haus zu jagen.»[75]

Erasmus war das dritte von sechs überlebenden Kindern und der zweite Sohn der Schenkin.[76] Offensichtlich waren sich Anna und er im Laufe der Jahre, die sie auf Burg Limpurg gearbeitet hatte, nähergekommen. Es hatte zu ihren Pflichten gehört, für die fürstliche Familie und vor allem für Erasmus zu nähen. Wie der Brief der Schenkin deutlich macht, übernahm sie auch später noch Näharbeiten für die Schenkenfamilie. Somit war Hermann Büschler zufällig hinter das heimliche Verhältnis seiner Tochter mit dem Schenken Erasmus gekommen, das, wie ihm der vollständige Briefwechsel zeigte, schon mindestens seit 1520 bestand.

Das «Gerede», das die Schenkin ignorieren sollte, war der zunehmende Klatsch über Anna und ihre Verehrer in Hall. Die Person, die sie zu schützen versuchte, war natürlich Erasmus. Und die «Dinge», die sie offenbar durch Heirat beenden würde, wenn ihr Vater ihr nicht im Wege stünde, waren ihre Liebschaften.

Hermann Büschler las aus dem Brief Annas an die Schenkin heraus, daß Anna ihr früheres, unmoralisches Leben auf der Burg Limpurg in der Nähe ihres fürstlichen Liebhabers einem ehrbaren Leben bei ihm in Hall vorzog. Daß sie wünschte, es gäbe ihn nicht, konnte er nur so verstehen, daß sie sich ihrer Pflicht ihm gegenüber entziehen wollte. Möglicherweise erkannte er auch zum erstenmal, wie sehr sie ihm verübelte, daß er keine angemessene Ehe für sie arrangiert hatte.

Erasmus' Mutter wußte wahrscheinlich schon länger von der Beziehung zwischen den beiden, unternahm aber erst jetzt Schritte, um sie zu beenden, weil ihr Annas schlechter Ruf zu Ohren gekommen war. Anna war schließlich nicht irgendein junges Dienstmädchen auf Burg Limpurg. Sie war die Tochter des Bürgermeisters von Hall und stand im Blickpunkt der Öffentlichkeit. Und ihr Vater war nicht irgendein Bürgermeister, sondern ein lokaler Held, dessen Wohlwollen für die diplomatischen Beziehungen zwischen Limpurg und Hall entscheidend war. Hätte es nicht neuen Anlaß für einen Skandal gegeben, in den der junge Schenk hätte hineingezogen werden können, hätte die Schenkin möglicherweise nie an Hermann Büschler geschrieben, sondern die Affäre zwischen ihrem Sohn und Anna geduldet, da solche Liebeleien in fürstlichen Haushalten nichts Ungewöhnliches waren. So aber mußte sie die Konsequenzen für Limpurg abwägen, falls im Zusammenhang mit Annas skandalösem Lebenswandel ihre Beziehung zu Erasmus ebenfalls ans Licht käme. Als sie an Hermann Büschler schrieb, konnte die Schenkin nicht wissen, daß sie die Entdeckung, die sie fürchtete, damit selbst herbeiführte.

Daß Hermann Büschler nicht früher von der Beziehung seiner Tochter zu Erasmus erfuhr, war der Loyalität der Bediensteten gegenüber der Familie und ihrer Furcht vor ihrem Herrn zu verdanken. Barbara Dollen wußte mit Sicherheit von Annas häufigen Rendezvous mit Erasmus, obwohl sie bei einer späteren Zeugenaussage behauptete, nichts Genaues gewußt zu haben. Sie erinnerte sich noch, daß sie einmal nach Weinsberg gegangen war, während Hermann Büschler geschäftlich unterwegs war, und daß Anna ihre (Dollens) Kleider angezogen und heimlich drei Tage mit Erasmus auf Burg Limpurg verbracht hatte.[77]

Wenn der Briefwechsel mit Erasmus und Daniel für ihren Vater nicht Beweis genug war für Annas Lasterhaftigkeit, dann auf jeden Fall die Tatsache, daß sie zwei Liebesverhältnisse gleichzeitig unterhalten hatte, was er den Daten und dem Inhalt der Briefe entnahm. Hinzu kam, daß einer der beiden, Erasmus, als Heiratskandidat überhaupt nicht in Frage kam und die Affäre also rein sexueller Natur war. Das war auch der Grund, warum Hermann Büschler seine Tochter als «böse Schlange» bezeichnete – ein Ausdruck, den er später öfter benutzen sollte[78] – und sie aus dem Haus jagte.

Falls es aus heutiger Sicht so scheint, als habe Hermann Büschler überreagiert, sollte man nicht vergessen, daß in der damaligen Zeit vorehelicher Geschlechtsverkehr und ledige Mutterschaft den Ruf einer Frau und ihrer Familie ruinieren konnten und darüber hinaus strafbar waren. Trotz größerer Offenheit im Umgang mit Sexualität und weniger Prüderie als in späteren Jahrhunderten sah man sich im 16. Jahrhundert gezwungen, Gesetze zu erlassen, die ein korrektes Sexualverhalten vorschrieben. Dies war vor allem eine Reaktion auf die rasante Ausbreitung von Bordellen im 15. und die damit einhergehende Verbreitung der Syphilis im 16. Jahrhundert. Unterstützung erhielten die Obrigkeiten von den religiösen Reformern sowie von gesundheitsbewußten städtischen Beamten.

Vor dem 16. Jahrhundert war die Ehe keineswegs die vorherrschende Lebensform für Frauen und Männer, und viele warteten, bis sie Mitte oder Ende Zwanzig und finanziell dazu in der Lage waren, ehe sie sich entschlossen zu heiraten. Angesichts der großen Zahl unverheirateter freier Bürger, Geistlicher und religiöser, lediger junger Menschen richteten städtische Obrigkeiten im 15. Jahrhundert öffentliche Bordelle ein, um die sexuellen Bedürfnisse lediger junger Männer zu befriedigen und als Schutzmaßnahme für heiratsfähige Bürgertöchter, deren Jungfräulichkeit und guter Ruf Voraussetzung für eine standesgemäße Heirat waren.[79] Die rasche Verbreitung einer neuen, tödlichen Geschlechtskrankheit einerseits und der Erfolg der reformatorischen Bewegung, die die Ehe über das Zölibat erhob, andererseits revidierten die allgemeine Einstellung zu bisher üblichen sexuellen Praktiken. Historiker sprechen von einer neuen «moralischen Einstellung» in den deutschen Städten des 16. Jahrhunderts, die sich mit der Absicht sowohl protestantischer als auch katholischer Reformer deckte, jegliche Sexualität auf die Ehe zu beschränken, die in Martin Luthers Augen «wahrhaft keusch» war. Um dieses Ziel zu erreichen, ergriffen die Führer der Reformation und die der Gegenreformation neue Maßnahmen, um voreheliches, außereheliches und von der Norm abweichendes Sexualverhalten zu unterbinden.[80]

Während auf dem Land voreheliche Sexualität und Schwangerschaft weiterhin als normal, moralisch und legal galten und kein Hindernis für eine spätere Ehe darstellten, wurde dieses Verhalten von städtischen Obrigkeiten zunehmend kriminalisiert, vor allem, wenn keine Aussicht auf eine Heirat bestand. Die Jugend wurde angehalten, bis zur Ehe keusch zu bleiben. Frauen, die offen voreheliche sexuelle Beziehungen pflegten oder in wilder Ehe lebten, ohne Heiratsabsichten zu haben, wurden nicht selten barfuß, in ein Büßergewand gehüllt und mit kahlgeschorenem Kopf durch die Stadt getrieben.[81] Die Geburt eines Kindes konnte für ein Handwerkerehepaar, das weniger als neun Monate verheiratet gewesen war, den Ausschluß aus der Zunft bedeuten.[82] Was Ehebruch und Sodomie anging, so wurde nach kaiserlichem Recht ersteres mit dem Pranger, Auspeitschen und Landesverweis bestraft und letzteres mit dem Tode.[83]

Die meisten Paare, die ein voreheliches Verhältnis hatten, unternahmen jede Anstrengung, um es geheimzuhalten, da sie vor allem den Skandal einer öffentlichen Enthüllung fürchteten. Dies war auch der Grund – nicht etwa sexuelle Enthaltsamkeit oder mangelndes Bedürfnis von seiten der neuzeitlichen Jugend[84] –, daß es in der frühen Neuzeit in Europa offenbar so wenig von der Norm abweichendes Sexualverhalten gab. Nachgewiesener vorehelicher Geschlechtsverkehr wurde, anders als Ehebruch und Sodomie, selten so hart bestraft, wie es das Gesetz vorschrieb, vor allem, wenn die Chance bestand, das Paar in den sicheren Hafen der Ehe zu steuern. Trotz der erklärten Ideale von Keuschheit und Selbstverleugnung in jener Zeit erkannte man klar – die Geistlichkeit eingeschlossen – die Versuchungen, denen junge Menschen ausgesetzt waren. Etwa die Hälfte der städtischen Bevölkerung waren unverheiratete Jugendliche unter zwanzig Jahren.[85] Auch finanzielle Erwägungen und mangelnde Gelegenheit führten dazu, daß viele erst mit Mitte oder Ende Zwanzig heirateten.

Die spätmittelalterliche städtische Bevölkerung verfügte über einen reichen Erfahrungsschatz auf dem Gebiet der heimlichen Ehen und privaten Eheversprechen zwischen jungen Menschen im kanonischen Alter von zwölf Jahren bei Frauen und vierzehn bei Männern – eine Praxis, gegen die man eine aussichtslose Kampagne gestartet hatte. Solche Verbindungen waren möglich geworden, nachdem die Kirche im 10. Jahrhundert die Übereinstimmung der Partner zur alleinigen Voraussetzung für eine rechtskräftige Ehe erklärt hatte. Danach war es einem jungen Mann und einer jungen

Frau im kanonischen Alter möglich, sich ohne das Wissen und die Zustimmung der Eltern ein gültiges Eheversprechen zu geben («zukünftiges Gelöbnis») oder sogar tatsächlich die Ehe einzugehen («gegenwärtiges Gelöbnis»).

Diese scheinbare Freizügigkeit der Kirche hatte ganz pragmatische Gründe, führte sie doch zu einer Ausweitung ihrer moralischen Autorität. Mit diesem Schachzug war es der Kirche gelungen, das Sexualleben unzähliger Jugendlicher und junger Erwachsener zu kontrollieren. Als Konsequenz waren Eltern mit Kindern konfrontiert, die, ohne sich vorher mit ihnen zu beraten, ein Ehegelöbnis abgelegt hatten, höchstwahrscheinlich eine sexuelle Beziehung unterhielten und vielleicht sogar ein Kind erwarteten und die trotzdem vor Gott und nach kirchlichem Recht Mann und Frau waren.[86]

Allen Anstrengungen der Geistlichkeit zum Trotz scheint der Mehrheit der Jugendlichen im Spätmittelalter und während der Reformation voreheliche Sexualität keine Gewissensprobleme bereitet zu haben. Dennoch legten viele heimliche Ehegelöbnisse ab, um sexuelle Bedürfnisse ausleben zu können und den Normen einer bigotten Gesellschaft zu entsprechen, die vorehelichen Geschlechtsverkehr verbot.[87] Doch trotz ihrer Vorteile endete eine heimliche Ehe in der Praxis nicht selten vor Gericht, weil sich die Partner nicht immer einig waren, ob sie sich tatsächlich das Ehegelöbnis gegeben hatten. In der Mehrzahl der Fälle schwor die angeblich verführte und manchmal schwangere Frau, die Schande und Ächtung fürchtete, daß sie erst nach ihrem Verlöbnis Geschlechtsverkehr gehabt habe. Er dagegen beteuerte, daß es nur gelegentlich und in gegenseitigem Einvernehmen zwischen ihnen zum Verkehr gekommen sei, und bestand darauf, daß man ihn bestenfalls wegen Unzucht verurteilen könne, denn er wolle nicht zu einer Ehe mit einer Frau gezwungen werden, die er nicht zu heiraten beabsichtige. Und er wolle auch nicht der Vater eines Kindes sein, das er nicht mit Gewißheit als sein eigenes ansehen könne.

Wenn die Beweislast in solchen Streitigkeiten nicht ausreichte, um festzustellen, ob ein Eheversprechen tatsächlich gegeben worden war, versuchte man von offizieller Seite, das Paar trotzdem zur Heirat zu bewegen. Wenn sich schließlich der Mann bereit erklärte, die Frau zu heiraten und damit den Schaden wiedergutzumachen, wurden dem Paar zur Strafe lediglich öffentliche Hochzeitsfeierlichkeiten untersagt, und die Braut mußte ohne Jungfernkranz «mit verdecktem Haupt» zur Kirche gehen. Wenn sich hingegen der Mann, aus welchem Grund auch immer, weigerte, sie zu heiraten – was sein gutes Recht war, da eine verbindliche Ehe die Einwilligung beider Parteien voraussetzte –, mußte er für den Verlust der sexuellen Integrität der Frau Schadensersatz leisten, dessen Höhe sich nach ihrer sozialen Stellung richtete. Da zu jener Zeit Jungfräulichkeit als «zweite Mitgift» angesehen wurde, waren die Heiratschancen dieser Frau erheblich gemindert. In solchen Fällen konnte eine faire Entschädigung die ursprüngliche Mitgift mehr als verdoppeln. In manchen Fällen mußte der beschuldigte Mann noch zusätzlich eine Gefängnisstrafe verbüßen, deren Dauer sich nach der Schwere des Vergehens und der richterlichen Einschätzung seines Charakters richtete.[88]

Im Fall einer angefochtenen heimlichen Ehe und/oder Unzucht gingen die Gerichte in der Regel davon aus, daß die Klägerin betrogen und verführt worden war und weniger Schuld trug als der beteiligte Mann, und sahen von Bestrafung ab. Wenn jedoch nachgewiesen werden konnte, daß eine Frau durch ihren Lebenswandel und ihren Ruf diese unerlaubten Handlungen ermutigt oder sich gar angeboten hatte, konnte ihr eine Entschädigung verweigert werden; sie konnte ihr Anrecht auf eine elterliche Mitgift verlieren und sogar eingesperrt werden.[89]

Um privaten Ehegelöbnissen und der scheinbar damit einhergehenden sexuellen Freizügigkeit Einhalt zu gebieten, erließen die Städte im Spätmittelalter Gesetze, die vorschrieben, daß eine Ehe nur *öffentlich* geschlossen werden durfte. Dadurch wurde eine Ehe, die nach kirchlichem Recht rechtmäßig war, in der Gesellschaft erst rechtskräftig, wenn das Eheversprechen in einem öffentlichen Forum vor Zeugen gegeben wurde. Auch Eltern konnten dazu beitragen, private Ehegelöbnisse zu unterbinden, indem sie Kinder enterbten, die ohne ihr Wissen oder ihre Einwilligung geheiratet hatten. Die Konsequenzen für das Kind waren jedoch so fatal, daß sich nur wenige Familien dazu entschlossen.[90]

Um junge Menschen zur Kooperation zu bewegen und um Skandale und Rechtsstreitigkeiten zu vermeiden, die die öffentliche Moral untergruben, versuchten Städte wie Hall im 16. Jahrhundert, voreheliche Keuschheit attraktiv zu machen und Eheschließungen zu erleichtern. Dabei konnten sie auf die Unterstützung der protestantischen Reformatoren zählen, die eine frühe Ehe propagierten, um Unzucht zu verhindern, und regelmäßigen Geschlechtsverkehr in der Ehe empfahlen, um Ehebruch vorzubeugen. Martin Luther, dem nachgesagt wird, daß er auf Sexualität so fixiert war wie Freud, lehnte vehement jegliche sexuellen Restriktionen innerhalb der Ehe ab. Die Ehe umgab die Sexualität mit dem Deckmantel der Liebe und Legalität, und Christen konnten ihr nun guten Gewissens frönen. Dem Straßburger Reformator Martin Bucer zufolge zeichnete sich eine gute Ehe durch ein beglückendes körperliches Zusammensein aus.[91]

Gleichzeitig verklärten die Moralisten jener Zeit sexuelle Enthaltsamkeit und Keuschheit vor der Ehe als «Berufung» der Jugend, als «Liebesdienst», den Gott ledigen Jugendlichen und jungen Erwachsenen auferlegt habe. So, wie Väter von Gott dazu berufen waren, in die Welt hinauszugehen und zu arbeiten, und Mütter, unter Schmerzen Kinder zu gebä-

ren, so forderte Gott von der Jugend selbstaufopfernde Jungfräulichkeit bis zur Ehe.[92]

In Kirche, Schule und zu Hause mahnten Pastoren, Lehrer
und Eltern junge Menschen zu Keuschheit und Selbstbeherr-
schung und warnten sie schon früh vor den Konsequenzen
eines unmoralischen Lebenswandels: unverheiratete Mutterschaft, Geschlechtskrankheiten und unreife Ehen.[93] Die Literatur für Mädchen, die im 16. und 17. Jahrhundert weit
verbreitet war, zielte vor allem darauf ab, sexuelle Gedanken einzudämmen und sexuelle Aktivitäten bis zur Hochzeit
aufzuschieben. Inhaltlich war diese Literatur stark religiös
geprägt – eine Mischung aus Katechismus, Bibelauszügen,
Gebetbüchern und den Lebensbeschreibungen tugendhafter
Menschen – und wurde auch als «Alternative des 16. Jahrhunderts zu sexueller Aufklärung» bezeichnet.[94] Der Katechismus vermittelte dieselbe Botschaft pubertierenden
Jungen und Mädchen, die sich auf ihre Konfirmation vor-
bereiteten.

Daß ganz gewöhnliche Eltern die Sorgen der Moralisten
teilten, wird an dem folgenden Rat deutlich, den eine sterbende Mutter ihren beiden Töchtern im 17. Jahrhundert in
ihrem Testament mit auf den Weg gab:

«Eßt und trinkt nicht zuviel auf Festen. Eßt und trinkt
reichlich, bevor Ihr aufbrecht, und nehmt Getränke nur
von anderen Mädchen an. Wenn ein Junge Euch ein Stück
Obst schält, nehmt es nicht an. Wenn ein Junge sich neben
Euch setzt, beantwortet seine Fragen nicht, sagt nur: ‹ja›,
‹nein› oder ‹ich weiß nicht›. Und lächelt ihn nicht an.
Wenn zufällig ein Junge in Euer Zimmer kommt, ver-
steckt Euch hinter dem Bett und droht ihm eine Ohrfeige
an.»[95]

Vor diesem Hintergrund mußten Annas sexuelle Beziehungen zu zwei Männern ihrem Vater fast wie Prostitution vorkommen, was er auch ihrem Bruder gegenüber äußerte, als er sie als Hure bezeichnete.[96] Daß über ihre Beziehung zu einem standesgemäßen Freier wie Daniel Treutwein geklatscht wurde, war für ihn eine Sache, mit der er leben mußte. Ihre Promiskuität war jedoch etwas anderes. Nicht nur zerstörte diese Entdeckung sein Vertrauen in seine Tochter und seine Achtung für sie, sie drohte auch Schande über sein Haus zu bringen und den Namen Büschler für alle Zeiten in den Schmutz zu ziehen. Und so vertrieb er die «böse Schlange» aus seinem Haus und aus Hall.

Die anstößigen Briefe jedoch behielt er und hinterließ sie bei seinem Tod 1543 seinem Sohn Philipp, der sie später während des Rechtsstreits mit seiner Schwester an die Öffentlichkeit brachte. Bis dahin wurden sie aller Wahrscheinlichkeit nach unter Verschluß gehalten, etwa in einer Eichentruhe (ca. 50 mal 35 mal 25 Zentimeter) mit eisernen Beschlägen oder in einem der großen Eichenschränke, in denen in damaligen Haller Haushalten häufig wertvolle Papiere und Dokumente aufbewahrt wurden. Beispiele hierfür finden sich im Hällisch-Fränkischen Museum der Stadt. Indem er die Briefe zurückhielt, gelang es Hermann Büschler, den Schaden zu seinen Lebzeiten zu begrenzen. Für die große Mehrheit ihrer Zeitgenossen war Annas schlimmstes Vergehen, daß sie ihren Vater bestohlen und sich hinter seinem Rücken mit Daniel Treutwein vergnügt hatte – nicht die skandalöse Dreiecksgeschichte, der ihr Vater auf die Spur gekommen war. Anna blieb deshalb in den Augen ihrer Zeitgenossen und später auch in den spärlichen Darstellungen moderner Historiker eine eigensinnige und ungehorsame Tochter, die ihrem Vater Schande bereitet hatte, und keine Frau, die einem promiskuitiven Lebenswandel nachgegangen war und es verdiente, dafür gesetzlich bestraft zu werden.

Die
Liebschaften

Schenk Georg von Limpurg

Gedenkstein von Erasmus' Großvater, Schenk Georg von Limpurg (gest. 1475), in der Schenkenkapelle im Kloster Komburg, in der Nähe der Burg Limpurg. Er trägt die neue taillierte Rüstung und steht auf einem grimmig dreinblickenden Löwen, Symbol für Männlichkeit und Macht. Um den Hals trägt er eine Ordenskette mit den Insignien des zyprischen Schwertordens, die von den Königen von Zypern an alle Besucher verliehen wurde, die von Jerusalem zurückkehrten und am Heiligen Grab den Ritterschlag empfangen hatten.

Die Inschrift auf dem Sockel lautet: «Limpurg aus dem Blut der Herzöge von Franken und Schwaben». Selbstbewußt stellt Georg seine fürstliche Herkunft mütterlicherseits heraus. Seine Vorfahren väterlicherseits hingegen waren lediglich unfreie Ritter.

Erasmus von Limpurg

𝔄us den Geschichtsbüchern kennen wir Erasmus als Verfechter der Reformation in Hall, und durch seinen Sohn, den zukünftigen Schenken von Limpurg-Sontheim, Friedrich VII. (1536–1596), wurde er schließlich Ahnherr moderner Herrschergeschlechter, zu denen auch das englische Königshaus unter Königin Viktoria zählte.[1] Im Familiendrama der Büschlers spielte Erasmus allerdings eine weniger rühmliche Rolle. Auch sein Engagement für die Reformation, die ebenso wie der große Bauernkrieg von 1525 den politischen Hintergrund unserer Liebesgeschichte bildet, ist bei näherem Hinsehen eher als halbherzig zu bezeichnen. Erasmus schlug sich nur sehr zögerlich auf die Seite der Reformation und auch erst nachdem diese in der Region bereits Fuß gefaßt hatte. Seine Karriere als Schürzenjäger hingegen verfolgte Erasmus, wie wir noch sehen werden, um so zielstrebiger.

Ab 1523 schlossen sich die Bürger von Hall nach und nach der neuen lutherischen Lehre an, aber stets vorsichtig und abwartend, da sich die Stadt dem neuen und äußerst frommen katholischen Kaiser Karl V. (1519–1550) politisch verpflichtet fühlte. Zur Jahrhundertwende verfügte die Stadt über 12 Kirchen und Kapellen mit 24 Pfründen. Insgesamt 53 Kleriker – 32 Priester sowie 21 Mönche des Benediktiner-, Franziskaner- und Johanniterordens – betreuten eine Stadt von etwa fünftausend Einwohnern. Die Kirchen und Klöster Halls waren allerdings in einem schlechten Zustand, und unter den Geistlichen waren Korruption und das Konkubinat weit verbreitet.

Wie in vielen anderen Städten kurz vor der Reformation führte man auch in Hall ein reges religiöses Leben; denn sowohl die Strenggläubigen als auch die Verunsicherten versuchten, jeden aufkeimenden Zweifel an der traditionellen Glaubenslehre und -praxis zu ersticken, indem sie inbrünstiger denn je ihren gottesfürchtigen Eltern nacheiferten. Die Gottesdienste waren gut besucht, und die meisten Bürger gehörten einer kirchlichen Bruderschaft an. Die in der Michaelskirche ausgestellten 73 Reliquien zogen viele Gläubige an, und die zwei Marienkapellen in der näheren Umgebung waren beliebte Wallfahrtsstätten.[2] Wie stark und lebendig damals die Volksfrömmigkeit in und um Hall war, wird an einem berühmten Ereignis deutlich, das sich im nahegelegenen Tüngental, einem Dorf nordöstlich von Hall, zutrug und dort im Jahre 1440 zur Errichtung eines bedeutenden Heiligenschreins führte. Die Legende berichtet von einem Limpurger Schenken, der um 1434 in der Nähe der Dorfkirche auf Jagd war. Als seine Hunde einen Hasen in seinem Bau aufspürten, flüchtete dieser in die offenstehende Kirche und sprang in seiner Panik an einer Marienstatue hoch, die auf einem Kragstein an der Südwand des Chors stand. Die Hunde, die dem Hasen in die Kirche nachsetzten, blieben wie versteinert vor dem Altar stehen und verschonten den Hasen. Der Jäger hielt diesen Vorfall für ein Wunder, brachte den Hasen auf den Kirchhof und ließ ihn mit den Worten laufen: «Lauf, lieber Has, du hast Freiheit in der Kirchen gesucht, die hast du gefunden.»[3]

Als sich die Geschichte von der wundersamen Begebenheit in der gesamten Region herumsprach, strömten die Wallfahrer in Scharen zur Kirche, um «Unsere Frauen zum Hasen» zu bestaunen, und Tüngental entwickelte sich zum beliebten Wallfahrtsort. Bald darauf fügte man der Marienstatue noch die Figur eines Hasen hinzu, die man an ihrem linken Fuß befestigte. Die Skulptur der Madonna mit dem Hasen wurde noch jahrhundertelang verehrt, bis die Kirche schließlich am 19. April 1945 durch einen Bombenangriff der Alliierten zerstört wurde.[4]

Die Volksfrömmigkeit in Hall hatte jedoch auch ihre düsteren Seiten. Ende des 16. Jahrhunderts erschien das bis heute wohl berühmteste Prosawerk der Stadt – *Das Volksbuch von Doktor Faust* – über einen Arzt und Philosophen, der dem Teufel seine Seele verkaufte, um dafür Zauberkräfte zu erlangen. Die erste, 1587 anonym erschienene Fassung wurde von Georg Rudolf Widmann, einem ortsansässigen Schriftsteller und Sohn des Syndikus der Stadt, bearbeitet und 1599 herausgegeben. In Deutschland zählt sie zu den frühesten Darstellungen des Fauststoffes. Widmann berichtet in ihr, daß der berühmte Arzt, dem man Zauberkräfte nachsagte, bei seinem Aufenthalt in Hall mit den geselligen Salzsiedern ausgiebig zechte. Die Salzsieder gehörten dem führenden Gewerbe der Stadt an und zählten ein Drittel mehr Mitglieder (60) als die zweitgrößte Zunft der Schuster (41). Sie waren es, die mit ihrer harten Arbeit der Stadt zu ihrem Wohlstand verhalfen, indem sie das Wasser der Salzquelle in 111 großen Eisenpfannen, die 5 Meter lang und 1,20 Meter breit waren, zum Sieden brachten.[5]

Eine der Anekdoten über Dr. Fausts Besuch in Hall berichtet, wie sich die Salzsieder einen Spaß mit ihm machten und ihn fragten, ob er ihnen nicht «einen Teufel scheißen» könne. Der berühmte Arzt nahm die Herausforderung an, ließ seine Hose herunter und sandte einen feurigen Strahl in den Kocher, während die Salzsieder ihm von einer Brücke aus ungläubig zusahen. Als an der Stelle, wo der Strahl hinabgefahren war, ein kohlschwarzer Mann aus dem Wasser auftauchte und auf die Salzsieder losging, sprangen diese voller Panik in den Fluß.[6]

Auch heute trifft man in Hall noch auf Erinnerungen an die alte Faustlegende. Ein Lokal namens Schubäck in der Nähe

57

des Marktplatzes wirbt mit dem berühmten Arzt, der bei seinem Besuch in Hall – wie in Widmanns Faustbuch beschrieben – dort eingekehrt sein soll. An der Hausecke befindet sich eine Steintafel, in die folgender Text eingemeißelt ist:

> *Als Dr. Faust gen Hall einst kam*
> *zum Schubäck stracks den Weg er nahm.*
> *Mit wackern Siedern früh und spat*
> *gar manchen scharfen Trunk er tat.*
> *Ist nit zum Schaden ihm gereicht.*
> *So uns die Chronica bericht't.*
> *Ist wahrlich wahr und kein Gedicht.*
> *Das laßt ihr Leut, gesagt euch sein*
> *und kehrt wie Faust beim Schubäck ein.*

Während in Hall ein tiefverwurzelter Volksglaube lebendig blieb, herrschten in den städtischen Kirchen und Klöstern Verhältnisse, die dringend einer moralischen und politischen Erneuerung bedurften, vor der ihre geistlichen Führer jedoch zurückschreckten. In den letzten Jahrzehnten des 15. Jahrhunderts setzte der Rat mit Hilfe von Steuer- und Verwaltungsverordnungen einige kirchliche Reformen durch. Er schränkte die Kirchenhoheit ein, hob die Steuerfreiheit des Klerus auf und überwachte streng das finanzielle und sittliche Gebaren der Geistlichen.

1522 wagte der Rat einen noch kühneren Schritt und berief den dreiundzwanzigjährigen Lutheraner Johannes Brenz auf Empfehlung eines Hallers, der mit ihm in Heidelberg studiert hatte, in das Predigeramt an der Michaelskirche.[7] Im September traf Brenz zu seinem «Vorstellungsgespräch» in Hall ein, und am 22. hielt er seine Antrittspredigt, die die Ratsherren tief beeindruckte – ein Ereignis, das man durchaus als ersten Schritt der Stadt zu ihrer Konvertierung zum Protestantismus bezeichnen könnte.

Obwohl der junge Prediger ein religiöser Eiferer war, zeichnete er sich auch durch politischen Scharfsinn und eine methodische Arbeitsweise aus. Während seines ersten Jahres in Hall las er weiterhin die traditionelle Messe, erklärte seiner Gemeinde aber auch, daß er im Gegensatz zum herrschenden Kirchendogma nicht an das Wunder der Transsubstantiation während der Eucharistiefeier glaube. Noch im selben Jahr griff er offen den Heiligenkult und die Reliquienverehrung an, was ihm die Feindschaft der Franziskaner einbrachte.

Im Jahre 1524 kündigte sich die Verwandlung Halls in eine protestantische Stadt durch einige einschneidende Maßnahmen an: Das baufällige Franziskanerkloster wurde abgerissen, das Bordell geschlossen und das Konkubinat verboten. Im Jahre 1525 fand die erste öffentliche Abendmahlsfeier (mit Brot und Wein) statt. Die katholische Messe wurde allmählich verdrängt und zwei Jahre später in den meisten hallischen Kirchen offiziell abgeschafft. 1526 verfaßte Brenz eine straffe, neue Kirchenordnung, die im Laufe der dreißiger Jahre das Glaubensleben der Protestanten in ganz Württemberg entscheidend prägen sollte. Als Brenz im folgenden Jahr die Neuordnung des Schulwesens und der Armenfürsorge in Angriff nahm, hatte die Reformation endgültig in Hall Einzug gehalten.

Allerdings ging Brenz mit seinen Neuerungen bald weiter, als es den Hallern lieb war, und als er schließlich vorschlug, ein geistliches Synodengericht zur Disziplinierung des Laienstands ins Leben zu rufen, bot man ihm energisch Einhalt. Mit Hilfe des neuen Systems sollten Laien, die sich trotz Ermahnungen ihres Pfarrers wiederholter moralischer Verfehlungen schuldig gemacht hatten, durch den Richter mit Exkommunikation und Ehrverlust bestraft werden. Für einen Kleriker mochte dies zwar eine bewundernswerte Machtdemonstration im Dienste des Evangeliums sein, die Laien hingegen fühlten sich nur unangenehm an die Praktiken der altkatholischen Institutionen erinnert, die die Stadt ja mit Brenz' Unterstützung reformieren wollte. Ein alter Haller Bürger sprach vermutlich für die Mehrheit seiner Mitbürger, als er Brenz Utopismus vorwarf. Als Brenz 1531 die Synodalverordnung anregte, soll dieser ihm zugerufen haben: «Ihr, mein Herr, wollt etwas, das nicht funktioniert. Ihr wollt den Teufel bekehren, aber das geht nicht!», worauf Brenz erwiderte: «Natürlich kann man nicht alle Sünden und Verfehlungen in der Gemeinde verhindern, aber es ist schon viel erreicht, wenn man sie bestraft!»[8]

Auf dem Augsburger Reichstag 1530, den der Kaiser einberufen hatte, um den zunehmenden Einfluß der Reformationsbewegung anzusprechen und zwischen Protestanten und Katholiken zu vermitteln, schloß sich die Haller Abordnung den protestantischen Städten an. Trotz allem konnte man die zum Teil schwer erkämpften Neuerungen im Glaubensleben der Stadt zu diesem Zeitpunkt keineswegs als gesichert ansehen. Im Rat saßen immer noch einige Katholiken, die Brenz' Reformen weiterhin energisch bekämpften – Männer wie Volk von Roßdorf und Michael Seiboth, die später auch bei Annas Verhandlungen als Zeugen auftraten. Auf dem Reichstag zu Speyer 1529, bei dem man den Begriff «Protestant» prägte, hatte sich die Haller Gesandtschaft so bereitwillig auf die katholische Seite geschlagen, daß Martin Luther (unzutreffenderweise, aber zu Recht) darüber klagte, daß Hall in jenem Jahr «wieder vom Evangelium abgefallen» sei; Hermann Büschler war übrigens einer der beiden wankelmütigen Haller Gesandten.[9] Und obwohl die katholische Messe seit 1527 verboten war, wurde sie bis 1534 mit Billigung des Kaisers weiterhin in der Johanniskirche gefeiert. Dort fand sich regelmäßig eine ansehnliche Gemeinde aus alten Adelsfamilien aus Hall und Umgebung ein, die während der religiösen Umwälzungen unbeirrt an ihrem traditionellen Glauben festgehalten hatten.[10]

In Limpurg verfolgte man den zunehmenden Einfluß der Reformationsbewegung in Hall allenfalls mit gemischten Gefühlen. Da die Schenken seit Generationen die alte Kirche aktiv unterstützt hatten, waren ihre persönlichen und politischen Interessen eng mit denen der altkatholischen Institutionen verknüpft. Das Schicksal von Erasmus' Vetter Schenk Wilhelm aus dem nahegelegenen Gaildorf veranschaulicht das Dilemma, in dem sich all jene in der Region befanden, die sich noch zum Katholizismus bekannten und enge Verbindungen zur katholischen Kirche pflegten. 1544 schloß sich Schenk Wilhelm gemeinsam mit anderen Grafen der Region der Augsburger Konfession (1530) an – einem wegweisenden Bekenntnis zur lutherischen Lehre, das man auf dem Augsburger Reichstag Kaiser Karl V. vorgelegt hatte und das später als Grundlage für das protestantische Verteidigungsbündnis gegen den Kaiser, den Schmalkaldischen Bund, dienen sollte. Gleichzeitig jedoch hatte der Schenk, der mit einer großen Kinderschar gesegnet war, fünf seiner elf Kinder bereits in Klöstern, die er persönlich unterstützte, untergebracht. Als 1545 eine weitere Tochter zur Welt kam, ließ der nun bekennende Lutheraner Schenk Wilhelm sie in aller Heimlichkeit dem weit entfernten Stift Quedlinburg weihen. Angesichts seines Bekenntnisses zur Augsburger Konfession mag dieses Verhalten scheinheilig wirken, war jedoch in Anbetracht der Lebenssituation des Schenken für die damalige Zeit durchaus konsequent und angemessen.[11]

Solange man denken konnte, hatten die Schenken von Limpurg die Domkapitel von Würzburg und Bamberg unterstützt. Erasmus' jüngerer Bruder Philipp war Domherr in Würzburg und Bamberg sowie Propst des nahegelegenen Klosters Komburg. Sein Onkel Georg war Bischof von Bamberg. Nach seinem Tod im Jahre 1553 wurde Erasmus in der «Schenkenkapelle» auf der Komburg beigesetzt, einer privaten Gebets- und Begräbnisstätte im hinteren Bereich der Stiftskirche, die eindrucksvolle Grabdenkmäler enthält. Im Jahre 1553 allerdings sagte ein Begräbnis in diesem Kloster wenig über die Konfessionszugehörigkeit des Verstorbenen aus, da dieses streng katholische Kloster mittlerweile ebenfalls zum Protestantismus übergewechselt war. Zum Zeitpunkt von Erasmus' Tod lebte der dortige Stiftsherr ganz offen in wilder Ehe mit der Tochter eines evangelischen Pfarrers, ohne daß jemand Anstoß daran nahm.[12]

In den dreißiger Jahren jedoch war die Konfessionsfrage für die Schenken von Limpurg noch ein heikles Thema. Als Erasmus 1533 die verwitwete Gräfin Anna von Lodron heiratete, band ihn dies noch stärker an den Katholizismus, während sich gleichzeitig jedoch seine Umgebung dem Luthertum zuwandte. Seine Frau stammte aus einer wohlhabenden Südtiroler Familie, die Verbindungen zu höchsten katholischen Kreisen hatte. Ihr einziger Sohn Friedrich wurde als Zwölfjähriger für fünf Jahre an den katholischen Hof von König Ferdinand in Prag gesandt.

In Anbetracht der Limpurgischen Familiengeschichte und Erasmus' neuer familiärer Bindungen würde man kaum erwarten, daß er eines Tages ins protestantische Lager überwechseln und sogar als Held der Reformation in die Lokalgeschichte eingehen würde. Doch die Verhältnisse in Limpurg sollten es ihm schließlich ermöglichen, sich ohne persönliches oder politisches Risiko zum Protestantismus zu bekennen. Im Gegensatz zu seinem Vetter Wilhelm bestand für Erasmus, der nur einen Sohn und zwei Töchter hatte, nicht die Notwendigkeit, seine Kinder im Kloster unterzubringen. Darüber hinaus hatte sich sein Vater gegenüber der lutherischen Lehre bereits Mitte der zwanziger Jahre aufgeschlossen gezeigt, indem er evangelischen Predigern gestattete, sich auf Limpurger Territorium frei zu bewegen; gleichzeitig jedoch hatte er deren Versuche, ihre wichtigsten Reformen durchzuführen, wirksam unterbunden. Aufgrund der alten Feindschaft zwischen Hall und Limpurg und der Fortschrittlichkeit der Haller Reformen, waren die Limpurger Schenken nicht daran interessiert, dem Haller Vorbild nachzueifern. Schenk Gottfried verfolgte mit seiner eher politisch orientierten Kirchenreform einen weit gemäßigteren Kurs, indem er den Protestanten zwar Gehör verschaffte, sich einer radikalen Erneuerung der traditionellen Glaubenslehre und -praxis nach dem Muster der Haller Reformation jedoch entschieden entgegenstellte.[13]

Erasmus wurde sehr früh in den religiösen Konflikt verwickelt. Bereits 1524 vertrat der Zweiundzwanzigjährige seinen Vater auf dem fränkischen Kreistag in Kitzingen, wo die versammelten fränkischen Fürsten wirtschaftliche und religiöse Fragen erörterten und eine Liste mit Beschwerden zusammenstellten, die sie gegen die katholische Kirche vorzubringen gedachten. Als Schenk verhielt sich Erasmus in der Konfessionsfrage ebenso zurückhaltend und vorsichtig wie sein Vater. Erst nachdem sich weit einflußreichere Edelmänner der Reformation angeschlossen hatten, bekannte auch er sich offen zur neuen Lehre. Es gibt Belege dafür, daß Erasmus bereits 1537 die evangelische Lehre in Limpurg förderte. Er verlangte von den Pfarrern in seinem Herrschaftsgebiet, sich durch einen Eid dazu zu verpflichten, «das Evangelium und Gottes Wort lauter und klar nach dem Buchstaben und ohne all Umstände» zu verkünden.[14]

Der Eid selbst kann allerdings nicht als Kriterium für eine protestantische Gesinnung angesehen werden, da er im Gegensatz zu andernorts üblichen protestantischen Eiden keine ausdrückliche Distanzierung von der traditionellen Lehre oder Praxis verlangte. Dennoch gibt es einige deutliche Anzeichen dafür, daß Erasmus zu jener Zeit zunehmend politischen Anschluß an die erstarkenden protestantischen Kräfte in der Region fand. 1534 berief ihn der württembergische Herzog Ulrich, dessen Herzogtum seit kurzem protestantisch war, zum zweitenmal zum Rat und Obervogt in Laufen, einer kleinen, südlich von Hall am Kocher gelegenen Ortschaft. Zehn Jahre zuvor, als der Ort noch katholisch gewesen war, hatte Erasmus dort denselben Posten bekleidet. Nun war er damit betraut, an einer protestantischen Kirchenordnung für die Region mitzuarbeiten. Sieben Jahre später (1541) ernannte ihn der fromme lutherische Pfalzgraf Ottheinrich zum Pfleger im evangelischen Dorf Hilpoltstein. Und 1544 machte ihn ein brandenburgischer Fürst zum Rat und Amtmann im evangelischen Crailsheim.[15]

Anfang der vierziger Jahre hatte schließlich auch Erasmus erkannt, daß sich das Luthertum in der Region als führende Religion durchgesetzt hatte. Doch selbst zu diesem späten Zeitpunkt mußte er in der umstrittenen Konfessionsfrage immer noch diplomatisch vorgehen. Als ihn 1541 seine finanzielle Situation zwang, Burg Limpurg an die Stadt Hall zu verkaufen, wandte er sich trotzdem an den römischen Kaiser um Unterstützung beim Bau eines kleineren Schlosses in der Nähe von Obersontheim, das sich mittlerweile, ebenso wie Limpurg, dem Protestantismus verschrieben hatte.[16]

Wie ernst es Erasmus mit seinem Bekenntnis zum neuen Glauben wirklich war, sollte er 1546 zum erstenmal unter Beweis stellen müssen, als kaiserliche Truppen versuchten, im Haller Umland den Katholizismus gewaltsam wiedereinzuführen. Im Dezember desselben Jahres fielen hessische Söldnertruppen unter spanischem Befehl in Hall ein, um – als erste Maßnahme zur Wiederbekehrung der Stadt – den berühmten Reformator Johannes Brenz gefangenzunehmen und hinzurichten. Doch dank der Unterstützung eines unbekannten Adligen, hinter dem Zeitgenossen und später auch Historiker Erasmus vermuteten, konnte Brenz in ein Versteck in der Nähe von Crailsheim fliehen und seinen Häschern entkommen. Auch ein zweiter Versuch, Halls Reformator zu fassen, scheiterte, diesmal dank der Intervention des Bürgermeisters Philipp Büschler (Annas Bruder), der in einer Ratssitzung von dem neuen Komplott erfuhr und Brenz umgehend eine Nachricht zukommen ließ («Brenz, flieht, so schnell ihr könnt!»), woraufhin dieser mit seiner Frau und seinen sechs Kindern erneut in ein sicheres Versteck in Obersontheim oder Gailsdorf fliehen konnte – diesmal nachweislich mit Erasmus' Hilfe.[17] Aufgrund dieses beherzten Engagements zur Rettung des alten Reformators gingen Erasmus und Philipp als Helden in die Haller Reformationsgeschichte ein.

Die Briefe

Der junge Schenk, den Anna in ihrer Jugend kannte und liebte, war weder ein Gentleman noch ein Held. Der Mann, der sich zu einer Zeit einen Namen machte, als man sich bereits durch kleine Gefälligkeiten ewigen Ruhm erwerben konnte, entpuppt sich in seinen Briefen als junger Mann mit ganz gewöhnlichen Leidenschaften, der vor allem auf seinen Vorteil bedacht war. Dank des noch erhaltenen Briefwechsels zwischen Anna und Erasmus können wir uns ein Bild von ihren Persönlichkeiten machen, das weder durch zeitgenössische noch durch moderne Historiker geschönt ist.

Der erste noch erhaltene Brief aus der vierjährigen Korrespondenz datiert vom Neujahrstag 1521. Annas Mutter war knapp elf Tage zuvor gestorben, und Anna lebte bereits wieder im Haus ihres Vaters. Es ist nicht bekannt, wann genau Anna Burg Limpurg verließ, höchstwahrscheinlich in den letzten Wochen vor dem Tod ihrer Mutter. Zu diesem Zeitpunkt waren sie und Erasmus zweifellos schon ein Liebespaar. Zu Anfang ihres Briefwechsels (1521–1525) war Erasmus 19 Jahre alt; in den folgenden Jahren sollte er ständig auf Reisen sein, um Verbindungen zu anderen Fürstenhäusern zu knüpfen, seine Ausbildung als Kavallerist zu vervollkommnen und sich mit seinen zukünftigen Aufgaben als Schenk vertraut zu machen. Er war regelmäßig in Würzburg, dem Sitz des Kaisers, und in Bamberg, wo sein Onkel Bischof war.[18] Auf Befehl seiner Dienstherren führte er in deren Herrschaftsgebiet zahlreiche Strafaktionen durch und übernahm vielfältige Verwaltungsaufgaben.

Aus Annas Neujahrsbrief geht hervor, daß Erasmus, der sich offenbar gerade in Würzburg aufhielt, sie angewiesen hatte, ihm nicht so oft zu schreiben, da zu häufige Botengänge Verdacht erregen könnten. Doch diesmal war Anna so beunruhigt, daß sie alle Vorsicht über Bord warf und viel eher schrieb, als es klug gewesen wäre. Sie machte sich Sorgen wegen des Geredes über sie in der Stadt – ein häufig wiederkehrendes Thema in ihrem Briefwechsel. Wenn Erasmus auf Reisen war, besuchte sie gelegentlich Feste auf Burg Limpurg oder andernorts, wo dann manchmal ihr unbändiges Temperament mit ihr durchging. Sie gesteht ihm, daß sie töricht gewesen sei, womit sie wahrscheinlich andeuten will, daß sie reichlich getrunken und geflirtet hatte. Doch sie fürchtet, daß man ihr Schlimmeres nachsagen könnte und daß das boshafte Gerede Erasmus zu Ohren kommen und ihre Beziehung gefährden könnte.

Da Annas Vater sehr wohlhabend war, in der Stadtregierung ein hohes Amt bekleidete und darüber hinaus einen legendären Ruf genoß, hatten die Büschlers großen politischen Einfluß in Hall. Die wirtschaftliche und politische Macht der Schenken von Limpurg dagegen war zu jener Zeit bereits im Schwinden begriffen. In Hall, vor allem unter Kaufleuten, die regelmäßig ihre Schulden eintrieben, war Erasmus' Vater Schenk Gottfried II. als «Götz mit der leeren Tasche»[19] verschrien. Burg Limpurg befand sich mittlerweile in baufälligem Zustand, Teile des Anwesens waren sogar völlig verfallen. Erasmus war es schließlich, der sich entschloß, den heruntergekommenen Familiensitz zu verkaufen. Zunächst unternahm er den erfolglosen Versuch, ihn mit den dazugehörigen Ländereien und Privilegien an Herzog Ulrich von Württemberg für den günstigen Preis von 26 000 Gulden zu verkaufen, damit er in fürstlicher Hand blieb. Schließlich kaufte ihm die Stadt Hall die Burg für nahezu die doppelte Summe (45 700) ab und hatte dafür ihre guten Gründe. Mit dem Kauf der Burg konnte die Stadt ihre seit Jahrhunderten andauernden Grenzstreitigkeiten mit den Schenken ein für allemal beilegen und sich zugleich die mit dem Grundbesitz verknüpften Zolleinnahmen sichern.[20] Die Haller sahen in der Burg eine Gefahr für die öffentliche Sicherheit, zum einen wegen ihres baufälligen Zustands, zum anderen, weil sie für eine feindliche Belagerungsarmee einen idealen Stützpunkt geboten hätte. Obwohl die Stadt anfangs noch Teile der Burg renovierte, ließ sie sie dreißig Jahre später ganz abreißen.[21]

Auch wenn die Limpurger Schenken schwere Zeiten durchmachten, führten sie noch immer ein sehr privilegiertes Leben. Die Familie mußte zwar mancherlei Entbehrungen und Einschränkungen hinnehmen, doch war dies nicht annähernd mit den ärmlichen Lebensverhältnissen einfacher Leute zu vergleichen. Erasmus war schließlich immer noch der Abkömmling eines jahrhundertealten Geschlechts von Reichsschenken und hatte trotz allem eine vielversprechende Zukunft vor sich. Aus diesem Grund zog er eine Heirat mit Anna – sei es aus Liebe oder aus finanziellen Gründen – wohl nie ernsthaft in Erwägung. In einer Zeit, in der ein so stark ausgeprägtes Standesbewußtsein herrschte, war Anna keine angemessene Partie für einen Schenken. Für einen Mann aus dem niederen Adel mochte sie eine gute Partie gewesen sein, aber nicht für einen Mann fürstlicher Abstammung. Falls Erasmus je mit dem Gedanken an eine Ehe mit Anna gespielt haben sollte, so dürfte ihm klar gewesen sein, daß seine Eltern und seine Standesgenossen eine solche Verbindung für völlig inakzeptabel gehalten hätten. Anna scheint sich mit diesen unabänderlichen Tatsachen weniger leicht abgefunden zu haben, und dies auch nur nach einigen demütigenden, schmerzvollen Erfahrungen. Wie Annas Beziehungen zu Erasmus und Daniel Treutwein zeigen, suchte sie offenbar die Gesellschaft von Edelmännern und schätzte ihre guten Verbindungen zu Fürstenkreisen.

Traf dies auch auf ihren Vater zu? Hatte Hermann Büschler möglicherweise davon geträumt, seine Tochter mit einem Adligen zu verheiraten, und sie deshalb im Haushalt der Schenken untergebracht? Vielleicht hatte er deswegen sämtliche Freier Annas abgelehnt. Vielleicht wurde Anna aus dem väterlichen Haus vertrieben, weil sie die ehrgeizigen Pläne ihres Vaters durchkreuzt hatte. Möglicherweise war Annas Brief an die Schenkin, aus dem er herauslas, daß sie eine Liebschaft mit Erasmus hatte, für Hermann Büschler weniger schockierend als der Brief der Schenkin an ihn, der den Kontakt zwischen Anna und dem zukünftigen Schenken beendete und somit die hochfliegenden Träume Hermann Büschlers von einem gesellschaftlichen Aufstieg endgültig zerstörte.

Heute wäre die Beziehung zwischen Erasmus und Anna vielleicht glücklich verlaufen, im 16. Jahrhundert jedoch wäre dies völlig undenkbar gewesen. Zu jener Zeit mochte ein Bürger zwar dieselben politischen Rechte genießen wie sein adliger Mitbürger und konnte sogar wohlhabender sein als mancher Landesfürst, aber in den Rang eines Fürsten aufsteigen konnte er nicht. Wie Hermann Büschlers adlige Ratskollegen ihm bereits bei den Auseinandersetzungen um die Trinkstube des Adels 1509/10 klargemacht hatten, war alles eine Frage der Herkunft und der Standesehre. Anna verscherzte sich die Liebe ihres Vaters nicht etwa, weil sie durch

ihr Verhalten seinen Traum vom Aufstieg in höhere gesellschaftliche Kreise zerstörte, sondern weil sie seinem Ansehen
innerhalb seines eigenen Standes geschadet hatte.

Während ihres gesamten Briefwechsels mit Erasmus re-
spektierte Anna die soziale Kluft, die die beiden Familien
voneinander trennte. Indem sie sich, bis auf wenige Ausnah-
men, an die damals nur Fürsten vorbehaltene Anredeform
hielt, erkannte sie Erasmus' gesellschaftliche Stellung an und
akzeptierte das Ungleiche in ihrer Beziehung. Dies erklärt
auch den heute etwas befremdlich anmutenden förmlichen
Charakter der Liebesbriefe. Trotz ihres vertrauten Verhält-
nisses schrieb Erasmus ihr meist – wie ein Herrscher an seinen Untertan – im Pluralis majestatis, und Anna war selbst in
ihren zornigsten Briefen stets darauf bedacht, seinen höheren Rang zu respektieren. Auch wenn es ihnen nicht immer
gelang, versuchten beide, ihre Gefühle in Bahnen zu lenken,
die dem Verhältnis zwischen Herrscher und Untertan ent-
sprachen: Erasmus durch Distanziertheit und scheinbare
Gleichgültigkeit und Anna durch scheinbare Unterwürfig-
keit und Zurückhaltung. Trotzdem begab sich Anna nicht in
die Rolle der passiven Gespielin, auch nicht einem Schenken
gegenüber. Sie scheute sich beispielsweise nicht, Erasmus an
die Opfer zu erinnern, die sie für ihn gebracht hatte, und verlangte dafür ein gewisses Entgegenkommen von ihm.

1 ANNA AN ERASMUS (NEUJAHR 1521)

Herzallerdurchlauchtester, herzallergnädigster und herz-
wohlgeborener Herr. Aus tiefstem Herzen wünsch ich
Euer Gnad ein gut, glückseligs neues Jahr und entbiet Euer
Gnad meinen herzlichsten Gruß und biet Euer Gnad meinen untertänigen, willigen Dienst an, wie's eine arme Bürgerin gegen einen hohen Herrn vermag ...

Herzallergnädigster Herr, ich hab geträumt, und man
hat mir auch zugetragen, etwas, was ich gern glauben will,

nämlich, daß mich jemand in Euer Gnaden Gegenwart verleumdet hat. Euer Gnaden weiß wohl, wer's getan hat.

Herzallergnädigster Herr, Euer Gnad darf kein Wort davon glauben, weil mir großes Unrecht geschieht. Obwohl ich dies Unglück nicht verhindern konnt[22], kenn ich mich doch bei Hof aus und weiß, daß ich solch Gerede nicht verdient hab.

Herzallergnädigster Herr, ich wollt von Herzen gern, daß Euer Gnad mir schreibt, wenn's Euer Gnad möglich ist. Wenn's Euer Gnaden nicht gelegen kommt, dann sollt's Euer Gnad auch nicht tun. Wenn ich Euer Gnaden auch nicht von meinem Wohlergehen schreiben kann, dann weiß Euer Gnad vielleicht schon ein Gutteil davon.[23]

Wohlgeborener, herzallergnädigster Herr, Euer Gnaden Armband[24] ist jetzt fertig, aber ich will's Euer Gnad nicht schicken. Euer Gnaden muß kommen und es abholen, entweder bei Euer Gnad nächstem Besuch oder ein andermal, das ist mir gleich.

Herzallergnädigster Herr, Euer Gnaden darf mir nicht zürnen, weil ich Euer Gnad geschrieben hab. Wiewohl es sich für mich nicht ziemt oder mir gebürt, so weiß ich doch nicht, wann ein beßrer Zeitpunkt gewesen wär, weil mir der Bote heut zu Diensten war.

Herzallergnädigster Herr, Euer Gnad sei Gott befohlen. Gott schenk Euer Gnaden viel Glück und Freud bei allem, was Euer Gnaden gut und nützlich ist. Mög Gott's geben. Tausendmal gute Nacht. Geschrieben am Neujahrstag.

Herzallergnädigster Herr, da ich wohl weiß, daß ich nicht Euer Gnad ebenbürtig bin, würd ich Euer Gnad nie ein Leid zufügen. Das würd viel Ärger geben.[25] Anna Büschler.

Freundlicher, herziger, allerliebster Herr, nachdem mir Euer Gnad geschrieben hat, glaubt's Euer Gnad, herziger, treuer, kommt bald wieder zu mir; mich verlangt nach Euer Gnad, laßt mich nicht so lang warten. Ich hab keine Ruh. Sie will nicht bei mir bleiben.[26]

Erasmus antwortete ihr aus Würzburg, wohin er mit seinem neuen Herrn geritten war. Nach der Ausbildung zum Ritter, die man mit sieben Jahren an einem Fürstenhof begann, mit 14 Jahren als Knappe auf dem Schlachtfeld fortsetzte und mit 21 Jahren mit der Ritterwürde abschloß, gingen die Söhne niederer Fürstengeschlechter wie Erasmus bei den Landesherren der größeren Territorien (die ebenfalls ihren Platz in der Hierarchie des Reichs innehatten) in den Militär- oder Verwaltungsdienst. Zwischen 1521 und 1525 diente Erasmus gemeinsam mit seinem Vater den Herzögen von Württemberg als Rat und Obervogt in Laufen.[27]

2 ERASMUS AN ANNA (30. MÄRZ 1521)

Unsern freundlichen Gruß, herzliebste Jungfrau Anna. Wir lassen Euch wissen, daß wir dank Gottes Gnade frisch und gesund sind und es uns eine besondre Freud ist, daß auch Ihr wohlauf seid.

Herzliebste Jungfrau Anna, Ihr schreibt uns, daß man Euch in meiner Gegenwart schlecht gemacht hätt. Das können wir nicht verstehen, denn niemand hat was Böses über Euch gesagt. Und es darf Euch nicht wundernehmen, daß wir Euch so lang nicht geschrieben haben; wir hatten keinen Boten zur Hand. Bekümmert Euch nicht, denn wir tragen noch die alte Lieb in unsrem Herzen.

Ihr schreibt, daß wir zu Euch kommen und uns das Armband selbst holen sollen. Das können wir wahrlich nicht tun, denn unser Herr Vater erlaubt nicht, daß wir nach Hall reiten. Macht mit dem Armband, was Ihr für richtig haltet. Wir danken Euch sehr für das Geschenk, herzliebste Jungfrau Anna, und wenn wir's Euch vergelten können, wollen wir's von Herzen gern tun.

Wir hätten Euch gern mehr geschrieben, aber wir haben nicht die Zeit gehabt. Seid fröhlich und guter Ding. Am Samstag nach Karfreitag [30. März 1521] zu Würzburg in aller Eil geschrieben.

Was immer ihm seine Liebe zu Anna bedeutet haben mag, so schloß sie offenbar weder Rücksichtnahme noch Treue ein. Als Anna durch gemeinsame Freunde und Bekannte von seinen Trinkgelagen und Frauengeschichten in Scheßlitz erfuhr (Brief 4), stellte sie ihn in einem Brief, der leider nicht mehr erhalten ist, zur Rede. Auch Annas Gefühle begannen sich zu jener Zeit offenbar abzukühlen. Wir wissen von diesem Brief nur, weil Erasmus sich in seinem nächsten Brief auf ihn bezieht und Anna mit der folgenden Bemerkung abspeist: «Ein jeder Mensch mag denken, was ihm beliebt, wiewohl's auch nicht wahr sein muß. Drum wissen wir auch keine Antwort auf Euer Schreiben.»[28] Anna jedoch hatte nicht die geringsten Zweifel an den Schilderungen ihrer Freunde und wußte genau, wie sie auf diese schnippische Antwort zu reagieren hatte.

3 ANNA AN ERASMUS (UNDATIERT)

... Euer Gnad schreibt mir, daß Euer Gnad mein Brief nicht gefallen hat. Ich bin erschrocken und kann nicht verstehn, was Euer Gnad damit sagen will, ob Euer Gnad meint, daß ich mir alles nur erdacht hab oder daß andre Leute sich alles nur erdacht haben. Wenn ich wüßt, daß Euer Gnad mich meint, würd ich alles Wort für Wort aufschreiben, denn ich weiß wohl, was sich die Leut über Euer Gnad in Scheßlitz erzählen.

Aber was soll ich viel davon schreiben; ich weiß wohl,

daß Euer Gnad nichts davon hören will. So will ich davon schweigen, auch wenn's mich wahrlich mehr anficht als alles andre in meinem Leben.

Mög Gott mir die Gnad erweisen, daß ich Euer Gnaden bald wiederseh, auch wenn's noch lang hin ist.

Gnädiger Herr, ich hab's lang bedacht und will Euer Gnad das Armband schicken, wiewohl Euer Gnad viel hübschere und beßre hat.

Auf diesen Brief folgten drei Briefe von April und Anfang Mai 1521, in denen Erasmus Anna – voller Zärtlichkeit und Empfindsamkeit – seine Liebe beteuerte. Hatten ihn das Armband, das sie ihm geschickt hatte, und die Tatsache, daß sie das Thema Frauen auf sich beruhen ließ, so gerührt? Eine plausiblere Erklärung scheint mir eher Eifersucht zu sein. Er schrieb ihr aus Herzogenaurach, wo sie für den 1. Mai ein Rendezvous verabredet hatten, und kämpfte mit einem schlechten Gewissen, weil er bereits wußte, daß er ihre Verabredung nicht einhalten konnte. Zum erstenmal in ihrem Briefwechsel verzichtete er auf den Pluralis majestatis und schrieb ihr in der vertraulichen Ichform, wie es unter Gleichrangigen üblich war.

4 (SIEHE ANMERKUNG 26) ERASMUS AN ANNA (UNDATIERT)
Unsern freundlichen Gruß, liebe Jungfrau Anna. Ich bedank mich gar freundlich für das Geschenk, das Ihr mir geschickt habt, und wenn ich's Euch vergelten kann, sei's bei Tag oder bei Nacht, so will ich's von Herzen gern tun.

Auch, liebe Jungfrau Anna, habt Ihr mir gedankt für die Sorg, die ich um Euch hab. Doch wißt, daß ich eine Sorg um Euch gehabt, die ich lieber nicht hätt. Denn ich hab gehört, daß es in Herzogenaurach gute, starke Kappen [Burschen] gibt, die's gar wohl besser vermögen als ich.

Doch ich bitt Euch, bedenkt meinen guten Willen und die Sorg, die ich um Euch hab, denn ich mein's ehrlich, wenn ich Euch drum bitt. Es ist meine Bitt, daß Ihr meinen guten Glauben an Euch nicht enttäuscht.

Geb Euch Gott viele tausend gute Nächt. Alsbald ich nach Haus komm, will ich halten, was ich versprochen hab … Zu Herzogenaurach geschrieben.

Das Wort *khappen* oder auch *kappen* bedeutet wörtlich übersetzt «Kappe», ist aber auch ein Ausdruck für den Kamm eines Hahns oder Huhns. Das Verb *kappen* bezeichnet auch das Picken des Hahns bei der Paarung und ist ein umgangssprachlicher Ausdruck für Geschlechtsverkehr. Erasmus war nicht nur wegen der «guten, starken Kappen» in Herzogenaurach beunruhigt, sondern er fürchtete auch, daß Anna ihm böse sein könnte, wenn er ihre Verabredung absagte.

In seinem nächsten Brief, der noch glühender war als der erste, gestand Erasmus Anna, daß er ihren Termin, den sie auf den 1. Mai bzw. St. Walpurgis festgesetzt hatte, nicht einhalten könnte. Vielleicht hatte Anna dieses Datum ganz bewußt gewählt, denn nach mittelalterlichem Volksglauben fanden in der Walpurgisnacht nicht nur große Hexensabbate statt, sondern man brachte sie auch mit sexueller Freizügigkeit in Verbindung. Erasmus mußte ihr Treffen deshalb absagen, weil er Anweisungen hatte, noch am selben Tag nach Worms abzureisen, um dem ersten Reichstag Kaiser Karls V. beizuwohnen. Diese Versammlung der politischen Elite Deutschlands, die im April und Mai tagte, war diesmal von besonderer Bedeutung – zum einen, weil es der erste Reichstag des neuen Kaisers war, zum anderen, weil Martin Luther dort am 17. April seine berühmte Rede halten sollte, in der er vor dem Kaiser erklärte, daß er seine Lehre nicht widerrufen werde, solange diese nicht durch «das Zeugnis der Heiligen Schrift oder durch klare Vernunftgründe» widerlegt würde.

Erasmus, der erst Anfang Mai in Worms eintraf, verpaßte jedoch diese denkwürdige Szene. Hätte er dem Ereignis beigewohnt, hätte es ihn vermutlich weniger beunruhigt als seine geplatzte Verabredung mit Anna. Um sie über die große Enttäuschung, die er ihr bereitete, hinwegzutrösten, versprach er, ihr ein Geschenk mitzubringen.

5 ERASMUS AN ANNA (UNDATIERT)
Meinen freundlichen Gruß und willigen Dienst, liebe [Anna]. Euer Schreiben hab ich mit Freuden gelesen und auch, daß Ihr am St.-Walpurgis-Tag [1. Mai] zu mir kommen wollt. Das würd mich von Herzen freun, aber ich laß Euch wissen, daß ich an Sankt Walpurgis nach Worms reiten muß. Aber wenn ich zurückkomm, in zehn Tagen, so Gott will, will ich Euch ein Geschenk mitbringen, wenn Ihr's dann noch von mir annehmen wollt. Es gäb keine größre Freud für mich, als einmal allein mit Euch zu sein und Euch mein Herz zu öffnen, denn ich bin Euch von Herzen zugetan. Ich bitt Euch von ganzem Herzen, mir bald zu schreiben. Gebt die Schrift Vögelis Frauen, damit ich weiß, wenn ich von Worms zurückkomm, welchen Gemüts Ihr seid. Und von wo Ihr auch schreibt, da will ich gern hinkommen. Ich bitt Euch nur, mich so zu lieben, wie ich Euch lieb. Ich erwart Eure freundliche Antwort.

Wie Erasmus befürchtet hatte, nahm Anna es ihm übel, daß ihr Rendezvous in Herzogenaurach nicht zustande kam. Wie immer reagierte sie jedoch zugleich entrüstet und versöhnlich. Einerseits fühlte sie sich von ihm vernachlässigt, andererseits wollte sie das Verhältnis nicht aufs Spiel setzen. Und so warf sie ihm in ihrem nächsten Brief Treulosigkeit vor, lenkte aber doch wieder ein und schickte ihm sogar ein Geschenk. Dies ist zumindest Erasmus' Reaktion in seinem nächsten Brief zu entnehmen, den er übrigens wieder in der Wirform abfaßte.

... Zuvor unsern freundlichen Gruß, herzliebste Jungfrau Anna. Wir haben Euren Brief gelesen, der uns wohl gefällt und große Freud gemacht hat. Deshalb, herzliebste Jungfrau Anna, seid guter Ding, und laßt Euch durch nichts anfechten. Auch danken wir Euch für Euer Geschenk, das Ihr uns geschickt habt, und wenn wir's Euch vergelten können, wollen wir's gern tun.

Herzliebste Jungfrau Anna, Ihr meint vielleicht, unser Herz sei falsch, doch laßt Euch sagen, daß wir's gut meinen und immer noch die alte Lieb für Euch hegen. Deshalb bitten wir Euch, laßt Euch durch nichts anfechten, und glaubt an unsre guten Absichten. Geb Euch Gott viele hunderttausend gute Nächt. In aller Eile geschrieben. Asmus, Herr zu Limpurg.

Mittlerweile fiel es Anna immer schwerer, sich Erasmus gegenüber geduldig und nachsichtig zu zeigen, so, wie er es von ihr erwartete. Überdies kam es auch zu Verstimmungen zwischen ihnen, weil Erasmus' Mutter ihm offenbar wegen des Geredes über Anna zusetzte. Anna spürte, daß sich die Schenkin immer mehr von ihr zurückzog, wußte aber, daß sie von Erasmus nicht erwarten konnte, daß er bei seiner Mutter ein gutes Wort für sie einlegte. Anna schrieb, daß sie ratlos und deprimiert wäre.[29]

Es war jedoch nicht nur der Argwohn von Erasmus' Mutter, die verständlicherweise um das Wohl ihres Sohnes besorgt war, der Anna zu jener Zeit Kummer bereitete. Sie mußte darüber hinaus erfahren, daß sie eine Rivalin aus fürstlichem Hause hatte. Anna mochte mit der Distanziertheit und Untreue des jungen Schenken umzugehen gelernt haben, indem sie aufbegehrte, sich nachsichtig zeigte oder ihm ebenfalls untreu war. Doch als man ausgerechnet an sie – die

der Schenkenfamilie nahestand und offenbar als Erasmus'
Vertraute galt – herantrat und fragte, ob Erasmus geneigt sei,
die Schwester der Grafen Albrecht und Georg von Hohenlohe zu heiraten, war dies für sie wie ein Schlag ins Gesicht.
Sie schilderte Erasmus die bewußte Unterredung so eindringlich, daß auch er sie nicht so schnell wieder vergaß.

7 ANNA AN ERASMUS (9. MAI 1521)

... Herzallergnädigster Herr, ich laß Euer Gnad wissen,
daß Frau Elisabeth von Hohenlohe mir jemanden geschickt hat, alsbald ich von Herzogenaurach gekommen
bin, und mich hat fragen lassen, was Euer Gnad für ein
Herr sei. Wie's sich geziemt und gebührt, hab ich Euer
Gnad aufs Allerhöchste gelobt. Auch hat sie nach zwei
Wochen wieder jemand geschickt und hat mich fragen las-
sen, ob ich nicht wüßt, ob Euer Gnad eine Absicht oder ein
Verlangen nach ihr hätt, und ob ich nicht wüßt, ob man,
weil Schenk Friedrich [von Speckfeld] tot sei, in dieser
Sach noch verhandeln wollt oder nicht.[30] Auch hatte man
Sorg, daß Euer Gnad der Buckel stören könnt.

Ich hab nicht viel zu antworten gewußt. Ich hab gesagt,
daß ich wenig Nachricht von Euch hab, aber daß ich,
wenn ich Euer Gnaden wiederseh, Euer Gnad davon berichten würd, daß es aber noch lang hin sei. Dann hab ich
noch gesagt, daß ich nicht wüßt, ob Euer Gnad weiß, daß
sie einen Buckel hat. Wenn Euer Gnad sie treffen sollt, geb
Euer Gnad acht auf ihren hohen Rock.

Wenn ich ihr begegnen sollt, was soll ich ihr für eine
Antwort geben? Laß es mich Euer Gnad wissen. Sie sinnt
auch über eine Heirat mit Herrn von Hag nach, und es
heißt, daß man sie Graf Ludwigs Sohn von Löwenstein
geben will...[31]

Trotz der zunehmenden Entfremdung zwischen ihnen widmete sich Anna in ihrem Brief nicht nur den Problemen in ihrer Beziehung. Nachdem sie ihm von Elisabeth von Hohenlohes Suche nach einem Ehemann berichtet hatte, ging sie, wie so oft, wieder zu dem liebevoll-unbeschwerten Geplauder über, das den Briefwechsel am Anfang ihrer Beziehung ausgezeichnet hat und an dem beide auch in diesen schwierigen Zeiten noch festhielten.

7 (FORTSETZUNG)

Laß Euer Gnad mich wissen, ob Euer Gnad bei dem Herrn von Bamberg[32] bleibt oder [an den Hof] zum Bruder des Kaisers [Erzherzog Ferdinand] geht. Ich bitt Euer Gnad, mir einen Brief zu schreiben und keinen eiligen. Auch laß Euer Gnad mich wissen, wer's war, der Euer Gnad bei Tisch gehänselt hat und gefragt hat, ob ich hübsch sei. Euer Gnad schreibt mir, daß ich guter Ding sein soll. Aber mit wem soll ich guter Ding sein?

Herzallergnädigster Herr, ich bitt Euer Gnad freundlich, mir ein Bild vom Kaiser malen zu lassen, nicht hübscher und nicht häßlicher, als er ist, denn das wär viel wert. Und laß sich Euer Gnad auch ein Konterfei machen, das ich gern aufheben will.

Euer Gnad sei Gott befohlen. Und laß mich Euer Gnad wissen, was ich Euer Gnad Liebes und Gutes tun kann. Freundlicher, herzallergnädigster Herr. Mög Gott Euer Gnad hunderttausend gute Nächt ins Herz hinein geben.

Laß Euer Gnad den Mittler von Hohenlohe [Gräfin Elisabeth] nicht wissen, was ich Euer Gnad im Vertrauen von ihr erzählt hab. An Himmelfahrt [9. Mai 1521] geschrieben.

Im August war Anna schließlich völlig mutlos und deprimiert, was nicht nur an ihrer unbefriedigenden Beziehung zu

Erasmus lag. Zum einen waren wieder einmal häßliche Gerüchte über sie im Umlauf, zum anderen war es im Laufe des Sommers zum offenen Bruch mit Erasmus' Mutter gekommen, die sie des Diebstahls beschuldigt hatte. Da Anna, wie Zeugenaussagen glaubhaft belegen, auch in ihrem Elternhaus gestohlen hatte, könnte diese Anschuldigung durchaus zutreffend gewesen sein. Es ist aber auch möglich, daß die Schenkin aus Sorge um das Ansehen der Familie und die Zukunft ihres Sohnes einen Vorwand suchte, um die junge Frau loszuwerden, die ständig für Klatsch sorgte. Obwohl Erasmus im Gegensatz zu seiner Mutter keinen Grund sah, sich von Anna zu distanzieren, war ihm doch sehr daran gelegen, seine Liebschaft mit ihr geheimzuhalten – ein Anliegen, dem er in seinen Briefen zunehmend Ausdruck verlieh. Immer wieder bedrängte er Anna, seine Briefe sofort nach dem Lesen zu vernichten, damit sie nicht seiner Mutter in die Hände fielen.[33]

Diese Angst war durchaus berechtigt. Als Vertraute der Familie ging Anna weiterhin in Burg Limpurg ein und aus. Sie war mit Erasmus' Schwester (1500–1524), die ebenfalls Anna hieß und im selben Alter war wie sie, praktisch zusammen aufgewachsen. Außerdem liebte Anna Geselligkeiten und ließ sich kein Fest auf der Burg entgehen. Und wir wissen auch, daß Anna immer noch Näharbeiten für die Familie übernahm, wobei sie vor allem Erasmus' Hemden anfertigte. Deshalb hätte Anna sich und Erasmus durch eine Unachtsamkeit oder eine unbedachte Äußerung durchaus in große Schwierigkeiten bringen können.

Als Anna nun Mitte August 1521 Erasmus einen Brief schrieb, sah sie ihre Beziehung pessimistischer denn je. Möglicherweise hatte sie zu diesem Zeitpunkt bereits mit Daniel Treutwein ein Techtelmechtel angefangen und für neuen Klatsch in Hall gesorgt. Andererseits wissen wir durch Zeugenaussagen, daß sie gerne flirtete und schon allein durch ihre

freizügige Kleidung und ihr kokettes Auftreten Aufsehen erregte.

... Herzallerliebster, gnädiger Herr, Euer Gnad schreibt
mir allemal, daß ich guter Ding sein soll. Aber mit wem
soll ich guter Ding sein? Das sagt Euer Gnad nicht. Der,
mit dem ich gern guter Ding wär, ist nicht bei mir.[34] Wenn
die Sach noch stünd wie vor langer Zeit, dann wollt ich
gern guter Ding sein. Aber jetzt ist mir das Herz schwer.

Herzallerliebster, gnädiger Herr, ich fürcht immer, daß
man Euer Gnad gegen mich aufgebracht hat, und das ficht
mich hart an. Wenn's wahrlich jemand tut, so bitt ich Euer
Gnad, ihm keinen Glauben zu schenken; nichts davon ist
wahr.

Herzallerliebster, gnädigster Herr, wiewohl ich vorher
gesagt hab, daß ich Euer Gnad nicht mehr [über Eure Mut-
ter] schreiben wollt, kann ich's wahrlich nicht lassen. Als
Euer Gnaden Frau Mutter weggefahren ist, hat sie den
Vogt gebeten, zu mir zu kommen. Sie sagt, daß ich ihren
Wagenknopf genommen hätt. Das wär wahrlich eine
schlechte Abrechnung[35], wenn ich mich mit einem Wagenknopf an ihr rächen wollt. Ich bin doch nicht ihr Feind,
ich würd ihr doch lieber was geben, als ihr was nehmen.
Aber sie hat wohl kein Vertrauen zu mir. Hin ist hin; es ist
nun mal in Scherben gegangen.

Herzallerliebster, gnädigster Herr, wo soll ich mit meinem Herzweh hin, jetzt, wo Euer Gnaden mir nicht mehr
wohlgesinnt ist? Was soll ich viel davon schreiben, wo
doch ein jeglicher Hanswurst seinen Scherz mit mir treibt,
wiewohl manch einer ein rechter Narr ist. Sie zerreißen
sich das Maul über mich. Ich weiß nicht, wer's ist, ich
kann nichts dagegen tun.

Herzallerliebster, gnädiger Herr, ich schick Euer Gnad
ein kleines Federlein. Euer Gnad mög es für dieses Mal
annehmen, bis ich was Besseres hab. Auch hab ich den
Knecht angewiesen, er soll's Euer Gnad in meinem Namen bringen. Laß es Euer Gnad so lieb und teuer sein, als
hätt ich's selbst gebracht ... und sei Euer Gnad zu meinem
Knecht, dem Michel, ein wenig freundlich, denn er ist mir
wahrlich teuer.

Auch bitt ich Euer Gnad herzfreundlichst, [diesen Brief]
recht freundlich aufzunehmen und es mir nicht zu verar-
gen, denn ich meins herzensgut mit Euer Gnaden. Damit
sei Euer Gnad Gott befohlen und der Jungfrau Maria und
der heiligen Anna. Am Abend vor Mariä Himmelfahrt
[15. August] geschrieben.

Anna Büschlerin.

Die Beziehung zwischen Anna und Erasmus war sowohl
durch Zuneigung als auch durch Treulosigkeit geprägt. Da
beide keinerlei Besitzansprüche aneinander stellen konnten
und keine Zukunft für ihre Beziehung sahen, ist ihr ambiva-
lentes Verhalten nur allzu verständlich. Erasmus, der von
dem Verhältnis nie mehr erwartete als Freundschaft und Sex,
akzeptierte die Grenzen dieser Beziehung bereitwilliger als
Anna, die sich zeitweise mehr erhofft zu haben schien. Auch
wenn die Hoffnung auf eine Heirat nicht völlig unbegründet
war, so wurde Anna spätestens durch ihre Begegnung mit
dem Mittler Elisabeths von Hohenlohe bewußt, daß Erasmus aufgrund seiner Herkunft für eine standesgemäße Ehe
bestimmt war.

Wenn Anna und Erasmus ihre Situation realistisch beurteil-
ten, wußten sie, daß der andere während der Trennungszeiten
nicht treu war. Deshalb schwingen in ihren Bemühungen,
sich gegenseitig zu trösten, manchmal auch Rechtfertigungs-
versuche oder versteckter Argwohn mit. Im folgenden Brief

an Anna versuchte Erasmus, sie wieder einmal wegen der Gerüchte in Hall zu beruhigen.

9 ERASMUS AN ANNA (1521)

Unsern freundlichen Gruß, herzallerliebste Jungfrau Anna. Wir haben Euer Schreiben erhalten, in welchem Ihr Euch Sorgen macht, daß Euch jemand bei mir schlechtmacht. Ihr müßt Euch wahrlich keine Sorgen machen oder Zweifel [an uns] hegen, denn wir werden uns so bald nicht von Euch abwenden. Wenn wir das täten, so wär's nicht recht und freundlich.

Deshalb, herzliebste Jungfrau Anna, denkt an das Schreiben, das wir Euch zuletzt aus Worms geschickt haben, in dem wir Euch sagen, daß Ihr guter Ding sein sollt und nicht glauben sollt, was man Euch über uns erzählt. Darum, herzliebste Jungfrau Anna, habt keinen Zweifel daran, daß wir zu Euch halten, dem ganzen Gerede nicht glauben und Vertrauen in Euch haben.

Wisset auch, herzliebste Jungfrau Anna, daß ich noch vor dem Winter nach Heidelberg an den Hof kommen werd. Dann werden wir näher zusammen sein und uns öfter schreiben können. Glaubt uns fürwahr, wenn es unser Vater erlaubt hätt, hätten wir Euch längst in Hall besucht. Daran seht Ihr, wie es mir geht.

Zuletzt, herzliebste Jungfrau Anna, danken wir Euch sehr für die Feder, die Ihr uns geschickt habt. Wir werden's Euch ein andermal vergelten. Damit seid Gott befohlen, und geb Gott Euch viele hunderttausend gute Nächt. 1521 geschrieben. Asimus, Herr zu Limpurg.

Falls Erasmus bereits zu dieser Zeit an Annas Treue zweifelte, so war dies für ihn jedoch kein Grund, das Verhältnis zu beenden; es hätte ihm auch nicht zugestanden, ihr Vorwürfe zu machen. Schließlich hatte er selber mit seinen Zechgela-

gen und Frauengeschichten reichlich Anlaß zu gehässigem
Gerede gegeben. Aus heutiger Sicht mag man Erasmus' Verhalten verurteilen, zur damaligen Zeit jedoch gestand man
einem Mann, noch dazu einem Angehörigen einer höheren
Gesellschaftsschicht, dies ohne weiteres zu.[36]

Was Anna anbetraf, so war sie bereit, zu vergeben und zu
vergessen, und versprach, Erasmus' Liebesbezeigungen bis
an ihr «letztes End» in Ehren zu halten.[37] Dennoch litt sie
sehr unter den Gerüchten und dem Klatsch über Erasmus –
ein weiterer Hinweis darauf, daß ihr Erasmus viel bedeutete.
Als ihr wieder einmal Gerüchte über Erasmus' Trinkgelage
und Bordellbesuche in Speckfeld zu Ohren kamen, konnte
sie diese weder ignorieren noch gelassen hinnehmen. In
einem Brief, den Erasmus vermutlich zu Anfang des Jahres
1522 verfaßte, geht er auf den Vorfall und Annas Vorwürfe
ausführlich ein. Anna hatte offensichtlich auf die Gerüchte
über Erasmus' Lebenswandel mit Sarkasmus reagiert, was
dieser ihr nun vorhält. Gleichzeitig versucht er aber auch,
sich auf seine unbeholfene Art für sein Verhalten zu entschul-
digen.

10 ERASMUS AN ANNA (UNDATIERT)

Liebe Jungfrau Anna, Euer verdrießlich Schreiben hat
mich nicht wenig befremdet. Wenn die «Speckfelder
Säu», wie Ihr mich [und meine Kameraden] nennt, den
Mägden Müh und Arbeit gemacht haben, so haben sie
doch mehr Macht als die Muttersäu in Hall [Anna und ihre
Freier], die den Mägden auch allerhand Arbeit hinterlassen
haben. Und Ihr erdreistet Euch, uns zu tadeln! Auch hab
ich schon oft sagen hören: Wo Trinken eine Ehr ist, ist
Speien keine Schand.

Doch dank ich Gott in Eurem Namen, daß er Euch erhört und Euch Verstand und eine spitze Zunge gegeben
hat.[38] Ich bin etlich Zeit in Nürnberg gewesen, wo der

Erzherzog Ferdinand einen Preis oder einen Zehner für die spitzeste Zunge ausgesetzt hat. Wie ich wohl seh, hat Gott Euch erleuchtet, und ich hab keinen Zweifel, daß Ihr an einem solchen Wettkampf teilnehmen könntet und alle Streitlustigen hier ausstechen würdet.

Und was Ihr über das Neujahr[sgeschenk] schreibt, so hab ich Euch nicht ohne Grund gesagt, wenn Ihr Euch erinnert (falls Ihr geneigt seid), daß ich nach Nürnberg reiten und etliche Zeit dableiben würd. Und wenn Ihr dorthin schreiben wolltet, würd ich Euch gebührend antworten. Ich hatt soviel mit meines Herrn Vaters Angelegenheiten zu tun, daß ich Euch nicht schreiben konnt und auch nicht an das Neujahr[sgeschenk] gedacht hab. Ich hab, so wahr mir Gott helf, keinen Goldschmied in Speckfeld gefunden und kann Euch deshalb noch nichts schikken. Aber ich will mein Versprechen halten und Euch alsbald was schicken.

Liebe Jungfrau Anna, so wie Ihr's in Eurem Brief meint, so mein ich's auch. Wenn ich freundlich schreib, so mein ich's freundlich, wenn ich bös schreib, mein ich's bös, Korn gegen Salz. So Gott will, werd ich kein falsches oder unwahres Wort zu Euch sagen, solang ich leb, es sei denn, Ihr gebt mir einen Grund dazu. Ich begeb mich in Gottes Händ. Ein Doktor mag noch so gelehrt sein, wenn er keine Erfahrung hat, so nützt ihm seine ganze Kunst nichts. Und so steht's auch um mich. Aber aus Schaden wird man klug und weiß sich danach besser vorzusehen.

Zwischen Pfingsten und Esslingen geschrieben, wo sie den Mist einfahren.

Erasmus verfolgte mit diesem Brief eine bestimmte Absicht, die bald deutlich werden sollte. Trotzdem tat seine zähneknirschende Entschuldigung für seinen peinlichen Auftritt in Speckfeld und das Versprechen, diesmal seinen Vorsätzen treu zu bleiben, die gewünschte Wirkung. Anna bemühte sich erneut darum, ihn ihrer Loyalität zu versichern und sich mit seiner Familie auszusöhnen. Durch seinen treuen Sekretär Hans Kitzinger (auch als Hans von Heidelberg bekannt), der als ihr gemeinsamer Mittelsmann fungierte, schickte sie Erasmus als Beweis ihrer Liebe eine Flasche Wein, die er in Kitzingers Anwesenheit trinken sollte, während dieser ihm Annas innigste Glück- und Segenswünsche überbrachte. Für Erasmus' jüngeren Bruder Philipp stickte Anna einen prächtigen Kragen[39], den Kitzinger dem Jungen in Anwesenheit seiner Mutter überreichte; er schrieb Anna später, daß die Schenkin ihn angewiesen habe, ihr auszurichten, daß sie den Kragen «sehr genehm und gefällig» gefunden habe. Anna machte sogar für Kitzinger ein Armband, der sich so über das Geschenk freute, daß er versprach, es so lange zu tragen, bis es auseinanderfiel.[40]

Anna glaubte jedoch nicht, daß Erasmus ihre großzügigen Gesten wirklich zu schätzen wußte, geschweige denn je erwidern würde. Sie hielt ihm vor, daß er ihr nicht so häufig und auch nicht so liebevoll schreibe wie sie ihm. Die Tatsache, daß von Erasmus weit mehr Briefe erhalten sind als von Anna, bestätigt Annas Behauptung, daß ihr die Beziehung weit mehr bedeutete als ihm. Entgegen seinen Anweisungen vernichtete Anna seine Briefe nicht, während man davon ausgehen kann, daß er ihre zerstörte. Bei Annas Briefen handelt es sich mit Sicherheit um ihre eigenen Entwürfe, die sie zusammen mit seinen Briefen aufbewahrte. Damals war es durchaus üblich, einen Briefentwurf zu behalten und die Reinschrift zu verschicken. Erasmus' Briefe bedeuteten Anna offenbar so viel, daß sie das Risiko ihrer Entdeckung und deren fatale Folgen in Kauf nahm.

Trotz seiner Beteuerungen blieb Erasmus seinen Vorsätzen nicht treu. Genau über diese Einseitigkeit in ihrer Beziehung beklagt sich Anna in ihrem nächsten Brief. Zum erstenmal in ihrem Briefwechsel setzt sie sich über die Konventionen hinweg und redet Erasmus wie ihresgleichen an. Sie spricht auch zum erstenmal offen das Thema Sex an. Sie wirft Erasmus vor, ihr aus dem Weg zu gehen, und unterstellt ihm, daß er Angst habe, sie könne sich absichtlich von ihm schwängern lassen. Dieser Vorwurf legt die Vermutung nahe, daß Anna irgendeine Form der Empfängnisverhütung praktizierte, die bis dahin offenbar auch erfolgreich war – möglicherweise benutzte sie Schwämme oder eine säurehaltige Salbe, die einzigen damals Frauen zugänglichen Verhütungsmittel.

11 ANNA AN ERASMUS (UNDATIERT)
Wohlgeborener, freundlicher, herzallergnädigster Herr. Ich sollt Euer Gnad einen langen Brief schreiben, doch bin ich so verwirrt, daß ich nicht weiß, was ich tun oder lassen soll. Denn ich weiß nicht, was Euer Gnad wünscht. Euer Gnad schickt mir alle Tag eine Botschaft; die eine sagt hü, die andre hott. Der Bot erinnert mich an eine Katz, die ich abends nach Limpurg schick und die mich vorn leckt und hinten kratzt.

Mein herzliebster Herr, wenn Ihr solche Sorg um mich habt und mir doch so wenig vertraut, so schickt mir besser keine Botschaften mehr. Ihr fürchtet vielleicht, ich könnt Euch, wenn Ihr zu mir kämt, ein kleines Balg bescheren.[41] Ich schwör Euch, daß ich so was niemals tun könnt. Aber seht Euch vor, daß nicht eines Tags eine kommt, die Euch so grollt wie ich und Euch so was antut. Ich bin noch zu jung und unerfahrn, wiewohl ich schon einiges gelernt hab. Das empfehl ich Gott und der Zeit. Ich könnt Euch so was nie antun, dazu seid Ihr viel zu hübsch.[42] Darum sorgt Euch nicht. Ich freu mich, daß es nicht wahr ist.

Herzliebster Herr, habt Ihr keine andre Antwort auf mein gestriges Schreiben als eine solch? Ihr seid mit Jörg von Crailsheim weggeritten und konntet nicht herkommen, weil er nichts in Hall zu tun gehabt hat. Herzliebster Herr, wenn Ihr nicht so gern zu mir kommt, wie ich zu Euch, dann lassen wir's doch am besten sein. Ich hätt Euch trotzdem gern gesehn, wenn man Euch eingeladen hätt. Aber es hat nicht sollen sein. Entweder war Euer Gnad nicht hier oder Euer Vater nicht oder mein Vater nicht.[43] Aber ich glaub, daß Euer Gnad auch nicht eher gekommen wär, wenn ich viel Geschrei drum gemacht hätt. So seh ich die Sach. Wie's auch kommt, ich mach mich am End doch nur selber zum Narren.

Auch wenn Anna über das Thema scherzen konnte, so hatten sie und Erasmus allen Grund, sich vor einer Schwangerschaft zu fürchten. Sie lebten zu einer Zeit, in der man sich unverheirateten Müttern und Vätern gegenüber zunehmend intoleranter zeigte. Hall war für seine strengen Gesetze und drakonischen Strafen bekannt. Im 13. und 14. Jahrhundert hatte die Stadt noch von einem primitiven Fallbeil – einer in eine Eichendiele eingelassenen Schwertklinge – Gebrauch gemacht und die Hingerichteten zum «Ausbluten» öffentlich aufgehängt. Selbst mit seinen eigenen Mitgliedern verfuhr der Rat nicht gerade zimperlich: Wer verspätet zu einer Sitzung kam, wurde mit einer Geldbuße bestraft; wer vor dem Rat respektlose, aufwieglerische Reden führte, wer sich irgendeines Gesetzesverstoßes schuldig machte, wer ohne Genehmigung des Rats handelte oder sich – nach 1525 – der Reformation entgegenstellte, wurde seines Amtes enthoben und möglicherweise sogar ins Gefängnis geworfen.[44]

Einer ledigen Mutter drohten der Verlust ihrer Anstellung, eine Geldstrafe, körperliche Züchtigung, öffentliche Demütigung und/oder der Verweis aus der Gemeinde. Laut einer zeitgenössischen Chronik sperrte man in Hall schwangere, unverheiratete Frauen, sobald sich ihre Schwangerschaft zeigte, in den Hexenkerker («Hexennest»); wenn der Zeitpunkt der Entbindung nahte, nahm man sie im «Fegefeuer» des Spitals in Verwahrung. Nachdem sie sich von der Entbindung erholt hatten, wurden die jungen Mütter mit ihren Neugeborenen im Arm von Wächtern und eifrigen Mitbürgern mit Rutenhieben zum Stadttor hinausgetrieben. Die Geistlichen trugen die Namen der unehelichen Kinder mit roter Tinte in die Taufbücher ein, so daß ihnen der Makel einer unehelichen Geburt ein Leben lang anhaftete und es ihnen erschwerte, einen ehrbaren Beruf zu ergreifen oder eine ehrbare Ehe einzugehen. Im 17. Jahrhundert und auch später noch barg das Schicksal lediger Mütter einen solchen Schrecken, daß viele Frauen, die keine Aussicht auf eine arrangierte Heirat hatten, aus Verzweiflung ihr Neugeborenes töteten.[45]

Im 17. Jahrhundert war die Zahl der in Hall offiziell registrierten unehelichen Geburten äußerst niedrig. So waren unter den 146 in der Pfarrkirche St. Michael im Jahre 1637 getauften Säuglingen nur zwei unehelich. Eins von ihnen war die Tochter von Ursula Gräfin (1606–1660), deren Schicksal vermutlich auch Anna ereilt hätte, wenn sie schwanger geworden wäre. Ursula hatte im Alter von zwanzig Jahren ihre Eltern verloren und sich zunächst als Bauernmagd in verschiedenen Dörfern in der Umgebung von Hall verdingt. Während ihrer Anstellung in der Haller Dorfmühle lernte sie einen Müllersknecht kennen und wurde schwanger von ihm. Ursula hatte allen Grund, anzunehmen, daß sie bald heiraten würden. Doch erst im siebten Monat ihrer Schwangerschaft wurde ihr klar, daß sie sich getäuscht hatte. Sie erhob Vaterschaftsklage gegen den Knecht und beschuldigte ihn, sein Eheversprechen gebrochen zu haben.[46]

Der vermeintliche Vater gab zwar zu, daß er zu Ursula sexuelle Kontakte gehabt hatte, bestritt jedoch, ihr je die

Ehe versprochen zu haben, und konterte mit einer Verleumdungsklage. Der Rechtsstreit zog sich von Januar bis November hin; im März kam Ursulas Tochter zur Welt.

Schließlich konnte der Rat dem Beschuldigten weder die Vaterschaft noch die Nichterfüllung des Eheversprechens eindeutig nachweisen und ordnete deshalb auch keine Unterhaltszahlungen an. Allerdings wurde er wegen Unzucht (außerehelicher Geschlechtsverkehr) zu einem Bußgeld von 50 Gulden verurteilt und saß, während der Rat über den Fall verhandelte, einige Zeit im Gefängnis.[47]

Über Ursula hingegen verhängte der Rat eine ungleich härtere Strafe, die er allerdings später, ganz gegen seine Gewohnheit, abmilderte und schließlich überhaupt nicht vollzog. Als man Ursula im November befahl, mit ihrem sechs Monate alten Kind unverzüglich das Stadtgebiet zu verlassen, kamen ihr zahlreiche Haller Bürger und Bürgerinnen unerwartet zu Hilfe; sie alle hatten ihre Eltern persönlich gekannt und geschätzt und Ursulas erfolglosen Rechtsstreit mit großer Anteilnahme verfolgt. Auf ihr Betreiben hin unterzog der Rat den Fall einer erneuten Prüfung und milderte ihre Strafe ab, indem er Ursula lediglich aus der Stadt selbst, jedoch nicht aus den umliegenden Dörfern verbannte; da jedoch der Winter unmittelbar bevorstand (das neue Ratsurteil wurde Anfang Dezember gefällt), gestattete es ihr der Rat, ihren Aufbruch um zwei Monate zu verschieben. Als die Frist abgelaufen war, blieb Ursula jedoch weiterhin in der Stadt, ohne daß die Haller Obrigkeit oder die Bevölkerung Anstoß daran nahm, und ernährte sich und ihre Tochter mit Näharbeiten. Nach ihrem Tod im Jahre 1660 lobte man in einem Eintrag im Totenbuch den rechtschaffenen Lebenswandel, den sie seit ihrem Fehltritt geführt habe. Ihre dreiundzwanzigjährige Tochter lebte und arbeitete weiterhin in der Stadt, so, wie es ihre Mutter auch getan hatte.[48]

Ob Anna und Erasmus in einem Vaterschaftsprozeß besser

oder schlechter gefahren wären als Ursula und ihr Liebhaber, läßt sich schwer beurteilen. In Anbetracht von Erasmus' hoher gesellschaftlicher Stellung und Annas zweifelhaftem Ruf wäre die Sache für ihn sicher günstiger ausgegangen als für sie. Doch wenn man Anna glauben kann, schreckte Erasmus eine Schwangerschaft weit mehr als sie. Zweifellos fürchtete er die Reaktion Hermann Büschlers ebensosehr wie die seines eigenen Vaters. Erasmus konnte sich mit Schankmädchen, gewöhnlichen Mägden und Dirnen nach Herzenslust vergnügen, ohne daß dies irgendwelche Konsequenzen für ihn gehabt hätte, aber Annas Vater war ein mächtiger Mann und hatte die Möglichkeit, ihm und seiner Familie das Leben schwerzumachen. Zu jener Zeit hatten die Limpurger Schenken großes Interesse daran, zum Haller Rat gute Beziehungen zu unterhalten. Deshalb wäre Erasmus ein Skandal oder gar eine Geld- oder Gefängnisstrafe sehr ungelegen gekommen, und da es in Hall immer mehr Gerede über Anna und ihre Männerbekanntschaften gab, wurde die Geheimhaltung ihrer Beziehung für ihn fast zur Obsession.

Es ist denkbar, daß Erasmus zu diesem Zeitpunkt bereits den Verdacht hatte, Anna könne schwanger sein, und auf einen Abbruch der Schwangerschaft drängte. Dies könnte auch das verborgene Anliegen seines leider undatierten Briefes an seine Mutter sein, in dem er ihr mitteilt, daß er seine privaten Angelegenheiten mit Anna regeln wolle. Er bittet seine Mutter, Anna auszurichten, daß sie unverzüglich eine bestimmte Art des Aderlasses gegen ein nicht näher bezeichnetes Leiden vornehmen lassen soll.

12 ERASMUS AN SEINE MUTTER
(UNDATIERT)

Liebste Frau Mutter. Ich bin gewiß, daß ich all meine Angelegenheiten regeln werd, sobald ich nach Hause komm. Besonders eine Sach liegt mir am Herzen. Es ist mir dran gelegen, Anna Büschler alles zurückzuzahlen, was ich ihr schuld, und eine wichtige Sach zu bereinigen. Das bin ich ihr wahrlich schuldig … überbring ihr meinen Gruß, und sag ihr, daß sie am nächsten Samstag einen rechten Aderlaß[49] machen lassen soll, am besten an der Vene unter dem Nabel. Wenn sie keine Magd hat, die ihr hilft, soll sie es mich wissen lassen, und ich werd Freunde bitten, ihr behilflich zu sein.

Erasmus, Herr zu Limpurg[50]

Falls Anna zu diesem Zeitpunkt wirklich schwanger war, und Erasmus' Anweisung befolgte, so löste diese Methode höchstwahrscheinlich eine Fehlgeburt aus. Alle medizinischen Kapazitäten der damaligen Zeit rieten schwangeren Frauen generell von einem Aderlaß ab, besonders jedoch im ersten und dritten Monat. Dies galt auch für Frauen, die sich vorher regelmäßig problemlos einem Aderlaß unterzogen hatten.[51] Ein Aderlaß, wie ihn Erasmus in seinem Brief empfiehlt, diente der allgemeinen Reinigung des Körpers und erforderte einige Tage der Erholung. Er war die gängigste Behandlungsmethode bei Herzleiden und Erkrankungen des Brustraums, wurde aber auch gerne bei Kopfschmerzen verordnet.[52] Allerdings öffnete man diese Vene am Unterarm, unterhalb des Ellbogens, und nicht unterhalb des Nabels, wie Erasmus offenbar irrtümlich empfahl – ein verständlicher Irrtum, wenn er tatsächlich fürchtete, Anna könne schwanger sein.

Im 16. Jahrhundert war der Aderlaß ein äußerst beliebtes Heilverfahren bei praktisch allen inneren Krankheiten; Ärzte empfahlen es regelmäßig ihren Patienten, warnten jedoch auch vor einer zu häufigen Anwendung. Die damals vorherrschende medizinische Wissenschaft führte die meisten Krankheiten und Gebrechen auf eine Anhäufung schädlicher Stoffe im Körper zurück; mit Hilfe des Aderlasses glaubte man diese aus dem Körper auszuschwemmen und somit bei den Gesunden Krankheiten abzuwehren und die bereits Erkrankten zu heilen. Der Aderlaß diente also der Erhaltung oder Wiederherstellung des körperlichen Gleichgewichts, indem er die natürliche Abwehr gegen Krankheiten stärkte.

Da der Aderlaß als Universalheilmittel galt, gab es verzweifelte Frauen, die sich nach etlichen Fehl- und Totgeburten über jeden fachkundigen Rat hinwegsetzten und, in der Hoffnung auf eine erfolgreiche Schwangerschaft, einen Aderlaß vornehmen ließen. Genau dies tat ein wohlhabendes Patrizierehepaar aus Nürnberg – der berühmte Gelehrte und Diplomat Christoph Scheurl und seine Frau Katharina. Katharina hatte zwischen 1522 und 1527 immer wieder Totgeburten gehabt, und das Paar hatte allen sechs Föten einen Namen gegeben und sie beerdigt: 1522 Christoph, 1524 Helen, 1525 Ursula, 1526 Katharina und 1527 Albrecht und Hieronymus – ein bemerkenswertes Verhalten angesichts der weitverbreiteten Ansicht, daß in früheren Jahrhunderten Eltern weder ihre Kinder liebten noch in der Lage waren, sie überhaupt als solche wahrzunehmen.[53] 1530 dann lernte Christoph in Forchheim, wo er geschäftlich zu tun hatte, eine Frau kennen, die ebenfalls mehrere Totgeburten hinter sich hatte. Sie erzählte ihm, daß sie sich vor und während ihrer Schwangerschaft einem Aderlaß unterzogen und dann endlich ein gesundes Kind zur Welt gebracht habe. Kaum hatte Christoph Katharina die Geschichte erzählt, unterzog auch sie sich einem Aderlaß und hatte schließlich Erfolg. Am 19. April 1532 brachte sie einen Sohn zur Welt, den ersten von drei gesunden Jungen, die sie innerhalb von vier Jahren, bis zum Ende ihrer Gebärfähigkeit, bekommen sollte.

Christoph allerdings führte die Geburt seines Sohnes auf ein göttliches und nicht auf ein medizinisches Wunder zurück. Er verglich sich und Katharina mit Elkana und Hanna aus dem Alten Testament, die auch viele Jahre kinderlos geblieben waren, bis schließlich ihre flehentlichen Gebete erhört wurden und sie ihren Sohn Samuel bekamen (1 Sam 1).[54] Katharina wiederum war beeindruckt von der Wirksamkeit der gottgesandten medizinischen Methode. Aus heutiger medizinischer Sicht war es ein großes Glück, daß Katharina und die Frau, der sie nacheiferte, die Behandlung unbeschadet überstanden.

Natürlich könnte Anna auch unter einer Krankheit gelitten haben, die man damals mit Hilfe dieser speziellen Art des Aderlasses zu kurieren hoffte; in Anbetracht des damaligen Stands der Wissenschaft wäre Erasmus' medizinischer Rat dann eher ein Zeichen seiner Fürsorglichkeit und Besonnenheit gewesen. Was ebenfalls gegen eine Schwangerschaft Annas spricht, ist die Tatsache, daß sich in den Prozeßakten nicht der geringste Hinweis darauf findet. Da die Haupttaktik ihrer Gegner darin bestand, Anna als unmoralisch und leichtfertig hinzustellen, hätte man etwaige Gerüchte über eine Schwangerschaft sicherlich gegen Anna verwendet. Schließlich wirft die Tatsache, daß Anna während ihrer beiden späteren Ehen kinderlos geblieben ist, die Frage auf, ob sie überhaupt Kinder bekommen konnte.

Wie dem auch sei, als Erasmus Anna das nächste Mal schrieb, war er wieder auf Burg Limpurg und konnte es kaum erwarten, sie wiederzusehen. Durch Kitzinger ließ er ihr mitteilen, daß sich sein Vater für längere Zeit auf Reisen begeben würde und sie ihn jederzeit besuchen könne, bat sie aber, dabei so unauffällig wie möglich vorzugehen.

13 ERASMUS AN ANNA
(UNDATIERT)[55]

Meinen herzfreundlichsten Gruß. Ich laß Euch wissen, daß ich fast närrisch geworden bin [ohne Euch] und nichts zuweg gebracht hab. Aber ich laß Euch wissen, daß mein Vater wegbeordert worden ist und erst in vierzehn Tagen

wiederkommen wird. Kommt also, wann und wie es
Euch beliebt. Aber geht möglichst unauffällig vor, damit
Euch niemand sieht. Wenn Ihr also kommen mögt, reitet
nicht mit dem Pferd durch hällisch Land, denn wenn Ihr
Euer Pferd zurücklaßt, wird man's bemerken.

Aber ich stell's Euch anheim. Tut, was Euch beliebt.
Aber seid auf der Hut. Tausend gute Nächt.

Am 14. August 1522 schickte Anna ihm durch Kitzinger
einen Antwortbrief, in dem sie sich über seine Bitte lustig
machte. Offensichtlich noch immer wegen seines gleichgül-
tigen Verhaltens gekränkt, teilte sie ihm mit, daß auch *ihr*
Vater außer Haus sei und sie ihn in Hall und nirgendwo anders erwartete, falls er sie dort besuchen wollte.

14 ANNA AN ERASMUS
(14. AUGUST 1522)

Wohlgeborener, herzallergnädigster Herr, meinen untertänigen, herzallerfreundlichsten Gruß ... Ich laß Euer
Gnad wissen, daß ich fast närrisch geworden bin [ohne
Euer Gnad] und nichts zuweg gebracht hab. Da Euer
Gnad meint, wir wärn in derselben Lag, laß ich Euer
Gnad wissen, daß mein Vater auch fort ist und nicht vor
dem Sankt Michaelstag [29. September] zurück sein wird.
Und so stell ich's Euer Gnad anheim, ob Euer Gnad kommen will. Wenn Euer Gnad etwas im Sinn hat, so schick
mir Euer Gnad den Hans, und ich will ihm Anweisung
geben.

Herzallergnädigster Herr, auf daß alles zu Euer Gnad
Gefallen, zu Treu und Glauben und nicht zu Euer Gnad
Gram sein mög. Ich werd mich diesmal nicht sorgen, aber
ich stell's Euer Gnad anheim, zu tun, was Euer Gnad ge-
fällt. Hunderttausend gute Nächt. Am Abend vor Mariä
Himmelfahrt [14. August] 1522 geschrieben.

Erasmus lehnte es strikt ab, nach Hall zu kommen, denn er wollte es verständlicherweise nicht riskieren, bei ihrem Rendezvous im Hause ihres Vaters gesehen zu werden. Seine Argumente waren nicht so einfach von der Hand zu weisen. Anna hätte jederzeit zu ihm nach Limpurg kommen können, ohne den geringsten Verdacht zu erregen, da sie genügend glaubhafte Gründe hatte, sich in der Burg aufzuhalten. Für Erasmus hingegen gab es keinen plausiblen Grund, Hermann Büschlers Haus am Marktplatz in dessen Abwesenheit zu betreten, außer zu einem heimlichen Treffen mit dessen Tochter. Und seit man in der ganzen Stadt über Anna klatschte, waren ihre Nachbarn besonders wachsam.

15 ERASMUS AN ANNA (UNDATIERT)
Herzliebste Jungfrau Anna. Wie ich seh, seid Ihr gegen mich aufgebracht, was ich nicht verdient hab und auch nicht hinnehmen kann. Wenn Ihr's einmal recht bedenken wollt, solltet Ihr mir nicht raten, zu Euch zu kommen, denn das würd einen Skandal geben, vor allem für Euch. Und so hoff ich, daß Ihr mir nicht mehr zürnt und mir bald wieder gut seid, und wenn's Euch möglich ist, so hoff ich, daß Ihr zu mir kommt. Wenn Ihr nicht zur Kirche kommen könnt, so hoff ich doch, Ihr werdet einen andren Weg finden.[56] Ich hab immer drauf vertraut, daß Ihr Euch nicht von mir abwenden mögt.

Ich bitt Euch um Antwort. Mög Gott Euch viele tausend schöne Stunden geben. Herzliebste Jungfrau Anna, wenn ich bei Euch wär, würd ich Euch alle Gründ nennen, warum ich nicht zu Euch kommen kann. Ich bitt Euch noch mal um Antwort.

In diesem kleinen Machtkampf richtete Erasmus noch einen weiteren Appell an Anna und bat sie eindringlich, an die gemeinsamen schönen Zeiten zu denken und ihre Versprechen zu halten.[57] Ob es schließlich zu einem Treffen kam, läßt sich nicht eindeutig klären. Der folgende Brief weist darauf hin, allerdings bleibt es unklar, wer von beiden letztlich nachgab. Die Frage, wann und wo sie sich treffen würden, sollte auch weiterhin für Unstimmigkeiten zwischen ihnen sorgen, sagte sie doch viel über die Machtverhältnisse in ihrer Beziehung aus.

Dieser Streitpunkt sollte jedoch völlig in den Hintergrund treten, als eine weit ernstere Entwicklung ihre Liebesbeziehung endgültig zu zerstören drohte. Erasmus hatte aus zuverlässiger Quelle erfahren, daß Anna eine Liaison mit Daniel Treutwein hatte. In seinem nächsten Brief eröffnete er ihr, daß er Bescheid wisse, und erhöhte den Effekt seiner Enthüllung noch, indem er dies erst am Ende des Briefs fast beiläufig erwähnte. Er schickte ihr sogar ein Geschenk, offenbar ein Stück aus dem Familienschmuck, das sich in seinem Besitz befand. Wie getroffen er in Wirklichkeit war, wird jedoch deutlich, als er am Schluß seines Briefes die Rache Gottes auf sie herabflehte.

16 ERASMUS AN ANNA (UNDATIERT)

... Herzallerliebste Jungfrau Anna, ich schick Euch hiermit das Neujahr[sgeschenk], das ich Euch vor langer Zeit versprochen hab. Ich bitt Euch freundlich, es nicht zu verschmähn, sondern meine Lag zu bedenken, die Ihr gut kennt. Ich bitt Euch auch, freundliche, herzliebste Jungfrau Anna, das Geschenk nicht meiner Frau Mutter oder meiner Schwester zu zeigen, wenn Ihr sie besucht, denn sie kennen es gut. Freundliche, herzliebste Jungfrau Anna, auch hab ich erfahrn, daß man Euch einladen wird. Ihr wißt gewiß, wie Ihr Euch zu verhalten habt. Und auch wenn Euch meine Schwester drängt, sagt ihr nichts [über uns], denn ich hab ihr nichts erzählt.

Freundliche, herzliebste Jungfrau Anna, ich bitt Euch

Erasmus schloß den Brief Nr. 16 mit dieser kunstvollen Unterschrift, die auch in die für die kaiserliche Kommission erstellte Gerichtsabschrift übernommen wurde. Zwischen den
beiden Herzen, von denen jedes ein «A» (für «Asmus»,
die Kurzform für Erasmus, und für Anna) enthält, stehen
zwei ineinander verschränkte große «A» – eins aufrecht,
eins auf dem Kopf. Dies soll vermutlich die Innigkeit und
Nähe symbolisieren, die Anna und Erasmus einst verbunden
hat und nun unwiederbringlich verloren ist – ein häufig wiederkehrendes Thema in Erasmus' Briefen. Erasmus benutzt
diese ungewöhnliche Unterschrift nur noch ein weiteres Mal
– in einem Brief, in dem er Anna bittet, sich nicht von ihm
abzuwenden.

herzlich, daß Ihr tun mögt, was Ihr bei meinem letzten Besuch versprochen habt, und mich wissen laßt [was Ihr tut]. Auch ich werd mich so verhalten, daß Ihr keinen Grund habt, Euch zu grämen, wiewohl ich durch Krankheit und Herrendienst, den ich bald antreten werd, verhindert bin. Ich laß Euch wissen, wann ich gehen werd.

Herzliebste Jungfrau Anna, man hat mir zugetragen, daß Ihr Euch mit diesem Mann, dem ich nicht zugetan bin [Daniel Treutwein], eingelassen habt. Ich will dem keinen Glauben schenken und es Euch nicht nachtragen. Um unsrer Freundschaft willen hoff ich, daß Ihr mir gründlich berichten werdet.

Herzfreundlichste, allerliebste Jungfrau Anna, ich hab so große Hoffnungen und so viel Vertrauen in Euch gesetzt, daß ich keinen Zweifel hab, daß Ihr Euer Versprechen haltet [unser Verhältnis geheimzuhalten]. Damit wünsch ich Euch und Eurer Base[58] viele tausend gute Nächt in Eurem Herzkämmerlein. Und wenn Ihr nicht so ehrlich gegen mich seid, wie ich gegen Euch, mög Gott mich am Jüngsten Tag rächen. Mög der allmächtige Gott uns mit Freuden zusammenführen und unsre Wünsche erfüllen. Amen.

Falls Anna Erasmus' Bitte, ihn über ihre Beziehung zu Daniel Treutwein aufzuklären, je nachgekommen ist, so ist der betreffende Brief nicht mehr erhalten; keiner von beiden dürfte ein Interesse daran gehabt haben, ihn aufzubewahren. Die Angelegenheit kam offenbar auch in ihrer weiteren Korrespondenz nicht mehr zur Sprache; Erasmus erwähnte das Thema noch einmal (siehe folgenden Brief), während Anna in ihren Briefen kein Wort darüber verlor. Unterschwellig jedoch war Annas Affäre mit Daniel Treutwein in ihrem weiteren Briefwechsel stets präsent, vor allem, nachdem ganz Hall darüber Bescheid wußte.

Nachdem Erasmus hinter Annas «Untreue» gekommen war, trat sie ihm gegenüber selbstbewußter auf denn je, was möglicherweise mit Daniel Treutweins Rolle in ihrem Leben zusammenhing oder aber auch ein weiteres Indiz dafür gewesen sein könnte, daß sich ihre Beziehung zu Erasmus zunehmend abkühlte. Denn schon bevor Daniel in ihr Leben getreten war, hatten Erasmus' häufige Abwesenheit, seine Distanziertheit und seine Trinkgelage ihre Gefühle in Mitleidenschaft gezogen – ebenso, wie der Klatsch in Hall über Annas freizügiges, kokettes Auftreten sein Vertrauen in sie erschüttert hatte. Möglicherweise fiel es Anna leichter, ihre Unaufrichtigkeit vor sich selbst zu rechtfertigen, wenn sie Erasmus schonungslos seine Unzulänglichkeiten vorhielt. Trotz der massiven Einwände beider Männer führte Anna ihre Beziehungen zu Daniel und Erasmus weiter, was vermutlich nicht nur emotionale, sondern auch praktische Gründe hatte. Da sie offenkundig an beiden Männern sehr hing und einer von beiden meist auf einer militärischen oder politischen Mission war, war es nicht nur sinnvoll, sondern auch angenehm, den Kontakt zu beiden Männern aufrechtzuerhalten.

Während Annas Liebschaft mit Daniel ihr Erasmus gegenüber den Rücken stärkte, begann sich Erasmus noch weiter von ihr zurückzuziehen. Er drang mehr denn je auf äußerste Vorsicht und Diskretion. Trotz dieser Ermahnungen war er jedoch nach wie vor sehr an gelegentlichen Rendezvous mit Anna interessiert. In dieser Hinsicht hatte der neue Rivale sein Verlangen nur gesteigert. Während er einerseits immer häufiger Vorwände fand, um sie nicht in Hall besuchen zu müssen, ärgerte es ihn andererseits immer mehr, daß sie nicht bereit war, sich zu seinen Bedingungen heimlich mit ihm zu treffen.

Herzliebste Jungfrau Anna, mich befremdet nicht wenig, daß Ihr begehrt, daß ich zu Euch komm, wiewohl Ihr doch wißt, daß mein Herr Vater hier [auf Burg Limpurg] ist. Welchen Grund könnt ich ersinnen, um in die Stadt zu kommen? Ich müßt ihm erklären, was ich dort zu tun hätt. Und solang er hier ist, ist es erst recht unmöglich, des Nachts zu kommen. Aber wenn er nicht hier wär, würd ich noch länger drüber nachsinnen, wie ich zu Euch kommen könnt.

Deshalb kann ich's mir nicht anders denken, als daß Ihr nach einer Ursach sucht, um all meine Hoffnungen zu zerstören. Denn früher seid Ihr mir zu Gefallen immer gekommen. Doch jetzt widersetzt Ihr Euch, obwohl ich das nicht verdient hab und nicht willens bin, es hinzunehmen. Ich vertrau auch drauf, daß Ihr nicht mehr so unbesonnen seid, sondern bedenkt, was ich alles für Euch getan hab. Ich begehr von Euch eine Antwort.

Ich bitt Euch, wünscht [Eurer Base] Margarethe und Eurer Schwester [Agathe] viele tausend gute Nächt. Dergleichen wünsch ich Euch auch. 1523 geschrieben.

Obwohl wir Annas Reaktion auf diesen Appell nicht kennen, läßt sich an Erasmus' nächstem Brief ihre entschiedene Haltung und das neue Kräfteverhältnis in ihrer Beziehung deutlich ablesen: Anna verlangte offenbar weiterhin, daß er sie in Hall besuchte, und akzeptierte seine Ausflüchte nicht, was ihn wiederum zu flammenden Beteuerungen seiner guten Absichten anspornte. Offenbar hatte sie ihm vorgeworfen, daß er ihr nur deshalb aus dem Weg gegangen sei, weil er fürchtete, im Falle eines öffentlichen Skandals enterbt zu werden. Trotz allem blieb auch er unnachgiebig und bestand darauf, daß sie sich auf Burg Limpurg und nicht in ihrem Elternhaus in Hall trafen.

Herzliebste Jungfrau Anna. Euer Schreiben hat mich nicht
wenig befremdet. Ich bitt Euch zu bedenken, was passiert
wär, wenn ich mit [den andern] mitgegangen wär und
mich dann von ihnen getrennt hätt. Jedermann hätt gedacht, daß ich bei Euch wär. Darum bedenkt selbst, ob ich
unrecht hab. Auch, herzliebste Jungfrau Anna, wenn Ihr
mir schreibt, daß Ihr glaubt, ich wär unbedacht, weil ich
des Nachts kommen wollt, so geb ich's gern zu. Aber Ihr
habt mein Schreiben nicht recht verstanden, denn so hab
ich's nicht gemeint; ich hab gemeint, daß ich zu Euch
kommen wollt, ohne daß mir und Euch ein Nachteil daraus entstünd.

Mich befremdet auch nicht wenig, daß Ihr schreibt, Ihr
könntet nicht glauben, daß ich Hoffnungen in Euch setz.
Bedenkt nur, wie ich mich schon etlich Zeit gegen Euch
verhalten hab und gar manches Unglück in Kauf genommen hab.[59] Wenn Ihr die Sach recht bedenkt, wißt Ihr
selbst, wieviel Hoffnung ich in Euch setz. Deshalb hätt ich
keinen solchen Brief von Euch erwartet.

Ich hoff und glaub immer noch, daß Ihr Euch noch anders besinnen und zu mir kommen mögt. Ich hoff, daß
meine Hoffnung und mein Vertrauen in Euch nicht umsonst sein mögen.

Herzliebste Jungfrau Anna, Gott weiß, daß es keine Ursach gibt, mir zu schreiben, daß ich's nicht auf mich nehmen wollt [zu Euch zu kommen], weil mich mein Vater
und die andern Leut sehen könnten. Auch was Ihr über
mein Leibgeding[60] schreibt, ficht mich nicht an. Ich fühl
mich nicht schuldig, wiewohl ich's Euch wahrlich nicht
glauben kann. Ich hätt Euch mehr Anstand zugetraut.[61]

Herzliebste Jungfrau Anna, Ihr schreibt mir, daß ich
Euch raten soll, wie Ihr ungesehen herkommen könnt. Ich
mein, daß Ihr das selbst am besten wißt. Gott im Himmel

weiß, daß ich Euch von Herzen gern helfen tät, wenn ich's nur könnt, es wär mir eine Freud. Und die Sach mit dem Schlosser.[62] Auch hätt ich Euch gern geküßt, aber es kann leider nicht sein. So muß ich's hinnehmen, bis es besser wird ...

Herzliebste Jungfrau Anna, laßt mich wissen, was Ihr im Sinn habt. Ich will Euch gestehen, daß mich mein Herr bald wegschicken wird, aber selber nicht mitkommen wird. Ich bin schon nach Vellberg geritten und konnt, Gott sei's gedankt, allerlei Hindernis überwinden. Ich werd heut wieder hiersein, und so könnt Ihr mir alsbald Antwort geben.

Herzliebste Jungfrau Anna, ich wollt so gern mit Euch reden, aber Ihr wißt wohl, daß ich's nicht einrichten kann. Gott segne Euch. Ich würde Euch gern was schenken, damit Ihr an mich denkt; aber ich hab wahrlich selber nichts. Ich bitt Euch jedoch, mir zu Gefallen aschgrau, braun und weiß zu tragen.[63] Damit seid Gott befohlen. Mög er Euch viele tausend gute Nächt geben.

A[smus], H[err] Z[u] L[impurg]

Im Laufe der folgenden sechs bis acht Monate kam es auf beiden Seiten immer häufiger zu Verdächtigungen und Beschuldigungen, und ihr Verhältnis kühlte sich zusehends ab. Trotzdem blieb der Wunsch zu heimlichen Stunden der Zweisamkeit weiterhin bestehen.

19 ERASMUS AN ANNA
(13. JUNI 1523)

Meinen freundlichen Gruß, allerliebste Jungfrau Anna. Ich hab in Euerm Brief wohl verstanden, daß ich in Hall gewesen sein soll und mein Pferd hab beschlagen lassen. Gott weiß, daß ich nicht mehr in Hall gewesen bin, seit ich das Geld von Euch bekommen hab.[64] Wer immer es Euch erzählt hat, hat Euch nicht die Wahrheit gesagt. Wenn Ihr alles glaubt, was die Leute sagen, seid Ihr eine Närrin. Das Klatschmaul, das Euch das gesagt hat, gönnt Euch und mir nichts Gutes.

Herzliche, liebste Jungfrau Anna, ich hab Euer Schreiben so verstanden, daß jemand behauptet, ich hätt Euch verflucht und Böses gewünscht. Liebe Jungfrau Anna, es ist greulich, was man Euch gesagt hat.

Auch versteh ich wohl, daß Ihr glaubt, ich hätt Euch aus falschem Herzen geschrieben. Gott ist mein Zeuge, daß es nicht wahr ist. Geb Gott, daß Ihr mein Herz besser kennt und wißt, wie ich's mein . . .

Herzliche, liebste Jungfrau Anna, ich würd Euch so gern ein Geschenk schicken, aber ich trau dem Boten nicht. Ich fürcht, er könnt Unfug damit treiben. Aber ich hab mir geschworn, bald zu Euch zu kommen und meine Botschaft selbst zu überbringen.

Herzliche, freundliche, liebste Jungfrau Anna. Damit seid Gott befohlen, immer und ewiglich. Wenn ich Euch einen Dienst erweisen könnt, würd ich's von Herzen gern tun. Es wär mir mehr dran gelegen als am Dienst für meinen Herrn. Am Samstag vor St. Vitus [13. Juni] 1523 aufgegeben.

Anna hatte solche Reden natürlich schon oft genug gehört, um zu wissen, daß Erasmus seine Treueschwüre früher oder später wieder brechen würde. Zwei Monate nachdem Erasmus ihr seine Liebe beteuert hatte, hielt sie ihm in einem Brief seine erneuten Trinkgelage und Frauengeschichten vor. Diesmal jedoch verfehlten ihre bitteren Anklagen ihr Ziel, denn ihr Brief geriet versehentlich in die falschen Hände und löste trotz der unangenehmen Begleitumstände eine kleine Verwechslungskomödie aus. Erasmus' Sekretär Hans Kitzinger verwechselte Annas Brief an seinen Herrn mit einem

103

Schreiben, das sie an ihn gerichtet hatte, und las deshalb versehentlich den falschen Brief.

Da der Brief sehr persönlicher Natur war, dauerte es eine Weile, bis der beschämte und verwirrte Hans den Mut aufbrachte, Anna über sein Versehen aufzuklären und sie um Vergebung zu bitten. Anna, die wußte, daß er ihnen wahrscheinlich einigen Ärger eingehandelt hatte, schrieb dem zerknirschten Hans sogleich einen tröstlichen Brief.

20 ANNA AN HANS VON HEIDELBERG (14. AUGUST 1523)

Meinen herzfreundlichsten Gruß und seid versichert, daß Ihr nur Gutes von mir erwarten sollt.

Nachdem Ihr mir geschrieben habt, laß ich Euch wissen, daß der Brief nicht Euch, sondern Eurem Herrn gehört hat und daß das Fräulein [das darin erwähnt wird] auch zu ihm gehört. Der andere Brief war für Euch.

Ach, mein liebes, freundliches, getreues Herz, nun hab ich nicht gewußt, daß Ihr den Brief geöffnet habt, und war sehr bös mit Eurem Herrn, daß er mir so lang nicht geschrieben hat. So hab ich ihm noch einmal kurz geschrieben. Wenn ihm der Bot meinen [zweiten] Brief noch nicht gebracht hat, dann wird er's alsbald tun. Hätt ich gewußt, was geschehn ist, hätt ich ihm nicht noch mal geschrieben. Beschließt die Sach, wie's Euch am besten dünkt, daß Euch kein Schaden draus entsteh, mein liebes, freundliches, getreues Herz.

Ich hab Eurem Herrn wegen einer Sach geschrieben, auf die er baldigst antworten sollt. Wenn er mir zürnen sollt, bitt ich Euch, ein guter Mittler zu sein. Ich werd's Euch vielmals vergelten.

Wiewohl ich Euch gern mehr geschrieben hätt, so hab ich's nicht vermocht. Schickt mir eine Antwort, sobald Ihr könnt, denn ich hab große Angst wegen der Sach ...

Am Abend vor Mariä Himmelfahrt [14. August 1523] geschrieben, da die Uhr zu Mitternacht schlägt.

Der unglückselige Hans büßte bald darauf seine Rolle als Ku-
rier zwischen Burg Limpurg und dem Haus der Büschlers
ein, was jedoch nicht mit seinem fatalen Mißgeschick zusammenhing. Seine regelmäßigen Botengänge zwischen Limpurg und Hall während Erasmus' Aufenthalten in der Burg
hatten offenbar Aufmerksamkeit erregt, und Erasmus sah
sich gezwungen, eine neue Regelung zu finden, damit ihre
Liebschaft weiterhin unentdeckt blieb.

21 ERASMUS AN ANNA
(28. OKTOBER 1523)

Unsern Gruß, herzliebste Jungfrau Anna. Wir haben Euer
Schreiben gelesen, in dem Ihr uns anzeigt, daß wir Hans
[mit Post] zu Euch schicken sollen. Wir würden dies gern
tun, aber wie Ihr wohl wißt, ist's unmöglich, weil Hans in
Hall gar zu bekannt ist. So bitten wir Euch, Euch einen
andern Ort auszudenken, wo er Euch finden kann. Wenn
Ihr die Sach richtig bedenkt, werdet Ihr mir zustimmen,
daß unsre Sach zwar im Moment noch geheim ist, aber
schnell in aller Mund sein könnt. Daher sinnt auf einen
andern Weg, damit wir nicht ins Gerede kommen.

Herzliebste Jungfrau Anna, Ihr habt uns einen langen
Brief geschrieben, und wir würden Euch gern Hans mit
einer Antwort schicken, wenn Ihr nur einen Ort finden
würdet, wo er Euch heimlich treffen und Euch unsre Botschaft anvertrauen könnt.

Mög Gott Euch tausend gute Nächt geben und uns mit
Freuden zusammenführen. An Sankt Simon und Judas
[28. Oktober] geschrieben.

Für Frauen, die in Hall ein Leben außerhalb der bürgerlichen Normen führten, brachte das Jahr 1524 nichts Gutes. Wie wir wissen, wurden in jenem Jahr das Franziskanerkloster abgerissen, das Bordell geschlossen und alle im Konkubinat lebenden Geistlichen angewiesen, sich von ihren Gefährtinnen zu trennen. Ausgerechnet in diesem Jahr sollten auch Annas heimliche Liebschaften aufgedeckt werden, und sowohl Erasmus als auch ihr Vater begannen, sich wegen ihrer Liaison mit Daniel Treutwein von ihr zu distanzieren.

Zu Anfang des Jahres hatte Anna Erasmus wieder einmal wegen seines ausschweifenden Lebenswandels zur Rede gestellt. In seinen nächsten beiden Briefen rechtfertigte sich Erasmus mit dem Hinweis, daß allein Daniel für die Entfremdung zwischen ihnen verantwortlich sei. Dann eröffnete er ihr in unheilverkündendem Ton, daß ihr Vater, dank der Redseligkeit ihres neuen Liebhabers, mittlerweile über die Dinge, die sich hinter seinem Rücken abgespielt hatten, bestens informiert sei.

22 ERASMUS AN ANNA (1524)

Herzliebste Jungfrau Anna, Gott geb Euch ein glückseliges neues Jahr. Ich dank Euch für das [Neujahrs]geschenk, das Ihr mir gemacht habt.

Zu den etlichen Dingen, die Ihr mir geschrieben habt, muß ich Euch sagen, daß ich ein Ehrenmann bin und mir großes Unrecht geschieht. Ich hätt gedacht, daß Ihr solchen Reden keinen Glauben schenkt, sondern die Wahrheit suchen würdet. Ich hab auch von meinem Knecht gehört, daß jemand Lügen über mich erzählt. Bei meiner Ehr, wer so was sagt, ist ein feiger Lump, der unverhohlen lügt.

Auch habt Ihr mich wieder gebeten, zu Euch zu kommen. Ihr wißt doch, daß das unmöglich ist. Doch wenn's Euch möglich ist, dann kommt zu mir. Sinnt noch einmal drüber nach, wann Ihr kommen könnt, und laßt es mich wissen. Damit geb Gott Euch viele tausend gute Nächt. Wenn wir uns wiedersehen, werd ich Euch Dinge sagen, die ich nicht schreiben kann.

23 ERASMUS AN ANNA (1524)

Herzliebste Jungfrau Anna, es befremdet mich nicht wenig, daß Ihr mir nicht schreibt, wie's Euch geht und ob Ihr das Neujahrsgeschenk, das ich Euch geschickt hab, bekommen habt. Mich dünkt, daß der, dem ich nicht wohlgesinnt bin [Daniel Treutwein], mich aus Eurem Herzen verdrängt hat. Nun hab ich das Gerede und er den Nutzen. Wenn Ihr Euch fragt, wie ich das mein, so kann ich Euch nur sagen, daß ich fürwahr weiß, daß er etliche Tag und Nächt heimlich in Eures Vaters Haus verbracht hat. Ich kann nichts dran ändern und weiß, daß Ihr's niemals gestehn würdet. Aber er hat ein solch großes Maul, daß sogar Euer Vater davon weiß.

Darauf will ich's nun beruhn lassen. Damit viele tausend gute Nächt. Im Jahr 1524 eilends geschrieben.

Daniel Treutwein

Als Daniel Treutwein in Annas Leben trat, wurde ein Prozeß in Gang gesetzt, der schließlich ihre Beziehung zu ihrem Vater und zu Erasmus zerstörte – eine Entwicklung, die Anna zu diesem Zeitpunkt weder absehen noch beeinflussen konnte. Von den drei Männern ist Daniel der interessanteste, was damit zusammenhängen mag, daß seine Geschichte am schwierigsten nachzuzeichnen ist. Zeitgenössische Chronisten berichteten über seinen Vater Daniel sen., daß dieser

107

ebenfalls Chronist gewesen sei und als letzter Treutwein noch sein ganzes Leben in Hall verbracht habe.[65] In den Urkunden der Stadt Hall taucht ein adliger Söldner namens Daniel Treutwein auf, der 1474 für einen Jahressold von 120 Gulden in den Dienst der Stadt getreten war, um gemeinsam mit anderen jungen Edelleuten die Fehden der Stadt auszutragen und deren militärische Verpflichtungen gegenüber dem Kaiser zu erfüllen. Daß es sich bei diesen beiden Männern um ein und denselben handeln könnte, ist zwar ein reizvoller Gedanke, läßt sich aber nicht nachweisen.[66] Es steht allerdings fest, daß Daniels Familie in früherer Zeit einmal jüdisch gewesen ist. Das Familienwappen, das Daniel weiterhin führte, zeigt die Büste eines Mannes mit einem breiten jüdischen Hut, der mit einem Band unter dem Kinn festgehalten wird.[67] Die Farben (weißer Kopf auf rotem Grund) weisen möglicherweise auf den Übertritt der Familie zum christlichen Glauben hin und könnten die «Läuterung» oder Reinwaschung mit dem Blut Christi symbolisieren.

Seit Mitte des 13. Jahrhunderts lebten in Hall Juden, die als Salzsieder und Geldverleiher arbeiteten. In den Urkunden der Stadt taucht der Name Treutwein – in unterschiedlicher Schreibweise – zunächst nur am Anfang und am Ende des 14. Jahrhunderts einige Male auf. In den dreißiger und vierziger Jahren des 15. Jahrhunderts jedoch hatten sich dann mehrere Familien mit dem Namen Treutwein in Hall niedergelassen.[68] Daß ab Mitte des Jahrhunderts kaum noch Juden in der Stadt lebten, hängt mit ihrer Verfolgung und Vertreibung zusammen, die während des Höhepunkts des Schwarzen Todes (1347–1350) fast im ganzen Land einsetzte. Obwohl man auch schon zu früheren Zeiten Juden aus christlichen Städten vertrieben hatte (beispielsweise 1182 in Frankreich unter König Philipp II. und 1290 in England unter König Edward I.), trat mit dem beispiellosen Schrecken des Schwarzen Todes eine ebenfalls beispiellose Verschlechterung in den Beziehungen zwischen Christen und Juden im mittelalterlichen Europa ein.

Seit Jahrhunderten hatten bestimmte, häufig verdeckte Entwicklungen dieser tiefgreifenden Veränderung den Boden bereitet. In ihren Predigten und bei religiösen Festen diffamierten christliche Geistliche die Juden regelmäßig als Verräter Christi. Die Geschäftspraktiken der jüdischen Geldverleiher – ob sie nun hohen Fürsten umfangreiche Darlehen gewährten oder Bücher und Kleidung an Studenten verliehen – weckten unter den christlichen Schuldnern Neid und Haß. [69] Darüber hinaus verfolgten die geistlichen Führer beider Seiten praktisch eine Segregationspolitik: Bei den Juden lag dies zum einen an dem ausgrenzenden Charakter ihrer Religion, zum andern an dem Bedürfnis, sich dem Bekehrungsdrang und den Verfolgungen der Christen zu entziehen; die Christen wiederum fürchteten, daß die jüdische Kultur und Religion, falls sie sich in unmittelbarer Nachbarschaft der Christen ungehindert ausbreiteten, das Christentum mit seiner alten Tradition, seinem Reichtum und seiner Weisheit überwältigen könnten.

Zehntausende von adligen Christen, aus denen sich die Heere des 1. Kreuzzugs (1096) zusammensetzten, hatten bereits auf ihrem Weg ins Heilige Land die im Rheinland ansässigen Juden angegriffen; und 1215 verkündete das 4. Laterankonzil nicht nur solch bleibende Merkmale des mittelalterlichen Christentums wie das Dogma der Transsubstantiation und die jährliche Beichtpflicht, sondern setzte auch diskriminierende Richtlinien für den Umgang zwischen Christen und Juden fest, die man durchaus als eine Art Kriegserklärung auffassen könnte. Das Konzil wünschte, daß sich die Beziehungen zwischen Christen und Juden nurmehr auf den notwendigen wirtschaftlichen Verkehr zwischen Kaufleuten beschränkten. Es untersagte sexuelle Kontakte zwischen Mitgliedern beider Religionen und verwehrte Juden den Zugang zu Positionen, in denen sie Christen übergeordnet waren. Darüber hinaus schränkte das Konzil die jüdische Glaubenspraxis ein (Gottesdienste hatten im verborgenen stattzufinden) und erschwerte den Bau neuer Synagogen in christlichen Städten. Und obwohl das große Kirchenkonzil zwar nicht offen die Errichtung von Ghettos propagierte, empfahl es doch eine Trennung christlicher und jüdischer Gemeinden innerhalb der Städte.[70]

Noch vor Beginn des 16. Jahrhunderts hatten in Spanien bereits umfangreiche Pogrome stattgefunden. Zwischen Ende des 14. Jahrhunderts und den achtziger Jahren des 15. Jahrhunderts entschlossen sich etwa Dreiviertel der jüdischen Bevölkerung Spaniens, zum Christentum überzutreten, um nicht von einer rigorosen Kirche und Krone aus ihrer Heimat vertrieben zu werden. Doch nachdem sie zum christlichen Glauben konvertiert und *conversos* geworden waren, unterstellte man ihnen, diesen Schritt nicht aus innerer Überzeugung getan zu haben – was sicherlich in den meisten Fällen zutraf. Deshalb waren die konvertierten Juden bei ihren christlichen Nachbarn mehr gefürchtet und gehaßt als jene Juden, die ins Exil gegangen waren. Da die konvertierten Juden in Spanien nun über mehr Sicherheit und Macht denn je verfügten und in enger Nachbarschaft mit Christen lebten, wurden sie bald als Bedrohung empfunden – als eine Art trojanisches Pferd innerhalb der christlichen Gesellschaft –, was 1492 schließlich auch zur Vertreibung der *conversos* führte.[71]

Das Schicksal der europäischen Juden spiegelt sich auch in der Haller Geschichte wider. Auch dort hatten der Schrecken des Schwarzen Todes, die jahrhundertealten religiösen Vorurteile und der Haß auf jüdische Geldverleiher die Juden in die Rolle des Sündenbocks gedrängt. In der ersten Hälfte des 14. Jahrhunderts gab es in Hall eine ansehnliche jüdische Gemeinde, die eine eigene Straße bewohnte. Als sich 1348 die Pest in der Stadt ausbreitete, beschuldigte man die Juden, die städtischen Brunnen vergiftet zu haben, und bezichtigte sie noch weiterer Greueltaten an ihren christlichen Mitbürgern. Die Krise spitzte sich 1350 zu, als man einigen Juden vorwarf, an einem christlichen Kind einen Ritualmord verübt zu haben.[72] Man sperrte die Beschuldigten in den Neuberger Turm beim Langenfelder Tor an der südöstlichen Stadtmauer, folterte sie und brannte dann den baufälligen Turm nieder, so daß die Eingeschlossenen in den Flammen umkamen. Danach wies die Stadt alle Juden aus und konfiszierte deren Besitz und Waren.

Da das kaiserliche Recht Pogrome untersagte, verurteilte der Kaiser die Stadt Hall wegen des Vorfalls zu einer Geldstrafe von 800 Gulden – allerdings mit verblüffenden Folgen. Die Herzöge Eberhard und Ulrich von Württemberg, die damit beauftragt waren, das Geld einzutreiben, durften es in ihren Schatzkammern deponieren. Die vertriebenen Juden erhielten nicht einen einzigen Pfennig davon. Statt dessen wurde ihr gesamtes konfisziertes Eigentum per kaiserlichem Erlaß den Hallern überlassen, auf daß diese es «haben und nießen als ihr eigen gut».[73] Der Sinn der Geldstrafe bestand darin, Hall für seinen Verstoß gegen das kaiserliche Recht zu bestrafen und nicht die Haller Juden für das Unrecht, das ihnen die Stadt angetan hatte, zu entschädigen; somit war der Kaiser und nicht die jüdische Gemeinde die geschädigte Partei und hatte damit auch Anspruch auf Wiedergutmachung. Obwohl in den siebziger und achtziger Jahren des 14. Jahrhunderts in Hall noch einige Juden lebten, sollte erst im 19. Jahrhundert wieder eine richtige jüdische Gemeinde in der Stadt entstehen.[74]

Zu der Zeit, in der unsere Geschichte beginnt, war Daniels Familie bereits lange in die Stadt integriert und gehörte der christlichen Haller Oberschicht an. Als Doktor des Kirchen- und Zivilrechts war Daniels Bruder Eitel (gest. 1536) ein für mittelalterliche Verhältnisse äußerst gelehrter Mann und bekleidete hohe Kirchen- und Verwaltungsämter: Er war Domherr in Worms, Propst in Neuhausen und Dekan des nahegelegenen Klosters Komburg sowie Assessor am Reichskammergericht.[75]

Daniels berufliche Laufbahn dagegen war rein weltlicher und militärischer Natur. Als Söldner leistete er, nach allem was man über ihn hörte, außerordentliche Dienste und erwarb sich während seiner Dienstzeit beim Schwäbischen Bund in den zwanziger Jahren des 16. Jahrhunderts den Ruf eines hervorragenden Kavalleristen. Der Bund war Ende des 15. Jahrhunderts von Fürsten, Städten, Grafen und Rittern gegründet worden, mit dem Ziel, in Süddeutschland die öffentliche Sicherheit und Ordnung zu gewährleisten. Adlige wie nichtadlige Gesetzesbrecher wurden prompt und hart bestraft. In den zwanziger Jahren des 16. Jahrhunderts ging der Bund vor allem gegen aufmüpfige Bauern vor.

Im Jahre 1525 rebellierte in Schwaben und Franken die große Mehrheit der Bauern gegen ihre weltlichen und geistlichen Grundherren; es war der Höhepunkt jahrzehntelanger hartnäckiger Proteste. Dabei berief sich die Bauernschaft auf die populärsten Lehren Martin Luthers, besonders auf die Freiheit und Gleichheit aller Christen und das Recht der Kirchengemeinden, ihren Pfarrer selber einzusetzen und zu entlassen. Obwohl die Ziele der Bauern eher materieller als ideeller Natur waren – schließlich handelte es sich um eine politisch-soziale und nicht um eine religiöse Revolte –, griffen die Bauernführer Luthers theologisch begründeten Egalitarismus begierig auf und machten ihn sich in ihrem Kampf zunutze. Dennoch verlieh Luthers Lehre dem Anliegen der Bauernschaft eine neue Dimension, da sie über die Ziele der bloßen Rückforderung traditioneller Rechte, die die deutschen Fürsten mit ihrer Politik der territorialen Zentralisierung seit Jahrzehnten aushöhlten, weit hinausging. Durch die Reformation inspiriert, strebten die Bauern nach einer

Befreiung von der Leibeigenschaft, «weil Christus alle Menschen erlöst hat», und forderten das Recht, mit ihren Grundherren als gleichberechtigte Partner über ihre Verträge neu zu verhandeln – wiederum unter Berufung auf die Lehre Christi.[76]

Solche Vorstellungen standen jedoch in völligem Gegensatz zu Luthers Theologie und waren den Herrschern des 16. Jahrhunderts ein Greuel. Beide Seiten sahen darin eine massive Bedrohung des ohnehin labilen sozialen Friedens und der öffentlichen Ordnung. Da die Bauern praktisch keinerlei Unterstützung durch Mitglieder anderer Stände (von einigen Sympathisanten unter den Stadtbewohnern und den Handwerkern abgesehen) hatten, sahen sie sich einer beinah geschlossenen Front süddeutscher Städte und Fürstentümer gegenüber, die entschlossen waren, ihre Revolte niederzuschlagen.[77]

Im Haller Gebiet erhoben sich die Bauern zum erstenmal am 2. April 1525 in einem Dorf namens Braunsbach nördlich der Stadt. Als einige Männer ihre schwangeren Frauen von einem Fischessen abholten, zu dem der Dorfmüller sie nach altem Brauch eingeladen hatte, erfuhren sie, daß sich in Rothenburg die Bauernmiliz erhoben hatte, und beschlossen, «der göttlichen Gerechtigkeit zur Hand zu gehen» und sofort eine eigene Einheit zusammenzustellen. Noch am selben Abend marschierten sie durch die Nachbardörfer und riefen die Bewohner auf, sich am Kampf um ihre Rechte zu beteiligen.[78] Die Bauern waren besonders verärgert darüber, daß sie einen Teil ihrer Erzeugnisse (Obst, Gemüse, Milch, Käse, Butter und Flachs) und ihres Viehs, den sogenannten «kleinen Zehnt», an ihre Grundherren abgeben mußten. Auch einige Kirchensteuern bereiteten ihnen großen Verdruß.[79] Inspiriert durch Anführer wie den bekannten franziskanischen Präzeptor Johannes Walz, der sich zum revolutionären Prediger gewandelt hatte, begannen die Bauern bald, die Burgen der Adligen im Haller Umland zu plündern und in Brand zu setzen, und steuerten damit auf eine größere Konfrontation mit dem Schwäbischen Bund zu.

Zu ihrem größten Bedauern hatten die Grundherren, die ihre Bauern so lange unterdrückt und ausgebeutet hatten, diese auch mit Waffen ausgerüstet und in grundlegenden Kriegstechniken und Militärstrategien unterwiesen. Da die Unterhaltung eines stehenden Heers zu kostspielig war und auch gewisse Risiken in sich barg, hatte man für den Notfall Bauernmilizen aufgebaut. Als sich die Bauern im Haller Umland nun erhoben, sahen sich ihre Herren Männern gegenüber, die nicht nur gut bewaffnet waren, sondern auch einiges vom Kriegshandwerk verstanden; es waren also keineswegs die freiheitsliebenden, aber unbeholfenen, primitiven Bauern, wie sie manchmal in modernen Geschichtsbüchern dargestellt werden. Wenn sie ein Dorf im Haller Gebiet belagerten, stürmten die Bauern zunächst die Kirche, um das Glockengeläut zu verhindern und die kleinen Kanonen auf dem Kirchturm, die zum äußeren Verteidigungsring Halls gehörten, an sich zu bringen. Dann besetzten sie das Pfarrhaus und die Bürgermeisterei, entmachteten die örtliche Führung und unterbrachen die Befehlskette. Im Laufe dieser Aktionen wurden auch einige Pastoren in die Bauernarmee zwangsrekrutiert, darunter der Haller Chronist und lutherische Pfarrer Johann Herolt (1490–1562), der diese Ereignisse in seiner zeitgenössischen Chronik festhielt. Herolt hatte wenig Sympathien für das Anliegen der Bauern und widersetzte sich entschlossen ihren beharrlichen Versuchen, ihn während seiner Gefangenschaft für ihre Sache zu gewinnen.[80]

Als das Bauernheer schließlich vor den Mauern Halls stand, sah sich die aus vier- bis fünfhundert Mann bestehende Haller Bürgerwehr einer Belagerungsarmee aus neunmal soviel Männern gegenüber. Schon Wochen vor dem Angriff entfaltete sich in der Stadt fieberhafte Aktivität: Jeder gesunde Bürger beteiligte sich an der hastigen Ausbesserung der Stadtmauern, half dabei, die Gräben tiefer auszuheben, und schaffte Steine für die Wurfgeschütze, Schwefel und Pech, Laternen und Schießpulver zu den Mauern und Türmen. Feldschlangen (Kanonen mit langem Rohr) und andere Geschütze wurden an jedem Straßentor und jedem Turm plaziert, da man dort am leichtesten in die Stadt eindringen konnte.[81]

Am Tag vor dem Angriff (1. April) gingen die Mitglieder des Rats vor die Stadt, um mit den Bauernführern zu verhandeln. Sie sicherten ihnen zu, sie bei der friedlichen Durchsetzung ihrer berechtigten Forderungen zu unterstützen, sofern sie die Waffen niederlegten. Doch die Würfel waren bereits gefallen, und keine Seite war mehr zu Zugeständnissen bereit. Die Bauern demonstrierten ihren rebellischen Geist mit den weißen Kreuzen auf ihrer Kleidung und ihren Bannern – eine höhnische Nachahmung der mit roten Kreuzen geschmückten Uniformen und Standarten der Soldaten des Schwäbischen Bundes, mit denen sie, wie sie wußten, früher oder später zusammenstoßen würden. Da die Haller Bürgerwehr, im Gegensatz zur feindlichen Bauernarmee, mit Feldgeschützen ausgerüstet war, konnte sie ihre zahlenmäßige Unterlegenheit mehr als wettmachen. In der Nacht zum 2. April ging die Haller Bürgerwehr schließlich zum Angriff über: Während die Kirchenglocken zum Ave Maria läuteten und ihre fünf Kanonen den Nachthimmel erhellten, schlugen die Haller die Bauern in die Flucht.[82]

Damit sollte der Krieg jedoch noch nicht beendet sein. Die Bauernarmee erhielt bald frischen Nachschub aus Limpurg, bildete neue Einheiten und belagerte die Stadt ein zweites Mal. Während des nun folgenden zweimonatigen Patts wurde die Stadt vom Schwäbischen Bund versorgt und konnte ihre militärische Schlagkraft verstärken, so daß es ihr schließlich gelang, die Bauernarmee vernichtend zu schlagen. Nach diesem Sieg verurteilte die Stadt zahlreiche Bauernfamilien der Region zu Geldbußen zwischen sechs und sechzig Gulden, je nach Größe ihres Pachtguts. Sieben Bauernführer wurden enthauptet, vieren wurden Finger abgeschlagen und zweien brannte man Löcher in die Wangen; solche Verstümmelungen dienten nicht nur der Brandmarkung der Rebellen, sondern auch als Abschreckung für mögliche Nachahmer. Weiter nördlich, in Öhringen und Neuenstein, hatten die Bauern eine Zeitlang mehr Erfolg. Sie nahmen beide Städte ein und zwangen die beiden Grafen von Hohenlohe, ihnen einen Treueeid zu schwören, in dem sie gelobten, «bei den Bauern als Brüder zu bleiben und nichts gegen sie zu tun».[83]

Eine Gruppe überlebender Bauern floh aus der Haller Region Richtung Norden, um sich einem riesigen Bauernheer, das Würzburg belagerte, anzuschließen. Vorher machten sie allerdings noch einen Abstecher nach Weinsberg in Württemberg, wo sie sich an der Ermordung von Herzog Ludwig von Helfenstein und seinen Rittern beteiligten. Vergeblich hatte der Herzog versucht, sich sein Leben zu erkaufen, bevor er und 23 andere Adlige mit ihrer Dienerschaft auf ein Feld getrieben und hingerichtet wurden. Zur selben Zeit eilte aber auch die 25 000 Mann starke Armee des Schwäbischen Bundes, der höchstwahrscheinlich auch Daniel Treutwein angehörte, nach Würzburg. Diese gewaltige Streitmacht machte ebenfalls in Weinsberg halt, um das Massaker an den Edelleuten zu rächen. Die bäuerliche Besatzungsarmee wurde ausgelöscht und ihr Pfeifer, der bei dem Gemetzel an den Adligen gepfiffen hatte, gefangengenommen, an einen Pfahl gekettet und bei lebendigem Leibe verbrannt; dann zog der Bund Richtung Würzburg weiter, um noch eine weit größere Zahl von Bauern niederzumetzeln.[84]

Dies war die rauhe Welt Daniel Treutweins. Er diente seinen Herren treu und pflichtbewußt, tötete für Herzog Ulrich von Württemberg Angehörige des Landadels und für den Pfalzgrafen Ludwig aufständische Bauern. Herzog Ulrich hatte so viele Verbrechen und Greueltaten auf dem Gewissen, daß seine Feinde mehr als tausend Zeilen benötigten, um diese in Reimform aufzuzählen.[85] Während seiner Dienstzeit als Adjutant und Sekretär von Herzog Ulrich verfaßte Daniel ein mundartliches Gedicht (1519)[86] zur Verteidigung seines Herrn, das regionale Berühmtheit erlangte; vermutlich waren dies die einzigen freundlichen Worte, die je ein Zeitgenosse über den Herzog verlor, vor allem nachdem sein fehlgeschlagener Versuch, die freie Reichsstadt Reutlingen zu unterjochen, zur Besetzung Württembergs durch den Schwäbischen Bund und seiner eigenen schmachvollen Verbannung geführt hatte.

In den ersten Tagen des Bauernaufstands im Haller Gebiet führte Daniels Reitereinheit den Angriff auf die Bauernmiliz in den Wäldern um Königshof an, und Daniel wurde für den ersten getöteten Gegner belobigt. Nach dem Krieg ernannte ihn Graf Ludwig in Anerkennung seiner hohen Verdienste zum Amtmann auf Lebenszeit in Boxberg. Das 45 Kilometer nördlich von Hall gelegene Wehrdorf hatte eine besonders blutige Geschichte. Hier lebte ein berühmter adliger Überläufer namens Thomas Absberg, der während der zwanziger Jahre mit dem Schwäbischen Bund in Fehde gelegen hatte. 1521 tötete er ein Mitglied des Bundes, woraufhin der Bund als Vergeltungsmaßnahme zwanzig Burgen in Franken, Schwaben und andernorts, deren Herren man Verbindungen mit Absberg oder umstürzlerische Umtriebe unterstellte, dem Erdboden gleichmachte. Burgbewohner, die sich solchen «Säuberungsaktionen» widersetzten, riskierten ihr Leben. Auch Boxberg war Ziel einer solchen Strafaktion, und obwohl die Burg ausreichend befestigt und gut gerüstet war, ergab sich die Bauernmiliz kampflos den Soldaten des

117

Bundes. Daraufhin steckten diese die Burg in Brand und schickten die Asche zum Beweis an Graf Ludwig, damit dieser seinen Sieg gebührend auskosten konnte.

Die wiederaufgebaute Burg sollte Daniels Amtssitz werden. Doch der Wechsel auf seinen neuen Posten verlief nicht ganz reibungslos, da Daniels Name auf einer Liste von Beschuldigten auftauchte, die während der Fehde mit dem Bund die Absberg-Fraktion mit Lebensmitteln, Waffen und einem Unterschlupf versorgt haben sollten. Im Sommer 1527 zitierte der Bund Daniel und fünfzehn andere der Kollaboration Verdächtige zu seiner Jahresversammlung nach Ulm, damit sie einen öffentlichen Purgationseid ablegten.[87] Das Zeremoniell verlangte, daß die Beschuldigten nach Verlesung der Vorwürfe diese in einem feierlichen Schwur leugneten, und zwar im Namen Gottes und aller Heiligen, «bei schmerzvollem Tod und ewiger Strafe». Daniel erschien allerdings nicht zu dem Zeremoniell, führte als Grund «dringende Geschäfte» an und ersuchte den Bund um Nachsicht. Er gehörte zu den «Büßern», deren Fernbleiben der Bund nach Prüfung ihrer Gründe entschuldigte. Bei seiner Zusammenkunft in Ulm übergab der Bund Daniels Fall an seinen Vorgesetzten, den Pfalzgrafen Ludwig, damit dieser Daniel den Eid zu einem späteren Zeitpunkt abnahm.[88]

Zwischen 1522 und 1524, als sich Daniel auf dem Höhepunkt seiner militärischen Laufbahn befand und pflichteifrig aufwieglerische Adlige und aufständische Bauern für den Schwäbischen Bund tötete, machte er Anna liebevoll den Hof. Wie Erasmus auch schrieb er ihr über einen längeren Zeitraum hinweg regelmäßig. Während keiner ihrer Briefe an ihn erhalten ist, existieren noch 19 seiner Briefe; es handelt sich dabei um undatierte Abschriften, die von Notaren für die Untersuchungen der kaiserlichen Kommissare Mitte des Jahrhunderts angefertigt worden waren. Die Originalbriefe befanden sich unter den Briefen, die Annas Vater im Herbst

1525 entdeckte. Nach Hermann Büschlers Tod erbte sie sein Sohn Philipp, der sie im Familienstreit um das Büschler-Erbe (1550) zusammen mit Annas Briefwechsel mit Erasmus der Machtolff-Kommission vorlegte, als Beweis für den unmoralischen Lebenswandel seiner Schwester. Obwohl Annas Briefe nicht erhalten sind, können wir uns anhand von Daniels Briefen, die meist direkt auf Annas eingehen, ein recht gutes Bild davon machen, was Anna zu jener Zeit bewegte.

Aus Daniels Briefen geht deutlich hervor, daß Hermann Büschler Daniel ablehnte und dessen Liebschaft mit Anna zutiefst mißbilligte. Sie dokumentieren auch Daniels Loyalität gegenüber Anna; er versichert ihr, zu ihr stehen und sie nicht der Gnadenlosigkeit ihres Vaters zu überlassen – und dies trotz seiner Angst vor einer Konfrontation mit dem furchteinflößenden Bürgermeister, von dem er wußte, daß er ihnen beiden großen Schaden zufügen konnte.

Daniel empfand auch gegen Erasmus eine tiefe Abneigung, was nicht nur auf Eifersucht und Rivalitätsgefühlen beruhte, sondern auch auf der Tatsache, daß sie zwar einen ähnlichen Beruf ausübten, aber in völlig verschiedenen Welten lebten. In gewisser Weise waren beide Söldner – Erasmus auf einer glanzvolleren und einflußreicheren Ebene, wie es seinem höheren gesellschaftlichen Status als Reichsschenk angemessen war, Daniel auf einer gemeineren, niederen Ebene, wie es einem gewöhnlichen Kavalleristen entsprach.

Trotz seiner Skrupellosigkeit auf dem Schlachtfeld war Daniel der weitaus einfühlsamere und zuverlässigere Liebhaber und ein besserer Gefährte für Anna. Gewiß spielte dabei eine Rolle, daß er bereits Anfang Vierzig und damit fast doppelt so alt war wie Erasmus (damals Anfang Zwanzig), als er der etwa fünfundzwanzigjährigen Anna den Hof machte. Anders als Erasmus hatte er natürlich keine engen persönlichen Beziehungen zu fürstlichen Persönlichkeiten, was Erasmus für Anna so interessant machte. Er nahm auch nicht wie Erasmus an Reichstagen teil, wo ihn die Gäste beim abendlichen Festmahl wegen seiner heimlichen Geliebten neckten und sich erkundigten, ob sie tatsächlich so hübsch sei (zweifellos war Erasmus' Prahlerei daran nicht ganz unschuldig). Auch verfügte Daniel nicht über die nötigen gesellschaftlichen Beziehungen, um Anna ein originalgetreues Gemälde des Kaisers zu schicken. In dieser Hinsicht hatten Daniel und Anna etwas gemeinsam, das ihre Beziehung begünstigte: Keiner von beiden war fürstlichen Geblüts. Sie schrieben sich in derselben Sprache und konnten auf unterschiedliche Arten der Anrede verzichten. Sie konnte ihn als ihresgleichen behandeln und sogar als seine Gönnerin auftreten, wenn er wieder einmal knapp bei Kasse war.[89] Das mag auch einer der Gründe gewesen sein, warum sie ihren Vater bestahl. Daniel schnorrte nicht nur gern bei ihr, er vertraute ihr auch freimütig seine persönlichen Schwächen an und weihte sie in seine Wünsche und Pläne ein, etwas, was Erasmus selten tat, und wenn, dann nicht ohne Hintergedanken. Wenn man den Zeugenaussagen glauben darf, dann waren sie und Daniel sich sehr ähnlich, jederzeit zu Streichen aufgelegt und immer bereit, alle Vorsicht außer acht zu lassen und die ehrbare Gesellschaft zu brüskieren.

Trotzdem begann Anna, auch an Daniels Liebesbeteuerungen zu zweifeln, obwohl sie, anders als bei Erasmus, weniger Grund dazu hatte. Denn Daniel hielt zu ihr, als sich die Beziehung zu ihrem Vater verschlechterte. Er arrangierte für sie eine Unterredung mit dem Stadtschreiber, damit sie sich über ihre Rechte als abhängige Tochter informieren konnte. Ebenso wie ihr Vater und Erasmus bat er sie, in seiner Abwesenheit auf ihr Benehmen zu achten, damit die Leute nicht wieder über sie herzögen. Trotzdem war ihre Beziehung zu Daniel – verglichen mit der zu den beiden anderen Männern in ihrem Leben – relativ harmonisch und ausgeglichen.

Und das, obwohl Daniel von ihrem Verhältnis mit Erasmus wußte und es zutiefst mißbilligte. Bei drei verschiedenen Gelegenheiten bat er sie, ihre Beziehung zu Erasmus zu beenden, drohte ihr schließlich, sie andernfalls zu verlassen. Da sich Erasmus aufgrund seines höheren Rangs ihm überlegen fühlte, rührte seine Eifersucht wohl eher von verletztem Stolz her als von einem gebrochenen Herzen. Man gewinnt den Eindruck, daß Daniel wirklich etwas an Anna lag, auch wenn er einmal drohte, «ihr großes Maul zu zerschlagen», falls sie die Verbindung mit Erasmus nicht löste.

Hermann Büschler wußte von der Beziehung seiner Tochter zu Daniel, bevor er von der Affäre mit Erasmus erfuhr. Nachdem er dahintergekommen war, daß sie und Daniel während seiner Abwesenheit seinen Weinkeller plünderten und bis spät in die Nacht zechten, wurde es für Daniel schwieriger, sich mit Anna zu treffen, da ihr Vater sie kaum noch aus den Augen ließ. Büschler überhäufte seine Tochter mit Vorwürfen und schimpfte in aller Öffentlichkeit über sie, ohne zu wissen, daß sie auch ein Verhältnis mit Erasmus hatte. Erst als er Annas Briefe entdeckte, wurde ihm das Ausmaß des Liebeslebens seiner Tochter bewußt.

Der Briefwechsel zwischen Anna und Daniel begann offenbar erst, nachdem ihr Vater das volle Ausmaß ihres nächtlichen Lebens entdeckt und Daniel das Haus verboten hatte, also Ende 1523 oder Anfang 1524. Kurz nach Neujahr 1524 schrieb ihr Erasmus, der von Annas Beziehung zu Daniel seit mindestens einem Jahr wußte, daß jetzt auch ihr Vater – dank des «großen Mauls» ihres neuen Liebhabers (Brief 23) – über sie und Daniel Bescheid wüßte. In mehreren Briefen ist die Rede von Hermann Büschlers falschen Anschuldigungen und Racheplänen. Da das Büschlerhaus jetzt für Daniel tabu war, mußte er ebenso wie Erasmus geheime Rendezvous arrangieren. Nicht wenige Briefe wurden im nahen Leofels verfaßt, nordöstlich von Hall, wo Daniel offenbar auf der Burg des Ritters Jörgen von Vellberg stationiert war, der zu diesem Zeitpunkt aus der Umgebung Truppen gegen Bauernrebellen in Rothenburg zusammenstellte und in dessen Diensten er jetzt stand.[90]

Außerhalb von Hall trafen sich Daniel und Anna offenbar am häufigsten in Leofels, vor allem, wenn sie nach Rothenburg, der Heimatstadt ihrer Mutter, fuhr. Das direkt hinter der Grenze zu Franken gelegene Rothenburg war ein weiterer Treffpunkt. Und Daniel paßte sie auch gelegentlich auf der Strecke ab, wenn sie zu anderen Zielen unterwegs war.

Auch inhaltlich unterscheidet sich dieser Briefwechsel von dem mit Erasmus. Es geht hauptsächlich um praktische Dinge, wie Verabredungen, Probleme mit Annas Vater und finanzielle Schwierigkeiten. Wir erfahren kaum etwas über ihre Umwelt oder über ihren persönlichen Alltag. Daniel spricht Annas Herz an, nicht ihren Verstand. Daniels Briefe drücken Fürsorge, Ergebenheit und Leidenschaft aus und auch das Bedürfnis, sich seinerseits ihrer Liebe und Treue zu versichern. Im Gegensatz zu Erasmus macht er ihr keinerlei Vorschriften, und seine einzige Kritik richtet sich gegen ihre Beziehung zu Erasmus.

Briefe (Ende 1523 – 1525)[91]

[1]

FREUNDLICHE, HERZLIEBSTE ANNA.

Ich hab Dein Schreiben gelesen, und wenn ich Dir in der Sach mit Deinem Vater behilflich sein kann, laß es mich wissen, und ich werd keine Mühen scheuen. Was die andre Sach angeht, so findest Du mich, wenn Du nach Rothenburg fährst, immer dienstags, mittwochs und donnerstags morgens in Leofels. Wenn Du willst, laß mich wissen, wann Du reist und mit wem, und dann stoß ich zwischen Kirchberg und Krefftelbach [im Kreis Crailsheim] zu Dir. Aber das muß in aller Still vor sich gehn, weil Heinz Taub[92] ein Aug auf mich hat.

Sollt Dein Vater nach mir schicken, dann werd ich mich so verhalten, daß Dir kein Nachteil daraus entstehen wird. Vertrau mir, und hab keine Sorg; sei versichert, daß ich mich auch gegenüber jedem andern so verhalten werd.

Nisin[93] ist jetzt nicht bei mir, aber ich erwart ihn Sonntag oder Montag in einer Woch. Bis dahin mußt Du auf Botschaft von mir warten. Du darfst nicht denken, daß ich Dich aufgeben wollt, weil ich hier eine Weil aufgehalten werd. Ich hoff, daß wir noch oft zusammenkommen können. Dies soll Dir ein Trost sein.

Ich will keine Mühen scheuen und für Dich alles tun, was ich kann. Sei Gott befohlen. Ich reit heut noch weg und bin nicht vor Dienstag zurück.

[2]

FREUNDLICHE, HERZALLERLIEBSTE ANNA.

Ich laß Dich wissen, daß ich meinen Burschen zu einem Edelmann geschickt hab, der mir noch fünfunddreißig Gulden schuldig ist, aber niemand war daheim, und ich muß das Geld haben. Es ist mir viel dran gelegen. Ich bitt Dich gar freundlich, mir acht oder zehn Gulden zu leihen und mich nicht im Stich zu lassen. Du kannst mir das Geld mit dem nächsten Boten nach Leofels schicken. Du hast mein Wort, daß ich's Dir bald wiedergeben werd. Ich bitt Dich, laß mich nicht im Stich. Hab Vertrauen zu mir, ich will's mir verdienen. Und wenn Du das Geld nicht hast, weißt Du gewiß, wie Du's bekommen kannst.

123

Sei Gott befohlen, der Dir geben mög, was Dir lieb sei, aber ich hoff, nichts, was Dir lieber ist als ich. Dein D. T.

[3]

FREUNDLICHE, HERZLIEBSTE [ANNA].
Glaub mir, daß ich von Herzen gern bei Dir wär. Die Zeit ist mir so lang gewesen, seit ich das letzte Mal von Dir geschieden bin. Ich kann Dir nicht beschreiben, was mir geschehn ist, seit ich nicht mehr in Deiner Näh bin. So Gott will, werd ich in acht Tagen bei Dir sein und Abschied von Dir nehmen.

Ich bitt Dich, mach mir noch ein Armband. Ich hab eins zuwenig.

Ich kann jetzt nicht mehr weiterschreiben, weil der Bot schon wartet. Sei Gott befohlen, der Dir geben mög, was Dir lieb sei, aber nichts, was Dir lieber ist als ich.

Und ich bitt Dich freundlich, nicht wieder die Wallfahrt zu Sankt Erasmus zu machen[94], weil ich sonst nicht im Frieden mit Dir sein kann. Ich vertrau Dir. Dein D. T.

[4] [95]

FREUNDLICHES, LIEBSTES HERZ.
Ich wollt Dich wissen lassen, daß in vier Tagen niemand daheim sein wird. Darum bitt ich Dich freundlich, zu mir zu kommen, wenn Du kannst. Aber sei auf der Hut. Ich weiß wohl, was Dein Nachbar über Dich gesagt hat, also gib acht.

Ich wollt gern wissen, ob Du's gut mit mir meinst, wenn Du in Deinem Brief schreibst: «Je mehr meine Lieb zunimmt, desto mehr nimmt Deine ab.» Du wirfst mir vor, ich hätt Dich nicht recht lieb. Nun wollt ich doch gern wissen, was ich verbrochen hab. Du hast doch die Macht und Gewalt, mir zu gebieten und zu verbieten, und ich will von Herzen gern tun oder lassen, was Du willst.

Ach, Du mein Herzes Kron, Du zeigst mir tausendfach Deine Lieb. In Gottes Namen bitt ich Dich, Dich nicht gegen mich zu wenden. Aber ich stell's Dir anheim, ob Du kommst oder nicht. Dein Herz mög Dir raten. Hunderttausend gute Nächt. Geschrieben am Dienstag.

Und [sollt Gott Dir] was Lieberes geben als mich? Das glaub ich nicht!

[5]

FREUNDLICHES HERZ.

Ich kann derzeit nicht zu Dir kommen. Es ist was vorgefallen, was mit Geld zu tun hat. Und ich kann Dir auch den Nis [Nisin] nicht bis zum Freitag schicken. Wenn Du bis zum Freitag warten kannst, dann laß mich wissen, wo er Dich finden kann, und ich werd ihn zu Dir schicken. Es ist nicht gut, wenn er zu Dir nach Sulz kommt. Wenn Du's aber wünschst, dann schick ich ihn bis Donnerstag zu Dir. Viele gute Nächt. Grüß die Markgräfin tausendmal.[96]

[6]

FREUNDLICHES HERZ.

Ich hab Deinen Brief gelesen. Du schreibst, daß Du in der letzten Woch nach Rothenburg gegangen bist, um Deine Freunde zu besuchen. Das wär mir sehr gelegen gekommen. Ich wollt Dich schon wissen lassen [daß wir uns dort treffen könnten], aber ich hab Jörgen von Vellberg

125

zugesagt, daß ich mit ihm reit, und ich kann's ihm nicht abschlagen. Deshalb kann ich Dich nicht auf dem Weg nach Heilbronn treffen. Aber Nisin wird am Mittwoch, Donnerstag oder Freitag durch Hall kommen und bei Lienhard Mangolt[97] haltmachen. Halt nach ihm Ausschau. Ich kann auf dem Weg nach Heilbronn nicht zu Dir kommen, weil ich Sorg hab, daß Heinz Traub was merken könnt, wenn er weiß, daß ich in der Gegend bin. Wenn Du nach Kirchberg willst, dann muß es am nächsten Freitag sein. Laß mich wissen, wie Du Dich besonnen hast.

Sei Gott befohlen. In Eil. Wenn Du am Freitag kommen willst, laß mich wissen, ob Du früh oder spät kommst.

[7]

FREUNDLICHES, LIEBSTES HERZ.
Ich wünsch Dir viele hunderttausend gute Jahr[98] und alles, was Dir lieb ist. Ich laß Dich wissen, daß ich jetzt in Leofels bin und liebend gern zu Dir kommen würd. Ich hab nicht viel Ruh gehabt, seit ich zuletzt bei Dir gewesen bin. Es verlangt mich sehr nach Dir. Und wenn Dein Vater nicht da wär, würd ich nächsten Sonntag oder Montag zu Dir kommen. Schreib mir, wie ich zu Dir kommen soll, je heimlicher desto besser. Du kannst meinem Burschen Nachricht geben. Wenn Du mir jetzt so eilig nicht schreiben kannst, dann schick mir einen Boten. Schick ihn zum Kaplanshaus in Leofels; da wird er Bescheid kriegen.

Ich müßt bald mit Dir reden. Ich fürcht, ich muß Dir Dein großes Maul zerschlagen, denn ich hab gehört, daß Du immer noch Wallfahrten nach Sankt Gigien[99] machst. Ich hab allerlei erfahren, was ich nicht gern gehört hab.

126

Damit sei Gott befohlen, der Dir geben mög, was Dir lieb ist, doch nichts Lieberes als mich. Schreib mir, wie ich mich halten soll.

[8]

FREUNDLICHES, LIEBSTES HERZ.
Ich hab Deinen Brief bekommen und werd bis nächsten Dienstag bleiben, wie Du begehrt hast. Wiewohl es für mich sehr ungelegen kommt. Ich kann auch nicht länger warten, weil ich eilends fortreiten muß.

Wie Du mir geschrieben hast, hat Dir jemand was zugetragen. Laß mich wissen, wer es war und wie's Dir seither ergangen ist. Laß es den Pfaffen wissen, oder schick ihm den Brief. Er weiß Bescheid, wie Du weißt.

Ich bitt Dich, halt mich nicht länger [als bis Dienstag] auf, weil ich nicht länger warten kann. Schick es [100] mit dem Brief, denn es ist mir sehr dran gelegen. Damit sei Gott befohlen, der Dir geben mög, was Dir lieb ist, doch nichts Lieberes als mich.

[9]

FREUNDLICHES, ALLERLIEBSTES HERZ.
Dein Bot hat mich das letzte Mal nicht gefunden, aber ich hab in Deinem Brief verstanden, daß Dein Vater bald wegreiten wird. Schick mir Deinen Boten zum selben Ort, wo er mich das letzte Mal gesucht hat, und laß es mich wissen. Ich will da noch bis nächsten Sonntag oder Montag warten.

Es verlangt mich, zu Dir zu kommen, aber um unsrer Lieb willen kann's nicht sein. Ich sag Dir die Ursach, wenn

127

ich komm. Ich hätt Dir noch viel zu schreiben, aber ich vertrau dem Boten nicht, denn er hat noch nicht viel Erfahrung. Schreib mir, wie ich mich verhalten soll. Damit sei Gott befohlen, der Dir geben mög, was Dir lieb ist, doch nichts Lieberes als mich.

Dein beherzter [101]

[10]

FREUNDLICHES, ALLERHERZLIEBSTES HERZ.
Ich hatt gehofft, Antwort von Dir zu bekommen. Ich nehm an, daß die Sach [mit Deinem Vater] geregelt ist. Laß mich wissen, wie er sich gegen Dich hält. Ich werd Dich nicht im Stich lassen, ich versprech's Dir, hab keinen Zweifel dran.

Ich muß nächsten Donnerstag wieder zu meinem Herrn reiten, weil ich keine Erlaubnis hab, länger hierzubleiben. Aber ich will um den Sankt Vitustag [15. Juni] wieder hiersein. So werden wir bald wieder zusammensein. Mög Dir die Zeit bis dahin nicht schwer werden. Wenn Du keinen Boten hast, der in meine Richtung reitet, dann schick den Brief dem Pfaffen, der ihn mir, wie Du weißt, übergeben kann. Du findest mich am Sonntag und Donnerstag bis mittags in Leofels, aber nicht länger. Laß mich wissen, was Du in dieser Zeit vorhast. Damit sei Gott befohlen, der uns mit Freuden wieder zusammenbringen mög. An Meister Hannsen, Pfarrer zu Ramsberg. [102]

FREUNDLICHES, ALLERLIEBSTES HERZ.

Ich hab Dein Schreiben gelesen, und Du hast meine Beschwerd wohl vernommen. Wie ich Dir gestern gesagt hab, würd ich mich in große Schwierigkeiten bringen [wenn ich noch mehr sagen würd]. Aber laß noch ein Jahr ins Land gehen, und ich will mich dergestalt verhalten, daß Du sehen wirst, daß ich Dir einen Gefallen getan hab.[103] Und ich bitt Dich, laß Dir die Zeit nicht zu lang werden, denn ich hab große Hoffnungen für dieses Jahr und bau drauf, daß es mir viel Gutes bringen wird. Und laß Dich von der Sach [mit Deinem Vater] nicht zu sehr anfechten, auch wenn er Dich schon vor Deinen Verwandten schlechtmacht. Ich werd Dich nicht im Stich lassen.

Ich reit heut noch nach Vellberg, wo ich bis Donnerstag oder Freitag bleiben werd. Mein Bursch reitet wieder [nach Leofels] zurück. Ich schick ihn dann zu Dir. Laß mich wissen, was Dir geschieht. Ich will nicht von Dir lassen. Damit sei Gott befohlen.

D[aniel] Treutwein

FREUNDLICHE, LIEBE ANNA.

Ich hab Euer Schreiben gelesen und möcht Euch wissen lassen, daß ich heut noch wegreiten muß. Es ist mir sehr dran gelegen, und ich kann's nicht mehr rückgängig machen, deshalb kann ich auch nicht nach Lendsiedel kommen. Ich werd erst wieder am Sonntag in Leofels sein. Wisset, daß ich meinen Knecht heut zu Dr. Mangolt[104] geschickt und ihm was über unsre Lag angezeigt hab, wenn

Ihr also zu ihm gehn wollt, bin ich gewiß, daß er um meinetwillen sein Bestes für Euch tun wird.

Es befremdet mich nicht wenig, was Euer Vater Euch und mir vorwirft. Wenn ich sonst nichts hätt als das, was Ihr mir gegeben habt[105], wär ich davon nicht feist geworden; er tut mir unrecht, wenn er sagt, daß ich zu nächtlicher Stund wie ein Dieb in sein Haus geschlichen sei. Ich will mich kundig machen, und wenn's so ist, wie Ihr's mir anzeigt, dann soll er sehn, daß ich kein Gefallen an der Sach hab, denn ich hab mir nichts zu Schulden kommen lassen.

Der Bot, der den Brief von Euch gebracht hat, hat mir berichtet, daß der Obervogt ihm die Briefe gegeben hat.[106] Wenn Euch der Obervogt wohlgesinnt ist, dann weiht ihn ein [und schickt ihn] am nächsten Sonntag zu mir nach Leofels. Schüttet ihm Euer Herz aus, und laßt ihn wissen, daß Ihr meinetwegen, ohne Schuld, von Eurem Vater gejagt werdet. Ich muß drüber nachdenken, was mit ihm zu tun sei.[107] Das wollt ich Euch nicht verhehlen. Damit seid Gott befohlen.

D[aniel] T[reutwein]

[13]

FREUNDLICHES, ALLERLIEBSTES HERZ.

Ich hab Dein Schreiben gelesen und hätt so scharfe Wort nicht erwartet, wiewohl ich meines Wissens doch gar nichts Unredliches getan hab. Aber ich muß es wohl erdulden.

Es ist mein gar freundlich Bitt, daß Du einen Weg finden mögst, daß wir allein sein können. Ich hab was mit Dir zu bereden, was ich Dir nicht schreiben kann. Wenn wir nicht allein sein können, will ich überhaupt nicht kommen. Damit sei Gott befohlen, der Dir geben mög, was Dir lieb ist, doch nichts Lieberes als mich.

Dein beherzter

[14]

FREUNDLICHES, HERZALLERLIEBSTES HERZ.

Ich hab Dein Schreiben gelesen und laß Dich wissen, daß es eine wichtige Ursach gibt, warum ich nicht zu Dir kommen kann. Ich werd's Dir anzeigen, wenn ich bei Dir bin, was, so Gott will, bald sein wird.

Ich hab meinen Burschen nicht bei mir, aber bin mir gewiß, daß er am Donnerstag oder Freitag in Hall sein wird. Über ihn kannst Du mir all Deine Anliegen schreiben. Sag mir, womit ich Dir dienen kann. Du wirst mich willig finden.

Ich wollt von Herzen gern bei Dir sein, aber ich kann's wahrlich nicht zuwege bringen. Damit sei Gott befohlen, der Dir geben mög, was Dir lieb ist, doch nichts Lieberes als mich.

Dein D. T.

[15]

FREUNDLICHES, ALLERLIEBSTES HERZ.

Als ich zuletzt von Dir geschieden bin, hast Du zugesagt, es mir letzten Freitag zu schicken.[108] Ich hab drauf gewartet, sonst wär ich früher geritten. Ich bitt Dich, laß mich durch den Boten wissen, was die Ursach dafür war. Denn ich will und kann nicht länger als bis nächsten Sonntag warten.

Ich laß Dich wissen, daß ich noch krank bin. Ich wollt,

131

ich wär gesund und bei Dir, weil ich noch viel mit Dir zu bereden hab. Ich muß dies eilends schreiben, weil der Bot nicht länger warten kann. Ich hoff, ich werd bald wieder bei Dir sein. Damit sei Gott befohlen, der Dir geben mög, was Dir lieb ist, doch nichts Lieberes als mich.

Dein beherzter

[16]

FREUNDLICHES, ALLERLIEBSTES HERZ.
Ich bitt Dich noch einmal, mir zu glauben, daß ich von Herzen gern bei Dir wär. Aber ich muß Geleitdienst tun, wie Dir der Bot berichten kann. Aber so Gott will, werd ich nach Ostern zu Dir kommen. Ich muß noch allerlei mit Dir bereden, was sich nicht schreiben läßt.

Und ich bitt Dich, Dich so zu verhalten, daß sich die Leut nicht das Maul über Dich zerreißen. Damit sei Gott befohlen, der Dir geben mög, was Dir lieb ist, doch nichts Lieberes als mich. Ich bitt Dich, mir wieder Grieben machen zu lassen.

Dein D. T.

[17]

FREUNDLICHES, ALLERLIEBSTES HERZ.
Ich laß Dich wissen, daß ich noch nicht in Würzburg bin, aber daß ich gedenk, am Mittwoch morgen loszureiten, und will hiermit also Abschied von Dir nehmen. Ich bitt Dich, vergiß mich nicht. Erlaub mir zu trauern, weil ich so weit weg von Dir bin. Geb's Gott, daß ich immer bei Dir sein könnt! Ich würd gern anders von Dir Abschied nehmen, aber es soll sein.

Wenn Du Hilfe brauchst, schick einfach den alten Hann-sen [109] zum Kaplan nach Leofels; der kann mir Deinen Brief schicken oder mir berichten, wenn ich Dir behilflich sein kann. Was immer Dich bekümmert, so findest Du mich willig, Leib und Gut zu geben.

Darum, mein herzliebstes Annelin, nimm mein be-scheidenes Schreiben an. Und ich bitt Dich, geh nicht mehr auf Wallfahrt zu Sankt Erasmus, sonst ist's mit uns-rer Freundschaft aus. Damit sei Gott befohlen, der Dir ge-ben mög, was Dir lieb ist, doch nichts Lieberes als mich. Allein Dein

[18]

FREUNDLICHES, ALLERLIEBSTES HERZ.

Dein Schreiben ist gestern so spät angekommen, daß ich nicht zu Dir kommen konnt. Es ist mein freundlich Bitt, daß Du einen Weg finden mögst, daß wir uns alsbald tref-fen können, denn ich hab viel mit Dir zu bereden. Ver-trau's nicht zu vielen Leuten an; je stiller, desto lieber ist's mir. Damit sei Gott befohlen, der Dir geben mög, was Dir lieb ist, doch nichts Lieberes als mich.

[19]

MEINE HERZLIEBSTE ANNA.

Ich bitt Dich recht freundlich, mir einen Gulden oder einen halben zu leihen. Meine herzliebste Anna, es liegt mir viel daran, drum bitt ich Dich freundlich, mir einen zu geben, wenn Du einen hast. Ich will ihn Dir in vier Wochen wie-dergeben. Daran sollst Du keinen Zweifel haben. Ich bitt Dich, liebe Anna.

Das Ende der Liebschaften

Nachdem Erasmus von Annas Verhältnis mit Daniel erfahren hatte, begann er sich von ihr zu distanzieren. Er war davon überzeugt, daß diese Beziehung sie ihm entfremdet hatte. Es ist jedoch wahrscheinlicher, daß sich ihre Leidenschaft für Erasmus abgekühlt hatte, bevor Daniel auf der Bildfläche erschien, denn Erasmus war häufig unterwegs, und seine Liebe zu ihr war nie ganz selbstlos gewesen. Aber auch nachdem beide erkannt hatten, daß ihre Beziehung keine Zukunft hatte, hielten sie weiterhin daran fest. Anna hatte gute Gründe dafür. Da sich das Verhältnis zu ihrem Vater wegen Daniel zunehmend verschlechterte, war sie auf den Rat und die finanzielle Unterstützung eines einflußreichen Verbündeten angewiesen.

Erasmus jedoch hatte jetzt weniger Grund, gegenüber Anna loyal zu sein. Wenn die Affäre mit Daniel ihm auch nicht das Herz brach, ging sie doch nicht spurlos an ihm vorüber. «Die alte Liebe», wie er sie gern bezeichnete, war erloschen. Obwohl er ihr nach wie vor seine Ergebenheit beteuerte und ihr weiterhin seine Hilfe anbot, wollte er doch im Grunde nichts mehr mit ihr zu tun haben, wie sie nach und nach schmerzlich feststellen mußte.

Zwei Briefe von Erasmus aus dem Jahr 1524 machen deutlich, daß sie sich schon längere Zeit nicht mehr geschrieben hatten, was gewiß daran lag, daß ihre Beziehung zu Daniel intensiver wurde. Erasmus warnte sie vor einem allzu voreiligen Handeln und bezog sich damit offenbar auf ihre Absicht, rechtliche Schritte gegen ihren Vater einzuleiten, bevor dieser gegen sie vorging, etwas, was auch Daniels Briefe andeuten. Zumindest informierte sich Anna über ihre Rechte als abhängige Tochter. Im 16. Jahrhundert befand sich eine unverheiratete Frau Ende Zwanzig, die von einem verwitweten Vater abhängig war, der sie noch dazu für ein Flittchen hielt, in einer äußerst prekären Position. Sie mußte damit rechnen, körperlich gezüchtigt, verbannt oder enterbt zu werden.

Erasmus bekundete jetzt den ernsthaften Wunsch, sich mit ihr zu treffen und gemeinsam ihre weitere Vorgehensweise zu planen. Eine Krankheit hinderte ihn jedoch daran.

24 ERASMUS AN ANNA (1524)

Herzallerliebste Jungfrau Anna. Mich hat ein wenig befremdet, daß Ihr mir so lange Zeit nicht geschrieben habt. Und wiewohl Ihr Euch anders besonnen habt und mir jetzt schreibt, was Ihr willens seid, fürderhin zu tun, so weiß Gott, daß es mir nicht lieb ist, und ich hoff, daß Ihr es Euch anders überlegen mögt, damit es Euch keinen Nachteil bringt.

Herzallerliebste Jungfrau Anna, [ich weiß, daß] Ihr begehrt, daß ich zu Euch komm, aber um Euch anzuzeigen, daß es besser wär, wenn Ihr zu mir nach Birklingen[110] kämt, laß ich Euch wissen, daß ich ein schadhaftes Bein hab und bei Gott dem Allmächtigen weder reiten kann noch darf. Ich hab vor zwei Tagen meinen Diener nach Ansbach geschickt, damit er an meiner Statt auf den Bescheid meines gnädigen Herrn wartet, weil ich nicht reiten kann. Ich bin gewiß, daß mein Bursche in acht Tagen wieder hier ist, alsdann will ich den Schmerz erleiden und mich heimlich mit Euch in Birklingen treffen, damit nicht viel Leut davon erfahrn. So Gott will, kann ich dann reiten und zu Euch kommen und alles Notdürftige mit Euch bereden. Darum, herzliebste Jungfrau Anna, laßt mich wissen, ob Ihr in acht Tagen nach Birklingen kommen könnt. Ist es Euch möglich, so will ich zu Euch kommen, weil ich vielerlei mit Euch zu bereden hätt. Damit viele hunderttausend gute Nächt. Dem Boten hab ich einen viertel Gulden gegeben [Ihr braucht ihm also nichts zu geben]. So Gott will, möget Ihr zu Gnaden kommen.[111] Wenn nur Gott mir Gesundheit geben wollt! Ich hoff, Eure Sach sollt besser werden. Geschrieben in 1524.

25 ERASMUS AN ANNA [1524]
Herzliebste Jungfrau Anna. Ihr begehrt, daß ich sofort nach Birklingen komm, um mich mit Euch zu treffen, doch Ihr sollt wissen, daß ich auf Treu und Glauben weder reiten noch gehen darf und morgen ganz und gar darniederliegen werd. Ich bitt Euch freundlich, nicht verdrießlich zu sein, denn obwohl ich gern kommen wollt, so vermag ich's doch bei Gott und all seinen Heiligen derzeit nicht. Und ich will Euch meinen Burschen schicken, der Euch berichten wird, wie's mir geht. Geb Gott, daß mir's bald bessergeht.

Herzliebste Jungfrau Anna, denkt nur das Beste [über mich], und wenn's möglich ist, so reist nicht ab [bevor ich nach Birklingen kommen kann], weil ich vielerlei mit Euch zu bereden hab. Damit viele hunderttausend gute Nächt.

Erasmus' nächster Brief deutet an, daß er nicht nur unter einem kranken Bein leidet. Er eröffnet ihr, daß er auch an der Syphilis erkrankt ist. Für Europäer war die Syphilis damals eine beängstigende neue Infektionskrankheit, auch wenn man sie durch Prophylaxe und medizinische Behandlung besser in den Griff bekam als die Beulenpest, deren Erreger *(Yersinia pestis)* sich in das Verdauungssystem von Flöhen einnistete. Man wußte, daß der Erreger der Syphilis durch Scheidensekretionen von Prostituierten übertragen wurde und daß man Bäder und andere Orte, wo Prostituierte verkehrten, meiden sollte. In den dreißiger Jahren des 16. Jahrhunderts – und bis ins 19. Jahrhundert hinein – wurde die

Krankheit mit einer Quecksilbersalbe behandelt, einer Erfindung des Schweizer Alchemisten und Arztes Paracelsus (1493–1541). Wegen ihrer schnellen Verbreitung war die Krankheit in der ersten Hälfte des Jahrhunderts ein häufiges Gesprächsthema zwischen Eltern und Kindern. Vor allem Kinder, die ihr Elternhaus verließen, um zu studieren, zu arbeiten oder sich in der Welt umzusehen, wurden vor ihr gewarnt. Leo Ravensburg, ein Augsburger Patrizier und Teilhaber des berühmten Welser Bank- und Handelshauses, riet seinem vierzehnjährigen Sohn, der 1539 Augsburg verließ, um eine Lehre in Lyon zu beginnen: «Halte dich von unredlichen Frauen fern, damit du nicht die Pocken und andere Krankheiten bekommst, die von ihnen stammen.» [112]

Für Erasmus jedoch war es für Prophylaxe und Warnungen zu spät. Das «böse Bein», an dem er litt, rührte vermutlich von der Syphilis. Er schreibt Anna aus Würzburg, wo er sich gerade einer «Pockholzkur» [113] unterzieht, bei der man regelmäßig große Mengen von Tee trinken mußte, der aus dem Holz des Guajakbaums gebraut wurde, im Volksmund als «Pockholz» [114] bekannt. Für Erasmus war es das letzte von einer Reihe von Heilmitteln, die er ohne Erfolg ausprobiert hatte. Auch finanziell ging es ihm schlecht, und er war nicht in der Lage, Anna die Summe zu leihen, die sie so dringend benötigte.

26 ERASMUS AN ANNA

[SOMMER 1524]

Herzliebste Jungfrau Anna. Euer Schreiben hab ich gelesen. Unter anderem bittet Ihr mich, Euch zwanzig Gulden zu leihen, welche ich bei meiner Seel Seligkeit nicht hab. Und ich muß am Mittwoch oder Donnerstag in Würzburg die Holzkur machen. Ich hab viel versucht, hab aber trotzdem nicht gesund werden können. Deshalb werd ich auch fürderhin alles versuchen.

Wiewohl ich seit meiner letzten Heimfahrt selbst nicht weiß, woher ich Geld bekommen soll, weil mein Bruder keins hat.[115] Alles, was er gehabt hat, hat er für die Zinsen am Peter-und-Paul-Tag [29. Juni] geben müssen. Auch hab ich im Sommer hundert Gulden von ihm geliehen, die ich ihm in acht Tagen auf Treu und Glauben zurückzahlen muß, obwohl ich noch keinen Heller hab und bei Gott nicht weiß, wo ich's herbekommen soll. Auch wird mich das Einlegen in Würzburg allerwenigstens dreißig Gulden kosten, und ich weiß nicht, wo ich sie herbekommen soll.

Herzliebste Jungfrau Anna, ich bitt Euch, mir nicht zu zürnen, daß ich Euch nicht helf. Glaubt mir, wenn ich welches hätt, würd ich's Euch ungebeten geben. Hilft mir Gott aber, daß ich gesund werd, so will ich mir eine List erdenken, damit Eure Sach besser werden möcht. Gott ist mein Zeuge, daß ich derzeit nicht reiten kann und seit elf Wochen auf kein Pferd mehr gestiegen bin und ich seitdem nichts mehr anfangen kann. Aber sobald mir Gott Gesundheit schenkt, will ich mich rechtschaffen gegen Euch verhalten, wiewohl Ihr mir's nicht zutraut.

Damit viele tausend gute Nächt. Ich bitt Euch auch, mir nicht zu zürnen und mir ab und an zu schreiben.

E[rasmus]

In Annas nächstem Brief bittet sie ihn wieder um Geld und Rat, und Erasmus entschuldigt sich wieder, daß er zu krank sei und zudem keinen Pfennig habe. Er stellt jedoch klar, daß er, selbst wenn er Geld hätte – was hoffentlich bald der Fall sein würde –, nicht der großzügige Gönner sei, auf den sie hoffte.

Herzliebste Jungfrau Anna. Ihr schreibt mir, daß ich zu Euch kommen soll, aber Gott weiß, daß es nicht geschehen kann, da ich schadhaftig bin und es wahrlich zu befürchten ist, daß ich drei oder vier Wochen nirgends werd hinreiten können. Aber sobald ich gesund bin, muß ich nach Ansbach an den Hof. Alsdann laßt in drei oder vier Wochen wieder von Euch hören, und ich werd dann zu Euch kommen und Euch meine Meinung kundtun, damit Eure Lag möcht besser werden.

Herzallerliebste Jungfrau, da Ihr mich gebeten habt, Euch dreihundert Gulden zu schicken, so darf ich Euch bei meiner Seel Seligkeit sagen, daß ich sie nicht hab. Aber sobald mir Gott hilft, nach Ansbach zu kommen, werd ich mein eignes Geld haben und Euer Vertrauen nicht enttäuschen. Darum herzallerliebste Jungfrau Anna laßt Euch die Sach nicht gar so sehr anfechten. Es gibt einen Gott, der will Euer Glück und Heil.

Herzallerliebste Jungfrau Anna, es gibt gar viel, was ich Euch klagen will, deshalb schickt in drei oder vier Wochen auf meine Kosten einen Boten zu mir. Und sobald mir Gott hilft, nach Ansbach zu kommen, so hoff ich, Euch mit zwei Gulden aushelfen zu können. Aber bei meiner letzten Heimfahrt hat mir mein Vater nichts gegeben, weil ich nicht mehr fern von daheim war, und davor auch nichts. Viele hunderttausend gute Nächt.

Anna faßte diesen Brief wahrscheinlich als leeres Versprechen auf, denn Erasmus schlug ihr jetzt zum drittenmal ihre Bitte um Geld ab. Hinzu kam, daß sich der Konflikt mit ihrem Vater zuspitzte und sie sich dringend nach einer anderen Unterkunft umsehen mußte. Erasmus war noch immer ihr einflußreichster Freund, und kaum jemand kannte ihre Schwierigkeiten besser als er. Er verfügte über die nötigen

Beziehungen, um ihr außerhalb von Hall eine vorübergehende Bleibe zu vermitteln und sie der Obhut von jemandem anzuvertrauen, der mächtig genug war, ihrem Vater die Stirn zu bieten. Diese Person sollte die Markgräfin von Hohenlohe sein, deren Nichte Elisabeth zuvor Annas Meinung über Erasmus' Heiratsabsichten eingeholt hatte.[116]

Die Grafschaft Hohenlohe nahm einen großen Teil des Gebiets nördlich von Hall ein, und die fürstliche Familie besaß Burgen in Öhringen und Neuenstein, beide bequem von Hall aus zu erreichen. Anna und Erasmus, dessen Ururgroßmutter Elisabeth eine Hohenloherin war, hatten sich wahrscheinlich dort in glücklicheren Zeiten getroffen. Ebenso wie die Schenken von Limpurg gehörte das Haus Hohenlohe zu den Erzfeinden Halls – ihre Fehden reichten bis ins 14. Jahrhundert zurück – und war nur allzu gern bereit, Anna Zuflucht zu gewähren. Jetzt, da ihr Vater ihre Briefe gelesen hatte und von ihrem Verhältnis wußte, war Erasmus in Annas Augen moralisch dazu verpflichtet, ihr zu helfen.

Da Erasmus klargestellt hatte, daß er weder zu ihr kommen konnte noch wollte, schlug sie auf liebenswürdigste Weise vor, sich mit ihm zu seinen Konditionen zu treffen. Ihre abschließenden Worte verraten jedoch ihre wahren Gefühle: Während sie ihm in früheren Briefen «viele hundert gute Nächt» gewünscht hatte, wünscht sie ihm jetzt nur noch «viele gute Tag».

28 ANNA AN ERASMUS (UNDATIERT)

Wohlgeborener, gnädiger Herr, es ist meine untertänigste Bitt, herzallerlieber Herr. Es befremdet mich sehr, daß ich was verschuldet hab, weshalb Euer Gnaden hat nicht zu mir rauskommen wollen. Es liegt in Gottes Hand, ob ich um euretwegen um Leib, Ehr und Gut komm.

Gnädiger Herr, es ist meine herzfreundliche Bitt an Euer Gnad, daß Ihr zu mir kommen mögt, wann immer es

Euch beliebt. Aber wenn Euer Gnaden nicht zu mir kommen wollen, so ist es meine Bitt an Euch, mich wissen zu lassen, wie ich zur Markgräfin kommen kann, wenn's der Teufel will und mein Vater und seine Sippschaft mich einholen.

Herzliebster Herr, wie ich Euch gebeten hab und obwohl Ihr zugesagt habt, daß Ihr mir helfen wollt, wenn Eure Lag besser wird, kann ich nicht verstehen, warum Ihr's nicht tut ...

Herzliebster Herr, laßt mich baldigst wissen, wie ich zur Markgräfin kommen kann. Herzliebster Herr, mir ist sehr dran gelegen. Damit viele gute Tag.

Erasmus' beide letzten Briefe gehen auf Annas Ängste ein und schließen die Korrespondenz ab. Nie zuvor war er so einfühlsam und, seltsamerweise, so religiös. Er macht wie immer vage Versprechungen, teilt ihr aber auch endlich seine versprochene Lösung für ihre Probleme mit.

29 ERASMUS AN ANNA (UNDATIERT)

Herzallerliebste Jungfrau Anna. Wie ich Euch vormals geschrieben hab, laßt's gut sein und habt Geduld. So Gott will, wird sich alles klären.

Ich wollt Euch gern viel schreiben, aber ich hab's nicht können. Ich vermag Euch nur zu raten, vertraut auf Gott den Allmächtigen, er wird schon alles nach unsren Wünschen richten, und derweil werd ich mancherlei erdenken, auf daß sich alles zum Guten wenden mög.

Deshalb seid guter Ding und denkt dran: auf Betrübnis folgt jede Freud. Gott wird's schon richten. Damit geb Euch Gott viele hunderttausend gute Nächt. In Eil geschrieben.

Herzallerliebste Jungfrau Anna. Ich hab Euer Schreiben gelesen, und Gott weiß, es gefällt mir nicht, daß es Euch so übel ergeht. Wiewohl Ihr, daran ich kein Zweifel hab, Hoffnung in mich setzt und mich um Rat fragt – und ich hoff, Ihr meint's nicht bös und falsch –, beklagt Ihr Euch auch, wenn ich Euch recht versteh, daß ich Euch nicht helfen und raten wollt. Wenn ich guten Rat für Euch wüßt, bei Gott, ich würd's von Herzen gern tun.

Herzallerliebste Jungfrau, auch wenn's Euch jetzt übel ergeht, laßt Euch nicht anfechten. Denn ich will alles tun, was mir möglich ist, um Euch in Eurer Lag zu helfen. Auf meine Ehr, habt keine Sorg, daß ich ein falsches Spiel mit Euch treiben will, ich hoff auch, daß Ihr's nicht mit mir macht. Drum seid getröstet, und bittet die Euren drum, daß Ihr wieder heimkommen dürft.

Herzallerliebste Jungfrau Anna, bei meiner Ehr, ich will Euch nicht im Stich lassen, obwohl Ihr gesagt habt, daß es noch nicht mal den Teufel scheren würd, wenn ich's tät. Damit wünsch ich Euch viele hunderttausend gute Nächt, und seid guten Muts, verzagt nicht, ich mein's gut und hoff, daß Ihr's auch tut. In Eil geschrieben.

Erasmus' Rat – auf Gott zu bauen und ihren Vater zu bitten, sie wiederaufzunehmen – war keine realistische Lösung für Annas Problem. Sie und ihr Vater hatten schon lange einen Punkt erreicht, an dem es kein Zurück mehr gab; keiner von beiden konnte jetzt klein beigeben. Anna benötigte dringend eine Bleibe. Und wenn ihr auch Gott ihr schändliches Verhalten verziehen haben mochte, so war ihr Vater – und mit ihm die meisten Haller – keineswegs willens, Gnade vor Recht ergehen zu lassen. Aber andererseits war auch Anna nicht bereit, die Behandlung, die sie durch die Hand ihres Vaters und – durch Unterlassung – vom Rat der Stadt Hall erfahren hatte, einfach zu vergeben und zu vergessen. Indem er ihr riet, demütig zu ihrem Vater zurückzukehren, überließ Erasmus sie ihrem Schicksal.

Was Erasmus' eigenes Privatleben anging, so heiratete er die Gräfin Anna von Lodron (gest. 1556), Tochter einer wohlhabenden Südtiroler Familie und Witwe des Feldhauptmanns Georg von Frundsberg, der Söldnerheere befehligte. Die beiden sind mit ihren Kindern in einem Epitaph in der Schenkenkapelle im Kloster Komburg verewigt. Sie knien einander zugewandt unter dem gekreuzigten Christus, Erasmus auf dem Rücken eines Löwen, Symbol der Macht und der Autorität, Anna auf dem eines Hundes, Symbol der Loyalität und Treue. Ihr Sohn Friedrich kniet hinter seinem Vater, ihre Töchter Maria und Katharina hinter ihrer Mutter. Vier Wappen, zwei am Sockel der Skulptur und zwei, die Christus' Kreuz einrahmen, symbolisieren die väterliche und mütterliche Linie. Die Inschrift darunter lautet:

Am 25. Februar 1553 verstarb der edle Herr Erasmus, Herr von Limpurg, freier Erbschenk des Heiligen Römischen Reiches. Möge Gott sich seiner erbarmen.[117]

Und wie stand es mit Daniel Treutwein, dem Mann mit dem weniger wankelmütigen Herzen, der Anna in früheren Notzeiten immer mit Rat und Tat zur Seite gestanden und ihr ewige Treue geschworen hatte? Seine Spuren lassen sich bis etwa 1527 verfolgen, und es gibt einige Hinweise, daß sich Anna Ende 1525 auf die Suche nach ihm machte.[118] Zu diesem Zeitpunkt jedoch war er bereits ebenso wie Erasmus still und leise aus ihrem Leben verschwunden. Vielleicht war es ihrem Vater gelungen, ihn davon zu überzeugen, daß Anna den Kummer nicht wert war, den eine Weiterführung der Beziehung mit sich gebracht hätte. Vielleicht waren ihm – oder auch ihrem Vater – das Dreiecksverhältnis und der drohende Skandal zuviel geworden. Wahrscheinlicher ist es, daß Daniel seine wiederholte Drohung, sie zu verlassen, falls sie sich weiterhin mit Erasmus träfe, wahr gemacht hatte. Die «Wallfahrten zu St. Erasmus» hatten den ansonsten so verständnisvollen Liebhaber derart aufgebracht, daß er ihr sogar eine Tracht Prügel angedroht hatte.

Die äußeren Umstände belasteten die Beziehung ebenso wie Daniels Angst vor ihrem Vater und seine Eifersucht auf Erasmus. Daniels Militärdienst zwang ihn, öfter unterwegs zu sein, und verhinderte, daß sich eine feste Beziehung zwischen ihm und Anna entwickeln konnte. Vielleicht verloren sich die beiden einfach aus den Augen. Gewiß führte Daniel, nachdem er Amtmann von Boxberg geworden war, auch ohne Anna ein ausgefülltes Leben. Über seinen weiteren Lebensweg ist uns allerdings nichts bekannt. Vielleicht wurde er auf einer militärischen Mission oder als Verräter durch die Hand des Schwäbischen Bundes getötet; vielleicht war ihm auch ein langes Leben beschieden, und er konnte sich in Boxberg einen Namen machen.

Auf der Flucht

Hotel «Der Adelshof»

Das Büschlerhaus am Marktplatz gehört heute zum Hotel Adelshof, dem vornehmsten Hotel Halls. In den unteren Stockwerken residierte einst der Reichsschultheiß, der Repräsentant des Kaisers, der seit dem 12. Jahrhundert in Hall für Recht und Ordnung sorgte. Daran schloß sich der Königshof an, den der Kaiser während seiner gelegentlichen Besuche bewohnte. Im 14. und 15. Jahrhundert diente das Gebäude als Amtssitz des Bürgermeisters von Hall. Im 16. Jahrhundert war es Hermann Büschlers Privathaus und später der Sitz seiner Amtsnachfolger. Danach befand sich hier der Ratskeller.

Als Hermann Büschler Annas Briefe las, bestätigten sich seine schlimmsten Befürchtungen. Doch er war kein Mann, der sich Gefühlen wie Schmerz und Enttäuschung überließ. Anna bekam bald den Zorn eines Mannes zu spüren, der nicht allein das Rechtswesen Halls bis zu seinem Tod achtzehn Jahre später beschäftigte, sondern der seine Tochter noch bis zu ihrem eigenen Tod, neun Jahre später, verfolgen sollte.

Das 16. Jahrhundert war eine Zeit, in der jeder seinen festen Platz innerhalb der Gesellschaft einnahm und sich seinem Status gemäß zu verhalten hatte. In den Städten wohnte man, je nach Zunft und Berufsstand, in bestimmten Straßen oder Vierteln und kleidete sich entsprechend seiner Standeszugehörigkeit. Wer sich über seinen gesellschaftlichen Status hinwegsetzte oder gegen die geltenden Verhaltensnormen verstieß, verunsicherte seine Nachbarn und störte die öffentliche Ordnung. Die umfangreichen Gesetze des frühneuzeitlichen (1594) Nürnberg, einer mustergültigen deutschen Stadt, setzten ein solches Verhalten mit einer Todsünde gleich. Unter dem Titel «Verneute Ordnung und Verbott der Hoffart, eines... weisen Raths der Statt Nürnberg» erschien 1618 eine Neufassung der traditionellen städtischen Kleiderordnung, die vorschrieb, «was unter ihrer Burgerschaft... jedem in seinem Stand..., in Beklaidungen zugelassen und verbotten wird».[1] Wer sich nicht standesgemäß kleidete oder sein Haus über das zulässige Maß hinaus verschönerte, galt schnell als eigensinnig und disziplinlos – Eigenschaften, die deswegen so verpönt waren, weil man fürchtete, sie könnten sich womöglich zu Aufmüpfigkeit und offenem Widerstand auswachsen. Aus diesem Grund drohten die Nürnberger Gesetze jedem, der vorsätzlich die öffentliche Ordnung bedrohte, drakonische Strafen an; wer sich des

Meineids schuldig gemacht hatte, dem hackte man zwei Fin-
gerglieder ab; wer Gott lästerte oder die Obrigkeit ver-
höhnte, dem wurde die Zunge abgeschnitten.[2]

Nachdem der Engländer William Smith im Auftrag seiner
Regierung vier Monate in Nürnberg verbracht hatte, um das
städtische Leben zu studieren, kam er zu dem Schluß, daß die
Ehrlichkeit, Höflichkeit und Gesetzestreue ihrer Bürger auf
die Sauberkeit und Ordnung in der Stadt und die Weisheit und
Wachsamkeit der Gesetzgeber zurückzuführen sei.

«Es gibt 528 gepflasterte Straßen und Gassen ... Die Straßen sind schön und breit ... und werden auch saubergehal-
ten. Nirgends sieht man Misthaufen in den Straßen,
höchstens in einigen abseits gelegenen Ecken. Es ist auch
nicht üblich, auf der Straße zu urinieren oder vor 10 Uhr
abends Urin oder anderen Abfall herauszuwerfen. Wer es
trotzdem tut, kann mit 20 Talern Geldstrafe und Gefängnis bestraft werden. Sie sind so genau mit der Sauberhal-
tung ihrer Stadt, daß sie ihren Bürgern, auch wenn jemand
einen Hof oder ein Rückgebäude hat, ... nicht gestatten,
ein Schwein zu halten, sondern nur ein Ferkel, und das
nicht länger, als bis es ½ Jahr alt ist ...

Diese Stadt wird von einem weisen und klugen Stadtrat
regiert, den bereits erwähnten Edelleuten ... Durch diese
geschickte und weise Verwaltung werden die Leute zu
Ruhe, Pflicht und Gehorsam angehalten. Denn ich glaube,
daß es keine Stadt in der Welt gibt, wo die Leute höflicher
sind ... Ich habe einmal gelesen, daß vor ungefähr 100 Jahren einer der größten Potentaten Deutschlands in diese
Stadt kam und Anton Tucher (zu der Zeit einer der wichtigsten Räte der Stadt) fragte, wie er die Leute so ruhig
halten könne, obgleich sie doch so zahlreich wären. A. Tucher antwortete: Indem man zu den Guten wohlwollend
ist und die Schlechten bestraft ...

Es ist dort nicht gebräuchlich wie in England, daß beim Kauf oder der Übereignung von Land oder Häusern, bei Eheschließungen oder anderen wichtigen Angelegenheiten jemand ein Schreiben aufsetzt, es unterschreibt und versiegelt; es wird vielmehr von 2 Herren des Größeren Rats versiegelt und wird damit rechtlich bindend. Sie brauchen daher nicht so viele Juristen und Schreiber. Denn außer den Kanzleischreibern und Ratskonsulenten kenne ich nicht mehr als 2 Notare in der ganzen Stadt. So wahr und gerecht sind sie in ihren Verhandlungen, daß ihr Wort als Verpflichtung gilt ... So ehrlich und wahr sind sie, daß man jeden Geldbeutel oder jedes Schmuckstück, das man auf der Straße verliert, bestimmt wieder zurückbekommt. Ich wünschte, es wäre so in London.»[3]

Bestimmte Grundtugenden und eine äußere Ordnung erhalten verständlicherweise besonders viel Bedeutung, wenn sich Menschen außergewöhnlichen Ereignissen (Hungersnöten, Fehden, Seuchen, Aufständen) ausgeliefert fühlen, die sie weder verstehen noch kontrollieren können, wie es zu Annas Lebzeiten der Fall war. Die Sicherheit einer Familie in Notzeiten oder auch die Bewältigung des ganz normalen Alltags konnten dann ganz entscheidend davon abhängen, welches Ansehen man in der Nachbarschaft genoß. Deshalb hätten im 16. Jahrhundert vermutlich die meisten Eltern Hermann Büschlers Zorn über seine leichtfertige Tochter, die seiner Ehre und seinem Ansehen so empfindlich geschadet hatte, nur allzu gut verstehen können. Damals konnten Kinder oder Jugendliche ihren Eltern nichts Schlimmeres antun, als der eigenen Familie Schande zu bereiten, was man ihnen in Schule, Kirche und Familienkreis auch beizeiten einbleute.[4] Ein Kind, das sich über dieses oberste Gebot hinwegsetzte, zeigte sich seinen Eltern gegenüber nicht nur äußerst undankbar – schließlich hatten diese es ernährt und aufgezogen, es auf die Schule geschickt und würden ihm später ein Erbe hinterlassen –, sondern es beschwor böses Gerede, gesellschaftliche Ächtung und möglicherweise sogar den gesellschaftlichen Abstieg der ganzen Familie herauf. Aus diesem Grund stellten sich auch die meisten Zeugen, die sich später zu Annas Vertreibung aus dem Elternhaus äußerten, auf die Seite des Bürgermeisters und dankten dem Schicksal, daß es ihnen die Schmach eines so eigensinnigen und ungehorsamen Kindes erspart hatte.

Für Anna hingegen zeugte das Verhalten ihres Vaters nicht von berechtigtem Zorn, sondern von einem «unväterlichen Herzen», das weder elterliche Liebe noch elterliches Pflichtgefühl kannte.[5] Bis zu ihrem Lebensende beharrte sie darauf, daß er sie ohne gerechtfertigten Grund aus dem Haus geworfen habe.[6] Sie war davon überzeugt, daß nicht sie, sondern er unter einer fatalen Charakterschwäche litt und daß er ihr großes Unrecht angetan hatte, indem er seine väterliche Pflicht, sie standesgemäß zu verheiraten, grob vernachlässigt habe. «Wenn sich Hermann Büschlers Tochter ungebührlich gegen ihren Vater verhalten hat», hieß es im ersten Schriftsatz ihres Anwalts, «oder wenn dieser von irgendwelchem schändlichen, liederlichen oder frevelhaften Benehmen seiner Tochter wußte, so hätte er sich, wie es sich für einen Vater geziemt, der Sache annehmen und sie durch eine Heirat oder einen anderen ehrenhaften Ausweg zur Vernunft bringen müssen.»[7]

Als ihr Vater sie auf die Straße setzte und ihr jede weitere Unterstützung versagte, wandte sich Anna zunächst an ihre nächsten Verwandten in Hall, um nicht betteln oder sich gar prostituieren zu müssen.[8] Sie wohnte drei Tage bei ihrem Vetter Konrad Büschler sen. Doch ihr Vater wußte jede weitere Hilfe zu unterbinden, indem er ihre Verwandtschaft in Hall und in Rothenburg über ihre moralischen Verfehlungen informierte und drohte, jeden zu bestrafen, der Anna unterstützte oder bei sich aufnahm. Nach Aussagen ihres Vetters, des Rothenburger Bürgermeisters Hans Hornberger, waren Annas Verwandte alles andere als erpicht darauf, weiteren Umgang mit Anna zu pflegen, nachdem ihr Vater sie aus beiden Städten praktisch «verbannt» hatte.[9]

Von da an wurde es für Anna immer schwieriger, eine Bleibe zu finden. Barbara Dollen, die Magd ihres Vaters, berichtete, daß Anna auf dem Gutshof, wo ihr (Dollens) Vater arbeitete, für eine Woche Unterschlupf gefunden hätte.[10] Als Anna merkte, wie widerstrebend Freunde und Verwandte in der näheren Umgebung sie aufnahmen, wurde ihr klar, daß sie den Nachstellungen ihres Vaters nur entkommen konnte, wenn sie fern der Stadt ein neues Leben begann.

Bevor sie sich jedoch auf den Weg machte, setzten sich verschiedene Leute für sie ein und versuchten, ihren Vater dazu zu überreden, Anna wieder in seine Obhut zu nehmen.[11] Doch Barbara Dollen – die allen Grund hatte, Anna nicht zu mögen und sich bei ihrem Vater einzuschmeicheln – war die einzige unter den vierzig Zeugen, die berichtete, daß Hermann Büschler bereit gewesen sei, seine Tochter wieder bei sich aufzunehmen.[12] Möglicherweise hatte Büschler tief in seinem Innern so empfunden. Es gibt jedoch keinerlei Hinweis darauf, daß Anna je wieder freiwillig sein Haus betrat.

Und so brach Anna mit ihren wenigen Habseligkeiten auf und zog im Land umher. Sie nahm dankbar jede Unterstützung und jedes Übernachtungsangebot an und verkehrte mit «allerlei liederlichem Gesindel», was nicht nur ihr feindlich gesinnte Zeugen aussagten.[13] In ihrer Situation konnte sie es sich nicht leisten, wählerisch zu sein. Da sie damals noch praktizierende Katholikin war, suchte sie möglicherweise auch einige Zeit in einem Kloster Zuflucht, was zur damaligen Zeit unter mißhandelten und heimatlosen Frauen durchaus üblich war. Allerdings entsprach ein solcher Unterschlupf gewiß nicht ihren Idealvorstellungen.

Neue Freunde – neue Feinde

Auf ihrem Weg zu ihrer Verwandtschaft in Rothenburg fand Anna beim Schmied von Weißenbach eine Bleibe.[14] Doch das Schicksal wollte es, daß zur selben Zeit Apollonia Prenner, die Frau des Bürgermeisters von Blaufelden, in Weißenbach zu Besuch war und Annas Vater über den Aufenthaltsort und die weiteren Pläne seiner Tochter informierte. Offenbar sah sie es nicht gern, daß sich ihr Mann für Anna einsetzte, indem er bei seinen einflußreichen Verwandten in Dinkelsbühl um Unterstützung für ihr Anliegen warb. Man wollte Annas Fall vor das in Esslingen ansässige Reichskammergericht bringen, um zu erreichen, daß die Stadt Hall, die letztlich über Streitigkeiten mit ihrem Vater zu befinden hatte, über die Sache verhandelte. Doch das gutgemeinte Engagement des Bürgermeisters machte seiner Frau, die sich gerade von einer Entbindung erholte, große Sorgen. Offenbar befürchtete sie, daß Hermann Büschler von den Anstrengungen ihres Gatten erfahren könnte, wenn diese Bemühungen zu einer Klage gegen Büschler in Hall führten. Und da nicht nur die Gerüchte über Anna, sondern auch die Warnungen ihres Vaters bis nach Blaufelden vorgedrungen waren, beunruhigten Apollonia möglicherweise auch die engen Kontakte, die ihr Gatte zu der verrufenen jungen Frau aus Hall pflegte. Und so schrieb sie Annas Vater den folgenden, besorgten Brief:

«Nachdem Eure Tochter Euch verlassen hat, ist sie nach Weißenbach gekommen und hat beim Schmied gewohnt. Ich wollt, sie würd mich und die meinen in Frieden lassen. Sie sagt, daß sie Euer Gnaden vor dem Reichskammergericht großen Schaden zufügen will.[15] Ich bin nur eine arme Frau, die im Kindbett liegt und die die Sach wahrlich dauert. Aber wenn Euer Gnaden nicht willens ist, der Sach Einhalt zu gebieten, muß ich's, so leid's mir tut, selber tun. Deshalb bitt ich Euer Gnaden, laßt's nicht so weit kommen. Erbarmt Euch einer armen Frau, und holt sie fort von hier.»[16]

Verhandlung in Hall

Die Informationen, die Apollonia an Hermann Büschler weitergab, erwiesen sich als völlig zutreffend. Nicht lange nachdem er ihren Brief erhalten hatte, reichte Anna mit Unterstützung ihrer Freunde und Verwandten mütterlicherseits ein förmliches Gesuch beim Kammergericht ein, um eine Anhörung vor dem Haller Rat zu erwirken. Vor dieser höchsten gesetzgebenden, vollziehenden und rechtsprechenden Instanz in Hall hoffte Anna eine angemessene, wenn nicht gar großzügige finanzielle Unterstützung von ihrem Vater zu erstreiten. Sie hatte mittlerweile auch einen Rechtsanwalt *(beystand)*, den offenbar ihre Verwandten bezahlten; zweifellos rechneten sie damit, daß Anna ihrem vermögenden Vater genug Geld abringen würde, um ihnen später ihre Unkosten zu ersetzen. Anna forderte jedoch nicht nur Unterhaltszahlungen von ihrem Vater, sie klagte darüber hinaus auch den ihr nun zustehenden Anteil am mütterlichen Erbe ein. In ihrem Gesuch an das Esslinger Gericht beschrieb sie ihren Vater als «unbeugsamen, nachtragenden, jähzornigen» Mann.

«Er hat mich schlechtgemacht, gedemütigt und beschimpft, wie es sich ganz und gar nicht für einen Vater geziemt und gebührt. Er hätt mich in seine Obhut nehmen

153

sollen, für mich sorgen und mich vor Schimpf und Schand bewahren, wie's das göttliche und weltliche Recht von einem leiblichen Vater verlangt.»[17]

Das Reichskammergericht in Esslingen war eins von drei Gerichten, vor denen Anna mit ihrem Vater – und nach seinem Tod mit ihren Geschwistern – um ihren gerechten Anteil am Familienvermögen stritt. Das Gericht war 1495 auf dem Wormser Reichstag von deutschen Fürsten und anderen Würdenträgern konstituiert worden, mit dem Ziel, Konflikte zwischen den deutschen Ständen auf friedlichem und legalem Wege beizulegen. Es war nicht nur das oberste Gericht des Reiches, sondern konnte auch unabhängig vom Kaiser Recht sprechen, der dazu neigte, die Rechtsprechung der bestehenden Reichsgerichte zu unterlaufen, indem er seinen Günstlingen gewisse Vorrechte einräumte oder auf andere Weise zu ihren Gunsten intervenierte. In den ersten 35 Jahren seines Bestehens wechselte das Gericht nicht weniger als zehnmal seinen Standort, bis es schließlich ab 1530 mehr oder weniger seinen festen Sitz in Augsburg hatte. In den zwanziger Jahren tagte es in Nürnberg (1521–1524), Esslingen (1524–1527) und Speyer (1527–1530).

Das Gericht hatte erstinstanzliche Zuständigkeit bei Verstößen gegen den kaiserlichen Bann (der Untertanen für vogelfrei erklärte) und bei Landfriedensbruch durch Aufständische, Vogelfreie oder sich befehdende Reichsstände. In Zivilsachen hatte das Gericht erstinstanzliche Zuständigkeit bei Klagen gegen staatliche Autoritäten oder juristische Personen wie den städtischen Rat, und es fungierte als Appellationsinstanz gegenüber den Stadt- und Landgerichten. Während es die Landesherren größerer Territorien ihren Untertanen nicht erlaubten, Berufung gegen Urteile der Landgerichte einzulegen, hatten die Bürger einer Reichsstadt die Möglichkeit, vor dem Kammergericht das Urteil eines städtischen Gerichts anzufechten oder Beschwerde einzulegen, wenn dieses Gericht einen Prozeß verschleppte oder eine Klage erst gar nicht zuließ – all diese Möglichkeiten standen auch Anna offen.[18]

Als das neue Reichskammergericht 1495 konstituiert wurde, fand es in dem älteren Hofgericht in Rottweil, das über das Herzogtum Schwaben und einen Großteil Frankens Gerichtshoheit hatte, einen starken Konkurrenten. In dieses Gericht, das in der Zeit, in der unsere Geschichte spielt, noch tagte, sollte Anna ihre größten Hoffnungen setzen. Fatalerweise hatte der Kaiser jedoch so viele Freistellungen von der Rottweiler Gerichtsbarkeit gewährt, daß das Gericht immer mehr an Bedeutung verlor. Gegen sämtliche seiner Urteile konnte nun beim Kammergericht Berufung eingelegt werden, und den meisten dieser Berufungsanträge wurde stattgegeben.[19]

Schließlich gab es noch den Rat von Hall, der die ausübende, gesetzgebende und richterliche Gewalt in sich vereinte und nach jahrhundertealtem Gewohnheitsrecht regierte. Die Beziehungen des Rats zu auswärtigen Gerichten könnte man als gespannt, wenn nicht gar feindselig bezeichnen, was auf der langjährigen Einmischung fremder Gerichte in dessen Gerichtsbarkeit beruhte, besonders seitens des Landgerichts in Würzburg, das lange Zeit versucht hatte, seine gerichtliche Oberhoheit in der gesamten Region zu behaupten.

Als abhängige, alleinstehende Frau, die von ihrem Vater, der praktisch noch immer die Fürsorgepflicht für sie hatte, verstoßen worden war, hatte Anna das Recht, von diesem eine finanzielle Unterstützung zu fordern; darüber hinaus hatte sie nun auch Anspruch auf ihr mütterliches Erbteil. Im Sommer 1525 schickte das Esslinger Gericht dem Haller Rat eine Abschrift von Annas Gesuch, mit der Aufforderung, diesem nachzukommen oder den Sachverhalt zu klären. Daraufhin benachrichtigte der Rat Hermann Büschler von Annas Vorhaben, worauf dieser erklärte, daß er «nicht das geringste Bedürfnis» habe, mit seiner Tochter über Geldangelegenheiten zu diskutieren.[20] Am 14. August teilte der Rat dem Esslinger Gericht mit, daß ihm die Hände gebunden seien und er die Angelegenheit als erledigt ansähe.

Nachdem nun Annas Versuch, sich mit ihrem Vater «auf gütliche Weise zu einigen», an dessen Unversöhnlichkeit gescheitert war, ersuchte sie mit Hilfe des Esslinger Gerichts den Haller Rat, einen Termin festzusetzen, an dem sie nach Hall kommen und ihr Anliegen vortragen könnte. Kaum ein Rat in Deutschland hätte es begrüßt, wenn eine Bürgerin seiner Stadt ein übergeordnetes Gericht anrief, denn ein solches Verhalten wurde zur damaligen Zeit geradezu als «Landesverrat» angesehen. Wer im 15. Jahrhundert in Hall einen Mitbürger vor einem auswärtigen Gericht verklagte, konnte wegen Bruch des Bürgereides bestraft werden, denn es wurde erwartet, daß man lokale Streitigkeiten vor dem ortsansässigen Gericht austrug und dessen Entscheidungen als unwiderruflich akzeptierte.[21] Da Anna in ihrem Konflikt mit ihrem Vater und dem Haller Rat das Esslinger Gericht anrief, machte sie sich nicht nur ihren Vater, sondern auch den Rat zum Feind.

Bevor Anna und ihr Anwalt sich auch nur einen Schritt auf Haller Territorium vorwagten, wo sie der Gerichtsbarkeit des Haller Rats unterstanden und Anna jederzeit der Prozeß gemacht werden konnte, ersuchten sie beim Rat um einen Geleitbrief, der ihnen ihre persönliche Sicherheit auf ihrem Weg nach Hall und auf ihrer Heimreise garantierte. Diese Vorsichtsmaßnahme war wohlbegründet. Da Anna zu diesem Zeitpunkt noch offiziell dem Haushalt ihres Vaters angehörte und unter väterlicher Gewalt stand, war es nicht auszuschließen, daß der angesehene, einflußreiche Mann gegen seine Tochter, die immerhin die Absicht hatte, ihn zu verklagen, privat oder juristisch vorgehen würde, sobald sie Haller Territorium betrat.

Zu jener Zeit war es für ein Kind, egal welchen Alters und Geschlechts, ein mutiges und zugleich schwieriges Unterfangen, Vater oder Mutter vor Gericht zu verklagen. Obwohl die über fünfundzwanzigjährige Anna mittlerweile volljährig war, blieb sie als unverheiratete und mittellose Frau vor dem Gesetz eine abhängige Tochter und konnte deshalb nicht ohne vorherige gerichtliche Einwilligung gegen ihren Vater vorgehen. Deshalb war mit ihrem Gesuch um einen Geleitbrief die Bitte um Klageunterlassung und Übernahme ihrer Klägerschaft verknüpft. Kurzum, Anna wollte erreichen, daß der Rat sie vor ihrem Vater schützte, bis man sie angehört und ein Urteil gefällt hatte und sie über den ihr zustehenden Anteil am Familienvermögen verfügen und endlich ein unabhängiges Leben führen konnte. Die Tatsache, daß das Esslinger Gericht ihrem Gesuch stattgab und es nach Hall weiterleitete, hatte sie ihrem Ziel schon ein Stück näher gebracht.

Vom juristischen Standpunkt aus war Anna nicht nur ein abhängiges Kind, sondern auch eine alleinstehende, nicht erwerbstätige Frau, die ohne Begleitung eines männlichen Beistands oder Vertreters – in der Regel des Vaters oder des nächsten männlichen Verwandten – nicht vor Gericht auftreten konnte. Dies war nur eine der Einschränkungen, denen Frauen im Rechtsleben unterworfen waren und die alle auf dem Prinzip der männlichen Vorherrschaft beruhten. In Deutschland erhielt eine Frau nach dem Tod ihres Mannes nicht die alleinige Vormundschaft für ihre Kinder, sondern mußte alle Entscheidungen bezüglich deren Erziehung und Ausbildung sowie der Abfassung eines Testaments mit einem durch ihren verstorbenen Gatten oder ein Gericht eingesetzten männlichen Vormund abstimmen.[22] Und immer, wenn eine nicht erwerbstätige Frau vor Gericht aussagte, hatten ihre Worte weniger Gewicht als die eines Mannes.

157

Das römische und das frühe deutsche Recht begründeten die Geschlechtsvormundschaft über die Frau mit ihrer körperlichen Unterlegenheit und ihren begrenzten Erfahrungen im öffentlichen Leben, wobei letzteres aber gerade dadurch bedingt war, daß man Frauen den Zugang zu Politik und höherer Bildung verwehrte. Der ursprüngliche Zweck der Geschlechtsvormundschaft bestand darin, der schutzbedürftigen und von Natur aus benachteiligten Frau im öffentlichen Leben männliche Fürsorge und männlichen Schutz zu gewähren. Insofern diente diese aus heutiger Sicht so diskriminierende Praxis damals jedoch nicht nur der Sicherung der sozialen Ordnung, sondern sie verhalf Frauen auch viel häufiger zu ihrem Recht, als dies angesichts der damals herrschenden Ansichten und Verhältnisse ohne männliche Unterstützung möglich gewesen wäre.

Im 16. Jahrhundert allerdings wurde die eingeschränkte Rechtsposition der Frau auch mit ihrer angeblichen geistigen Unterlegenheit und ihrem Wankelmut gerechtfertigt.[23] Das Wiederaufleben dieser klassischen Vorurteile hing eng mit den Veränderungen im Wirtschaftsleben zusammen, die eine Reduzierung der Beschäftigungsmöglichkeiten im städtischen Gewerbe mit sich brachten und zu einer völlig neuen Wettbewerbssituation zwischen Frauen und Männern auf dem Arbeitsmarkt führten. Im Hoch- und Spätmittelalter, besonders nachdem die Pest die Zahl der gelernten Handwerker in den Städten dezimiert hatte, war die Arbeit von Frauen im städtischen Handel und Gewerbe sehr gefragt gewesen. Folglich hatten Frauen in diesen Bereichen immer mehr an Einfluß, Ansehen und Wirtschaftskraft gewonnen, und ihr neuer sozialer Status verdrängte allmählich die Praxis der männlichen Vormundschaft. In der urbanen Gesellschaft des 16. Jahrhunderts lebte diese Vormundschaft allerdings wieder auf. Die Anforderungen der neuen in Übersee erschlossenen Exportmärkte und die Notwendigkeit, mit dem rapide expandierenden, arbeitsintensiven Druckereigewerbe Schritt zu halten, zwangen die städtischen Industrien, sich umzuorganisieren. Sie bezogen ihre Arbeitskräfte immer weniger aus den durch das Zunftwesen reglementierten Städten, sondern rekrutierten diese aus dem flexibleren ländlichen Umfeld. Als sich die Beschäftigungsmöglichkeiten von der Stadt aufs Land verlagerten, entstand ein harter Konkurrenzkampf um städtische Arbeitsplätze, die die Männer immer stärker für sich beanspruchten. Unter dem Protest männlicher Lehrlinge wurden nun Frauen nach und nach nicht nur aus männlich dominierten Handwerksberufen verdrängt, sondern auch aus Tätigkeitsbereichen, in denen beide Geschlechter gleich stark vertreten waren. Gleichzeitig begannen infolge der industriellen Entwicklung die traditionell weiblich dominierten Bereiche – Textilgewerbe und Nahrungsmittelproduktion – zu stagnieren, was die Möglichkeiten für Frauen, ein Handwerk zu erlernen, noch weiter einschränkte und das weibliche Betätigungsfeld mehr und mehr in den häuslichen Bereich zurückverlagerte.[24]

Verheiratete Frauen konnten zu jener Zeit in aller Regel keine Prozesse führen, sondern mußten sich durch ihre Männer vertreten lassen, wie es auch Anna nach ihrer Heirat tat. Sie sollte später die Haller Bürger mit der Erklärung schockieren, daß sie sich einen gewieften Ehemann suchen wolle, damit dieser sie bei ihren Rechtsstreitigkeiten tatkräftig unterstützte.[25] Im Gegensatz zu Nur-Hausfrauen gewährte man gewerbetreibenden Frauen – unabhängig davon, ob sie verheiratet oder ledig waren und ob sie im Betrieb ihres Mannes mitarbeiteten oder ein eigenes Gewerbe ausübten – einen vollen rechtlichen Status, der es ihnen ermöglichte, vor Gericht für sich selbst zu sprechen wie jeder erwerbstätige Mann auch. Andernfalls hätte man sie nicht für Verträge und Geschäfte, die sie im Rahmen ihrer Gewerbetätigkeit abschlossen, haftbar machen können.[26] Die Aufrechterhaltung der sozialen Ordnung – immer das oberste Ziel der frühmodernen Gesellschaft – erforderte also einerseits, daß man nicht erwerbstätigen, ledigen Frauen einen Vormund zur Seite stellte, andererseits aber auch, daß man erwerbstätigen Frauen einen vollwertigen Rechtsstatus einräumte.

Nachdem das Esslinger Gericht ein wenig nachgeholfen hatte, erklärte sich der Haller Rat schließlich bereit, am 12. September 1525 Annas Beschwerde gegen ihren Vater anzuhören, und sicherte ihr eine schnelle Entscheidung zu. Darüber hinaus schickte er Anna und ihrem Anwalt einen ausführlichen Geleitbrief für die Reise nach Hall und zurück.[27] Am Tag der Verhandlung erschienen beide pflichtgemäß vor dem Rat, begründeten Annas Anliegen und klagten elterlichen Unterhalt ein *(forderung pro alimentis)*.

Als Annas Vater, der bei der Verhandlung natürlich anwesend war, hörte, wie ihn seine Tochter in seinen eigenen Amtsräumen öffentlich anprangerte, sagte er ihr offen den Kampf an. Unmittelbar nachdem Anna ihr Anliegen vorgetragen hatte, bat er seine Kollegen um einen Aufschub von 45 Tagen, um eine Erwiderung vorbereiten zu können. Angesichts der Dringlichkeit ihres Anliegens wandte sich Anna entschieden gegen eine Verzögerung des Prozesses, doch der Rat ignorierte ihre Proteste, unterwarf sich dem Willen ihres einflußreichen Vaters und gewährte ihm den erbetenen Aufschub.

Doch Anna gab sich nicht so leicht geschlagen und konterte ebenfalls mit einem Antrag. Da sie über keinerlei Mittel verfüge und der Rat frühestens in sieben Wochen eine Entscheidung fällen werde, möge dieser ihren Vater dazu auffordern, für ihre Unterkunft und Verpflegung in Hall zu sorgen, damit ihr Aufenthalt in der Stadt bis zur Urteilsverkündung gesichert sei. Der Rat lehnte es ab, eine solche Anordnung zu

erlassen, und schlug ihr auch die Bitte aus, in der Zwischenzeit im Rathaus wohnen zu dürfen. Und so blieb Anna nichts
anderes übrig, als mit Genehmigung des Rats nach Esslingen
zurückzukehren.[28]

Heimtückische Gefangennahme

Nachdem Hermann Büschler nun wertvolle Zeit gewonnen hatte, folgte er dem Beispiel seiner Tochter und
ging ebenfalls in die Offensive. Ohne daß Anna und die meisten Ratsmitglieder davon wußten, reiste er eilends nach Esslingen und reichte beim Reichsregiment eine Klage gegen
seine Tochter ein. Das Reichsregiment war erst einige Jahre
zuvor (1522) vom Kaiser widerstrebend erneuert worden,
und dieser würde es auch bald (1529) wieder abschaffen, da es
trotz der Anwesenheit seines Abgesandten seine Autorität
unterhöhlte. Das Gremium, das sich aus Vertretern der deutschen Fürstentümer und Reichsstädte zusammensetzte und
dessen Vorsitz einer der sieben Kurfürsten hatte, bean-
spruchte volle Regierungsgewalt im Reich, wozu auch die
Umsetzung von Entscheidungen des Reichskammergerichts
gehörte.[29]

Wären die Haller Ratsherren über Hermann Büschlers
Vorhaben informiert gewesen, hätten sie allein aufgrund des
noch schwebenden Verfahrens zwischen ihm und seiner
Tochter in Hall nicht tatenlos zusehen dürfen. Doch selbst
wenn sie rechtzeitig von Büschlers Plan erfahren hätten, ist es
fraglich, ob sie überhaupt versucht hätten, Büschler aufzuhalten, indem sie das Gericht in Esslingen umgehend über
den Stand des Verfahrens in Hall unterrichteten.

Hermann Büschler ersuchte das Reichsregiment um eine

Sondervollmacht, die es ihm in seiner gesetzlichen Eigenschaft als Vater erlauben würde, seine widerspenstige und ungehorsame Tochter, die mittlerweile nach Esslingen zurückgekehrt war, in väterlichen Gewahrsam zu nehmen und – falls nötig auch gewaltsam – nach Hause zu holen. Um sein Anliegen zu rechtfertigen, stellte er Annas Verhalten und ihren Charakter in einem so schlechten Licht dar, daß diese ihn später übelster Verleumdung bezichtigte. Auch die Tatsache, daß Büschler es unterlassen hatte, Esslingen über das schwebende Verfahren in Hall zu informieren, sollten ihm Anna und ihr Anwalt später vorhalten. Annas Klage hatte ihren Vater offenbar so erschreckt, daß er fürchtete, sie könne den Prozeß in Hall tatsächlich gewinnen. Deshalb hoffte er, das Verfahren mit seinem juristischen Schachzug unterlaufen zu können.

Wie läßt sich nun die offenkundige Fahrlässigkeit des Esslinger Gerichts erklären, die es Hermann Büschler erst ermöglichte, im Konflikt mit seiner Tochter auf so heimtückische Weise vorzugehen? Laut Annas Anwalt verdankte ihr Vater diesen erfolgreichen Winkelzug seinen einflußreichen Freunden sowohl in Hall (vor allem dem Syndikus Jakob Kröl) als auch in Esslingen, wo man sich nicht einmal die Mühe machte, die Hintergründe seines Gesuchs zu untersuchen oder die Richtigkeit seiner Angaben zu überprüfen. Ebensowenig hielt man es für nötig, Anna zu der Angelegenheit zu befragen, was allein deshalb nahegelegen hätte, weil sich dasselbe Gericht auch mit Annas Klage befaßt und diese nach Hall weitergeleitet hatte.

Es gibt allerdings auch andere mögliche Erklärungen für die scheinbar widersprüchlichen Anordnungen aus Esslingen. Beispielsweise könnte es sich um ein schlichtes Versehen gehandelt haben. Möglicherweise wurden die beiden Voruntersuchungen von verschiedenen Assessoren durchgeführt, die dann sowohl Annas als auch Büschlers Gesuchen stattgaben, ohne diese vorher dem hohen Gericht zur Prüfung vorzulegen – eine begreifliche Vorgehensweise, wenn man bedenkt, daß solche Klagen vor dem Reichskammergericht als Routinesachen angesehen wurden. Wenn also zwei verschiedene Assessoren Annas bzw. Büschlers Gesuche geprüft und die Voruntersuchungen, wie häufig üblich, nicht protokolliert wurden, wußten vermutlich beide nichts von der Entscheidung des anderen.[30] Falls jedoch das Reichsregiment von beiden Gesuchen gewußt haben sollte, so könnte es auch zu dem Schluß gekommen sein, daß es mit seiner Anweisung an den Haller Rat, sich Annas Fall anzunehmen, seiner Pflicht hinreichend Genüge getan hatte.

Wie dem auch sei, am 11. Oktober 1525 erreichte Hermann Büschler genau das, was er wollte. An diesem Tag erließ das Reichsregiment im Namen des Kaisers eine Anordnung, die es ihm erlaubte, seine Tochter mit allen erforderlichen Mitteln nach Hall zurückzubringen – ein sogenanntes «Mandat zur Ergreifung und Festsetzung».[31]

«Wir, Karl V., erwählter römischer Kaiser … erklären hiermit öffentlich, daß wir dem an das Heilige Römische Reich gerichteten Gesuch unseres treu ergebenen Dieners Hermann Büschler stattgeben und selbigem in Einklang mit Recht und Gesetz das Mandat erteilen, seine hochmütige, boshafte und ungehorsame Tochter, welche noch unter väterlicher Gewalt steht, in väterlichen Gewahrsam zu nehmen und dort zu belassen – eine Tochter, die sich auf alle erdenkliche Weise gegen ihren leiblichen Vater versündigt hat, ihn immer wieder heimtückisch bestohlen, seinen Namen entehrt und gegen das Gebot jungfräulicher Sittsamkeit und Züchtigkeit verstoßen und mit ihrem schändlichen Tun ein schlechtes Beispiel gegeben und großen Anstoß erregt hat.»[32]

163

Darüber hinaus enthielt das Dokument eine Anweisung an alle unter kaiserlicher Gerichtsbarkeit stehenden Behörden, unabhängig von Zuständigkeit und Standort, aber «besonders jene in Schwäbisch Hall», Hermann Büschler ungehindert durch ihr Territorium ziehen zu lassen und den Hilferufen seiner Tochter keinerlei Beachtung zu schenken.

Mit dieser Vollmacht ausgestattet, spürte Hermann Büschler – vermutlich mit Unterstützung Lienhard Vahmanns – Anna in Esslingen auf, fing sie ein, fesselte sie und brachte sie auf einen Karren gebunden zurück nach Hall. In seinem Haus kettete er sie mit dem Fuß an einen Eichentisch an und hielt sie dort über sechs Monate lang gefangen.[33]

Zu jener Zeit hielt man es aus medizinischer wie juristischer Sicht für durchaus angebracht, Geisteskranke in Ketten zu legen und zu Hause wie Gefangene zu halten.[34] Anna jedoch war eine gesunde Frau im Vollbesitz ihrer geistigen Kräfte, und man kann sich nur allzugut vorstellen, welche Schrecken und Demütigungen die stolze, temperamentvolle Frau bei ihrer Ergreifung, ihrem Transport und ihrer Gefangenschaft im väterlichen Haus durchlebte. Diese Erfahrungen hinterließen in Anna nie verheilende seelische Wunden und weckten zugleich einen Kampfgeist in ihr, der ein Leben lang ungebrochen blieb.

Bei der späteren Zeugenvernehmung widersprach niemand den wesentlichen Punkten von Annas Darstellung, weder die Bediensteten, die direkt am Ort des Geschehens waren, noch die Mitglieder des Rats, die in der Behaglichkeit ihrer Trinkstube von Annas leidvollem Schicksal erfahren hatten. Alle stimmten darin überein, daß Anna gegen ihren Willen von Esslingen nach Hall gebracht und im Hause ihres Vaters ein halbes Jahr lang gefangengehalten worden war, ohne daß die Stadtregierung in irgendeiner Weise eingeschritten sei. Barbara Dollen, die während dieser Zeit im Büschlerschen Haushalt arbeitete, bestätigte, daß Anna dort angekettet gewesen sei.[35] Anna selbst bezeichnete diese Erfahrung als «unbeschreiblich harte Gefangenschaft».[36] Der einzige Mensch, der ihr in dieser schrecklichen Zeit offenbar eine Gefälligkeit erwies, war Vahmann, der angab, daß er sich über die Anweisungen ihres Vaters hinweggesetzt und Anna besseren Wein besorgt habe, als dieser es ihm befohlen hatte.[37]

Im April 1526 entkam Anna durch ein hohes Fenster, das man vergessen hatte abzuschließen. Jedoch nur wenige Tage nach ihrer Flucht hatte sich Hermann Büschler bereits eine neue Vollmacht zur Ergreifung beschafft – ein eindrucksvolles Zeugnis seines Zorns, aber auch seiner guten Beziehungen. Diesmal stammte das Mandat vom Hofgericht des Markgrafen Kasimir von Brandenburg-Ansbach, der damals im Reichsregiment den Vorsitz führte und in dessen Territorium Anna nach Hermann Büschlers Vermutung geflüchtet war. Die Tatsache, daß Büschler eine neue Vollmacht benötigte, deutet darauf hin, daß die erste entweder nur für ein bestimmtes Gebiet Gültigkeit besaß, zu dem die Markgrafschaft nicht gehörte, oder daß sie nur für einen beschränkten Zeitraum galt, der mittlerweile abgelaufen war. Auch diesmal konnte Hermann Büschler auf die Unterstützung eines Freundes zählen, der genau an der richtigen Stelle saß: seines Schwagers Wolf Oeffner, der damals Kanzler des Markgrafen war.[38] Mit Hilfe des neuen Mandats, das am 11. April 1526 ausgestellt wurde, konnte Hermann Büschler nun in den gräflichen Territorien von Werdeck und Bamberg ungehindert Jagd auf seine Tochter machen. Da der Edelmann Wilhelm von Vellberg, in dessen Diensten Daniel Treutwein zu jener Zeit stand, Amtmann in Werdeck war, vermutete Annas Vater möglicherweise, daß Anna bei Daniel Zuflucht gesucht hatte.[39]

Gegenoffensive

Ohne ihrem Vater erneut in die Hände zu fallen, erreichte Anna Heilbronn und suchte dort bei ihren Verwandten mütterlicherseits Zuflucht. In dieser Zeit heiratete sie auch den verarmten Edelmann Hans von Leuzenbrunn, der als ein Spieler galt. Falls es zutraf, was anzunehmen ist, so hatte Anna in ihm eine verwandte Seele gefunden, denn auch sie setzte mehr als einmal in ihrem Leben alles auf eine einzige Karte. Außerdem war Hans ein Mann, der – ebenso wie Anna – aus Unrecht Kraft schöpfte und von seiner Empörung angetrieben wurde.

Am 7. Juni 1526 klagte das Paar vor dem Reichskammergericht in Esslingen erneut gegen Annas Vater, der sie immer noch hartnäckig verfolgte.[40] Als das höchste Gericht ihre Klage abwies, offenbar aufgrund seiner vorangegangenen Entscheidungen in derselben Angelegenheit, wandten sich die Leuzenbrunns an das untergeordnete Hofgericht in Rottweil, das sowohl in erster als auch in zweiter Instanz Hall übergeordnet war. Zwischen den beiden Gerichten hatte sich im Laufe der Zeit eine besondere Beziehung entwickelt. Ende des 15. Jahrhunderts hatte das Landgericht in Würzburg versucht, seine gerichtliche Zuständigkeit auf Hall auszudehnen, und das Rottweiler Hofgericht war den Hallern zu Hilfe gekommen. Seitdem betrachteten die Haller Rottweil als ein ihnen wohlgesinntes Gericht, das die Lokalgerichtsbarkeit unterstützte.[41] Diese Ansicht sollte sich allerdings ändern, als Anna in Rottweil mit Erfolg gegen die Stadt Hall klagte.

In ihrer neuen Klage beschuldigte Anna den Haller Rat, mitverantwortlich für das Unrecht zu sein, das sie durch ihren Vater erlitten hatte, und verlangte deshalb auch von der Stadt Hall eine Wiedergutmachung. Trotz des Geleitbriefs und der Zusicherung, zügig ihren Fall zu verhandeln, habe der Rat seine Entscheidung um sieben Wochen vertagt. Damit habe er ihrem Vater nicht nur Gelegenheit gegeben, sie gefangenzunehmen, ein halbes Jahr einzusperren und «grausam zu peinigen»[42], sondern er habe auch noch dabei tatenlos zugesehen. In ihrem neuen Schriftsatz hieß es, daß sie während der Gefangenschaft im Hause ihres Vaters habe «Schmach, Schande, Spott und Krankheit» erdulden müssen, daß man ihr Schmuck und Kleider abgenommen und ihr «jungfräuliches Schamgefühl» verletzt habe.[43] Sie war überzeugt, daß sie bis an ihr Lebensende die Gefangene ihres Vaters geblieben wäre, wenn Gott ihr nicht eine mitfühlende alte Frau gesandt hätte, die ihr bei der Flucht aus dem hohen Fenster zu Hilfe gekommen war.[44]

Nach den Ausführungen ihres Anwalts waren dies die schlimmsten Erlebnisse in Annas Leben; doch sollten dies keineswegs die letzten Grausamkeiten sein, die Anna durch ihren Vater erleiden sollte. Hermann Büschlers erfolgreiche Klage beim Reichsregiment hatte zugleich das Verfahren, das Anna in Hall angestrengt hatte, ausgesetzt. Nach ihrer Gefangennahme durch ihren Vater hatte der Haller Rat Annas Klage stillschweigend zu den Akten gelegt und ihr damit ihr Recht auf einen ordentlichen Prozeß verwehrt. Annas Ansicht nach hatte sich hier der Rat ebenso schuldig gemacht wie ihr Vater. Wäre der Rat, als er von Annas Gefangennahme erfuhr, nicht dazu verpflichtet gewesen, das Esslinger Gericht darüber zu informieren, daß Anna unter seinem Schutz stand und daß in Hall ein Rechtsstreit mit ihrem Vater anhängig war? Und wäre der Rat, der doch wußte, daß sie gegen ihren Willen im Hause ihres Vaters festgehalten wurde, nicht aufgrund des Geleitbriefs und des schwebenden Verfahrens gezwungen gewesen, Anna unverzüglich zu befreien und in Schutzhaft zu nehmen?[45]

Daß Anna sowohl ihren Vater als auch die Stadt Hall verklagte, zeugte nicht nur von ihrer Entschlossenheit, um ihr

167

Recht zu kämpfen, sondern auch von Unerschrockenheit und Wagemut. In den Schlußausführungen ihres Schreibens an das Rottweiler Hofgericht, in dem sie das Gericht ersuchte, ihren Fall wiederaufzurollen, heißt es: «Anna zög es vor, 5000 Gulden zu verlieren oder erst gar nicht zu besitzen, als noch einmal die Schand und Schmach zu erleiden, der sie während ihrer Gefangenschaft ausgesetzt war.» Ob 5000 Gulden Anna für ihre leidvolle Erfahrung im Hause ihres Vaters würden je entschädigen können, sei dahingestellt, jedenfalls war dies die Summe, die Anna vor dem Rottweiler Hofgericht von der Stadt Hall als Schadensersatz unter Androhung von Acht und Bann forderte.[46]

Der Schock, den die Rottweiler Gerichtsentscheidung in Hall auslöste, läßt sich an der Reaktion des Rats deutlich ablesen. Er übersandte dem Rottweiler Hofgericht unverzüglich ein umfangreiches Schreiben, in dem er sich auf die angestammten Privilegien der Stadt, die diese vor Übergriffen auswärtiger Gerichte schützten, berief und dies mit beigefügten Abschriften von Briefen der Kaiser Friedrich III., Maximilian I. und Karl V. belegte. Ironischerweise war dies genau dieselbe Argumentation, mit der das Rottweiler Gericht in der Vergangenheit gegen die Einmischung fremder Herrscher und Gerichte in die inneren Angelegenheiten der Stadt Hall protestiert hatte.[47] Diesmal allerdings schenkte das Hofgericht der Stadt kein Gehör, da es den Geleitsbruch einer Reichsstadt für ein schweres Vergehen hielt und sich dazu ermächtigt fühlte, dieses auch zu ahnden.[48] Von solchen Garantien hing schließlich die innere Ordnung des ganzen Reiches ab. In der Überzeugung, daß Anna für den körperlichen und seelischen Schaden, den sie nach eigenen Angaben in Hall erlitten hatte, entschädigt werden müsse, wies das Rottweiler Hofgericht den Haller Rat an, über Annas Sache zu verhandeln.

Als der Rat feststellen mußte, daß sich das Hofgericht über

seinen Einspruch hinweggesetzt hatte, wandte er sich, wie zuvor Anna und ihr Vater, hilfesuchend an das übergeordnete Gericht in Esslingen. Der Rat erklärte, daß die Entscheidung des Rottweiler Hofgerichts auf einer Fehlinformation beruhe; sobald der Sachverhalt richtiggestellt sei, müsse das Urteil deshalb als «ungültig oder zumindest falsch und gesetzeswidrig» angesehen werden.[49] Der Rat führte in seinen Ausführungen zwei schlagkräftige Argumente ins Feld: Zum einen verfügte Hermann Büschler als Annas Vater über das unveräußerliche Recht, seine ungehorsame Tochter für ihr schimpfliches Verhalten in der Öffentlichkeit zu bestrafen. In Europa hatte sich noch nicht die Vorstellung durchgesetzt, daß Kinder nicht nur Schutzbefohlene ihrer Eltern, sondern auch des «Staates» sein könnten, obwohl die Lutheraner in ihren Schulverordnungen und Katechismen bereits für diesen Gedanken eintraten. Martin Luther, der Landesfürsten und städtische Räte dazu drängte, weltliche und religiöse Bildung für alle Jungen und Mädchen zur Pflicht zu machen, klärte die Eltern darüber auf, daß ihre Kinder «eher Gott gehörten als ihnen» und somit auch Ratsherren und Lehrern «gehörten», die gemeinsam mit den Eltern Verantwortung dafür trügen, daß aus ihnen einmal die Männer und Frauen würden, die Gott sich wünschte.[50]

Auch wenn die Haller Ratsherren nicht unbedingt alles, was Hermann Büschler in seiner Eigenschaft als Vater tat, billigten, so vertraten sie in ihren Ausführungen die Ansicht, daß es ihnen nicht zugestanden habe, in den Konflikt einzugreifen, nachdem Esslingen Annas Vater eine Vollmacht zur Ergreifung seiner Tochter erteilt hatte. Aufgrund dieses Mandats hatte Hermann Büschler nicht nur die kaiserliche Erlaubnis, seine Tochter einzufangen und in ihr Elternhaus zurückzubringen, sondern er konnte von der Stadt Hall auch für keinerlei damit in Zusammenhang stehende Maßnahmen belangt werden. Die Vollmacht habe nämlich ausdrücklich «den Bürgermeister, den Rat und den Schultheiß von Schwäbisch Hall» angewiesen, sich *nicht* in die Angelegenheit einzumischen. Somit waren dem Rat schon allein rechtlich die Hände gebunden.

Zum zweiten hatte der Rat seine Verantwortung für Annas Sicherheit und Wohlergehen auf Haller Territorium klar begrenzt. Der Geleitbrief, den man ihr ursprünglich ausgestellt hatte und auf dessen Grundlage sie nun die Stadt und ihren Vater verklagte, hatte sich auf eine spezielle Situation und einen begrenzten Zeitraum bezogen und war zu dem Zeitpunkt, als ihr Vater sie in Esslingen ergriff, bereits abgelaufen. Der Rat erklärte, daß der Geleitbrief niemals als zeitlich unbegrenzte Sicherheitsgarantie zu verstehen gewesen sei, sondern sich eindeutig nur auf Annas Hin- und Rückreise am Tag der Verhandlung bezogen habe. Erst nachdem sie wohlbehalten nach Esslingen zurückgekehrt sei – wie es ihr die Stadt Hall in gutem Glauben zugesichert habe –, habe sie ihr Vater dort gefangengenommen. Die Stadt sei also ihrer Verpflichtung Anna gegenüber nachgekommen.[51]

Anna fand natürlich die Argumente, mit denen der Rat die Entscheidung Rottweils anzufechten versuchte, nicht überzeugend und bat das Esslinger Gericht, den Einspruch des Rats ebenfalls abzuweisen. Nachdem es ihr gelungen war, den Ratsherren in Hall einen gehörigen Schrecken einzujagen, wollte sie sich nicht so leicht geschlagen geben. Das einzige Argument, das sie noch bei einer Klage gegen den Haller Rat geltend machen konnte, war ihre Mittellosigkeit.[52] Doch Esslingen hob das Rottweiler Urteil auf und verwies den Fall zurück an den Haller Rat. Damit war Anna nicht nur um die Entschädigung gebracht, die das Hofgericht beim Haller Rat für sie gefordert hatte, sondern es erschien nun fast aussichtslos, daß sie je mit ihrem Vater würde gebührend abrechnen können.

Im Dezember 1526 stellte man für Anna eine Vorladung zu

einer Anhörung in Hall aus. Der Gerichtsschreiber vermerkte auf der noch erhaltenen Gerichtsabschrift, daß er erfolglos versucht hatte, Anna die Vorladung an einer verabredeten Stelle vor der Stadtmauer von Esslingen persönlich zu übergeben. Als sie sich am vereinbarten Ort trafen, soll Anna sich nach Darstellung des verärgerten Schreibers geweigert haben, die Vorladung entgegenzunehmen. Nachdem Anna fortgegangen sei, habe er die zurückgewiesene Vorladung «in ein Scheißloch auf der Mauer gelegt» und sei ebenfalls weggegangen. Aus der Ferne habe er dann beobachtet, wie Anna zurückgekehrt sei und das Dokument aus dem Loch genommen habe.[53]

Die Zurückverweisung des Falls in die Haller Zuständigkeit kann den Rat nur gefreut haben. Die Leuzenbrunns, die sich ihrer schwindenden Erfolgsaussichten bewußt waren, erhoben Einspruch gegen diesen Entscheid mit der Begründung, daß Rottweil ein angesehenes und anerkanntes Gericht sei, dessen Urteile nicht einfach außer Kraft gesetzt werden könnten.[54] Aber ihre Argumente, die mittlerweile schon hilflos gewirkt haben mußten, zeigten keinerlei Wirkung. Das aufgehobene Rottweiler Urteil sollte die günstigste Gerichtsentscheidung sein, die Anna im Laufe ihres beinah dreißigjährigen Rechtsstreits mit ihrer Familie je erwirken sollte. Zweifellos hatte Anna ihren Gegnern die Zähne gezeigt, aber sie waren trotzdem ungeschoren davongekommen.

Somit war der Fall endgültig abgeschlossen. Weder Hermann Büschler noch die Stadt Hall würden für Annas Gefangenschaft im Haus ihres Vaters belangt werden. Von den ursprünglichen Forderungen, die sie in ihrer Klage vor dem Rottweiler Hofgericht gestellt hatte, konnte sie nur noch ihren Anspruch auf elterlichen Unterhalt geltend machen.[55] Und genau dies würden Anna und ihr Mann bald auf anderem Wege versuchen.

Inzest?

𝕬 nhand von Annas Briefwechsel können wir uns ein recht klares Bild von ihrem Verhältnis zu ihren beiden Liebhabern machen. Dagegen ist die Beziehung zu ihrem Vater schwer einzuordnen und wirft manche Frage auf. Derselbe Mann – immerhin ein angesehener Bürgermeister –, der es seiner Tochter freizügig gestattete, sich aufreizend zu kleiden, sie möglicherweise sogar dazu ermutigte, wies sie scharf zurecht, als sie schließlich einen öffentlichen Skandal heraufbeschwor. Wenn man Anna glauben kann, dann hinderte ihr Vater sie daran, in einem angemessenen Alter zu heiraten, und widersetzte sich sogar dann noch einer Heirat, als ihr freizügiger Umgang mit ihren Freiern sie und ihren Vater bereits ins Gerede gebracht hatte. Nachdem Hermann Büschler Annas Diebereien und ihre nächtlichen Rendezvous mit Daniel Treutwein schweigend geduldet hatte, muß seine Entdeckung ihrer langjährigen geheimen Liebschaft mit dem zukünftigen Schenken von Limpurg bei ihm das Faß zum Überlaufen gebracht haben. Nur so läßt sich die Erbarmungslosigkeit erklären, mit der er seine Tochter wie eine gemeine Kriminelle aus dem Haus jagte und schließlich sogar aus der Stadt vertrieb. Doch damit nicht genug: Er brachte sie gegen ihren Willen zurück und hielt sie in seinem Haus gefangen, wo er sie während ihrer «unbeschreiblich harten Gefangenschaft» «grausam peinigte» und ihr «jungfräuliches Schamgefühl» verletzte. Und kaum war sie ihrem schrecklichen Gefängnis entkommen, begann er, sie erneut zu jagen.

Während die Bürger von Hall für aufsässige Kinder nicht das geringste Verständnis aufbrachten und in diesem Punkt mit Hermann Büschler völlig übereinstimmten, so hielten manche doch die Art, wie er mit Anna umgesprungen war,

172

für unangemessen hart, wenn nicht sogar herzlos und unmenschlich. Bei seinen Ratskollegen machte sich Büschler immerhin so unbeliebt, daß er schließlich von seinem Amt zurücktreten mußte – wobei jedoch die Tatsache, daß er während des schwebenden Verfahrens in Hall den Rat umgangen und ein höheres Gericht angerufen hatte, eine größere Rolle gespielt haben dürfte. Wie läßt sich nun Büschlers Verhalten, mit dem er sich letztlich nur selber schadete, erklären? Woher rührte die tiefe Feindschaft zwischen Vater und Tochter?

Der Haß zwischen Hermann und Anna Büschler war so tief und unversöhnlich, daß man vermuten könnte, zwischen ihnen hätten sich Dinge abgespielt, die beide tief verstört haben. Aus heutiger Sicht liegt es nahe, Annas Behauptung, ihr Vater hätte während ihrer Gefangenschaft ihr «jungfräuliches Schamgefühl» verletzt, als Hinweis auf eine inzestuöse Beziehung zu deuten. Als nach fünfundzwanzigjähriger Ehe Hermann Büschlers Frau im Jahre 1520 starb und Anna von Burg Limpurg heimkehrte, um an die Stelle ihrer Mutter zu treten, glaubte Büschler möglicherweise, in seiner mittlerweile erwachsenen Tochter seine verstorbene Frau wiederzuerkennen. Büschler selbst soll einmal gesagt haben, daß er deshalb nicht wolle, daß seine Tochter heiratete und aus dem Haus ging, weil sie es nirgendwo so gut habe wie bei ihm.[56]

Es gibt auch Hinweise darauf, daß Hermann Büschler nach dem Tod von Annas Mutter ein problematisches Verhältnis zu Frauen hatte. Nachdem Anna 1525 endgültig sein Haus verlassen hatte, ging Büschler noch zwei Ehen ein. 1528 heiratete er zunächst eine Hallerin namens Elisabeth Krauss, die offenbar noch im selben Jahr starb. 1529 heiratete er Barbara Eitelwein, die aus dem vierzig Kilometer[57] entfernten Heilbronn stammte. Zwei Jahre später verließ sie ihn «im Zorn» und kehrte nach Heilbronn zurück. Hermann Büschler weigerte sich, ihr Kleider und Möbelstücke, die sie in Hall zurückgelassen hatte, nachzuschicken, um zu erreichen, daß sie für ihren Anteil am ehelichen Besitz Steuern zahlte. Erst als der Rat von Heilbronn in ihrem Namen ein förmliches Gesuch an den Haller Rat richtete (im September 1531) und sich dafür verbürgte, daß Barbara Eitelwein ihren Steueranteil zu gegebener Zeit zahlen würde, erhielt sie ihr persönliches Eigentum zurück.

Wie Hermann Büschler war auch Barbara Eitelwein zum dritten Mal verheiratet und war wie er für ihre Unerbittlichkeit und Habgier bekannt. Nach dem Tod ihres ersten Mannes hatte dessen Neffe das Testament angefochten und Barbara Eitelwein beschuldigt, gemeinsam mit dem franziskanischen Beichtvater ihres Mannes den Sterbenskranken auf dem Totenbett dazu genötigt zu haben, sein Testament zu ihrer beider Gunsten abzuändern.[58] Hermann Büschler hatte in Barbara Eitelwein offenbar seine Meisterin gefunden. Nachdem sie Hall verlassen hatte, erklärte er öffentlich, daß sie nicht mehr seine Frau sei[59], woraufhin die Ehe offensichtlich aufgelöst wurde. Er heiratete nicht wieder.

Welche Schlüsse man hinsichtlich inzestuöser Gefühle oder gar sexueller Kontakte zwischen Vater und Tochter aus dem Vorangegangenen auch ziehen mag, so gibt es jedoch keinerlei Beweise dafür. Wenn sich irgend etwas Derartiges zwischen Anna und ihrem Vater ereignet hätte, hätte sie es sicherlich erfolgreich gegen ihren Vater verwendet. Doch Anna selbst liefert für die Handlungsweise ihres Vaters eine weit plausiblere Erklärung, indem sie ihn als einen allzu stolzen Mann beschreibt, der von Zorn und Habgier getrieben wurde. Hermann Büschler kam es natürlich sehr entgegen, daß seine älteste Tochter nach Hause zurückkehrte und ihre verstorbene Mutter im Haushalt ersetzte. So war sie ihm als treue Dienerin, aber auch als attraktive Frau, mit der er repräsentieren konnte, nützlich. Daß seine Zeitgenossen ein solches Arrangement vielleicht befremdlich fanden und Anna es als Verrat an ihren Interessen ansah, störte ihn wenig. Er erwartete von Anna, daß sie sich dankbar zeigte und ihre Pflichten genauso diszipliniert und vorbildlich erfüllte wie er die seinen. Als Tochter eines Mannes, der schon zu Lebzeiten zur Legende wurde, hatte sie hohen Erwartungen zu entsprechen. Als sie statt dessen große Schande über ihn gebracht hatte, verfolgte er sie mit unversöhnlichem Zorn.

Nach Büschlers eigenen Aussagen hatte ihn die Entdeckung der heimlichen Liebschaft seiner Tochter tief erschüttert. Die Tatsache, daß sie es vorzog, für die Schenkin zu arbeiten, statt ihm den Haushalt zu führen, war für ihn nur ein weiterer Beweis ihrer Treulosigkeit. Und es muß ihn tief getroffen haben, als er erfuhr, daß sie ihm den Tod wünschte. Daß sie ihn als Hindernis zu ihrem Lebensglück sah und nicht als ihren Förderer und Wohltäter, empfand er als maßlose Undankbarkeit. Warum sonst hatte er sie nach Hause geholt? Warum sonst hatte er sich ihr gegenüber so nachsichtig gezeigt und die Zügel locker gelassen? Hatte er ihr nicht voller Vertrauen die Führung seines großen Haushalts und seiner Geschäfte überlassen, wenn er auf Reisen ging? Hatte sie denn nicht gewußt, wie stolz er auf ihre Schönheit und ihre Fähigkeiten gewesen war?

Am Ende fühlten sich beide vom andern auf schmählichste und niederträchtigste Weise verraten: Anna konnte ihrem Vater nicht verzeihen, daß sie unverheiratet geblieben war und daß er sie so drangsaliert hatte. Hermann Büschler wiederum konnte seiner Tochter nicht verzeihen, daß sie sich ihm gegenüber so illoyal verhalten und seinem Ansehen geschadet hatte. Aus diesem Gefühl gegenseitigen Verrats erwuchs eine lebenslange Feindschaft.

4

Besser
als gar nichts

Das Foto zeigt das noch erhaltene Gebäude des ursprünglichen Lindenhofs, einige Kilometer nördlich von Hall gelegen. Ebenso wie das Stammhaus in Hall gehörte Gut Lindenhof zum umstrittenen Familienerbe der Büschlers. Über dem Eingang sind noch die Wappen der späteren Besitzer Hans Ludwig Adler von Unterlimpurg und seiner Frau Agnes (geborene Senft) aus dem Jahr 1611 zu sehen.

In den sich überschneidenden Welten von Politik und Religion im 16. Jahrhundert waren die zwanziger Jahre ein Jahrzehnt erneuter Auseinandersetzungen, gescheiterter Verhandlungen und banger Aussichten auf Frieden und Einheit im Heiligen Römischen Reich. Tiefe Risse zogen sich sowohl durch die Völkerfamilie als auch durch das Gefüge der Kirche. Das sich rasch verändernde politische und religiöse Klima ließ nicht nur alte Feindseligkeiten wiederaufleben, es zerstörte auch alte Freundschaften. Gemeinsame Bemühungen um Versöhnung scheiterten an regionalem Stolz und starren Traditionen. Es kam zu Konflikten, bei denen die Tyrannei der Sieger und die Demütigung der Verlierer bislang unbekannte Ausmaße erreichte. Damit war der Grundstein für über hundert Jahre währende territoriale und religiöse Kriege gelegt.

1525 gerieten Spanien und Frankreich zum erstenmal wegen umstrittener Territorien im sogenannten habsburgisch-französischen Konflikt aneinander, der bis 1559 währen sollte. Am 4. Februar 1525 brachten die habsburgischen Truppen den Franzosen bei Pavia in Norditalien ihre größte Niederlage seit der Schlacht von Agincourt (1415) bei und nahmen sogar den französischen König Franz I. (gest. 1547) gefangen, der das Glück gehabt hatte, das Gemetzel zu überleben. Dieser war über ein Jahr lang in Madrid ein höchst unglücklicher Gefangener von Kaiser Karl V., der nicht recht zu wissen schien, was er mit ihm anfangen sollte. Sein englischer Verbündeter König Heinrich VIII. hingegen wußte genau, was zu tun war: Der Kaiser sollte Franz sofort enthaupten lassen und die Valois-Dynastie auslöschen, solange er noch Gelegenheit dazu hatte – einer englischen Königin mochte man sich vielleicht auf diese Weise entledigen kön-

179

nen, bei einem ausländischen Staatsoberhaupt lag der Fall schon anders.[1] Schließlich führten die mangelnde Entschlußfreudigkeit des Kaisers und die Kapitulation des französischen Königs dazu, daß dieser auf freien Fuß gesetzt wurde. Im Frieden von Madrid (14. Januar 1526) gab der französische König alle Ansprüche auf die umstrittenen Territorien auf, willigte ein, die älteste Schwester des Kaisers zu heiraten (die kürzlich verwitwete Königin von Portugal), und ließ sogar seine beiden Söhne als Geiseln in Madrid zurück. Aber da das Abkommen unter Zwang unterzeichnet worden war, betrachtete es Frankreich nicht als bindend. Es überraschte deshalb niemanden – außer vielleicht den Kaiser –, daß der französische König bereits zwei Monate nach seiner Freilassung mit anderen Habsburger-Feinden ein neues militärisches Bündnis (die «Heilige Liga» von Cognac) schloß.

Zu den Unterzeichnern dieses unseligen Bündnisses gehörte der Medici–Papst Klemens VII. (gest. 1534), der zusammen mit seiner Kirche dem Kaiser nun ebenfalls in den Rücken fiel und wie der französische König teuer für seinen Treuebruch bezahlen sollte. Unter Druck der habsburgischen italienischen Armee trat der Papst aus dem Bündnis aus, konnte jedoch weder die Plünderung Roms durch rebellierende spanische und deutsche Söldner noch seine eigene anschließende Einkerkerung in San Angelo verhindern. Die Plünderung Roms am 6. Mai 1527 ging als schmähliche Niederlage in die Geschichte der Kirche ein und markierte das Ende der italienischen Renaissance. Zwei Jahre später errangen Habsburger Truppen ihren zweiten Sieg über die Franzosen in Italien und forderten als Preis für die Wiedereinsetzung des Papstes seine Anerkennung der spanischen Ansprüche auf Neapel und die Krönung des siegreichen Kaisers in Bologna. Es sollte die letzte Krönung eines Heiligen Römischen Kaisers durch den Papst sein.[2]

Auch im religiösen Bereich gab es Feindseligkeiten und

Spaltungen. In Zürich kam es unter dem Schweizer Reformator Ulrich Zwingli (gest. 1531) zu einer zweiten unabhängigen Reformation (um 1525), die gesellschaftlich und politisch ambitionierter war als Luthers. So entstand eine starke Glaubensgemeinschaft im Süden, die schließlich in einen reformierten Protestantismus münden und die calvinistische und zwinglianische Kirche in sich vereinigen sollte. Landgraf Philipp von Hessen – gemeinsam mit dem Kurfürsten von Sachsen politischer und militärischer Führer der deutschen Lutheraner –, dem eine mächtige Allianz zwischen deutschen und schweizerischen Protestanten vorschwebte, brachte Zwingli und Luther im Oktober 1529 auf seiner Burg in Marburg zusammen. Er hatte gehofft, daß die beiden ihre theologischen Differenzen klären und anschließend eine Grundsatzerklärung abgeben würden, nach der sich die beiden Kirchen und Länder vereinigen könnten. Aber die beiden großen Reformatoren konnten sich nicht nur auf keine Doktrin einigen, sie verließen die Konferenz auch fanatischer denn je und als lebenslange Feinde.[3] 1530 hatten Lutheraner und Zwinglianer ihre eigenen Glaubensbekenntnisse (Confessio Augustana und Fidei ratio) und ihre eigenen militärischen Bündnisse (die Lutheraner den Schmalkaldischen Bund und die Zwinglianer die Union schweizerischer protestantischer Kantone).

Der Zwinglianismus war nicht die einzige protestantische Konfession, die in der Schweiz entstand. Die erste protestantische Sekte wurde dort ebenfalls ins Leben gerufen. Es war eine Splittergruppe aus Zwinglis Reformationsbewegung, deren Anhänger von Kritikern auch als Wiedertäufer bezeichnet wurden. Kaum hatte sie sich gebildet, da verhängte Zürichs Obrigkeit auch schon die Todesstrafe gegen ihre Mitglieder (im März 1525); 1528 und 1529 sollte der Kaiser dem Züricher Vorbild folgen. Täufer waren Pazifisten und legten die Bibel wörtlich aus. Sie lehnten Zwinglis Reformation ab, weil sie ihnen zu konservativ und zu wenig radikal war. Sie lehnten auch die Kindertaufe ab und erkannten ausschließlich die Erwachsenentaufe an, was sie in den Augen ihrer Verfolger zu Verrätern und Ketzern machte. Die Kindertaufe war ein jahrhundertealtes Ritual, mit dem das Christentum eine neue Generation in die Gemeinschaft der Christen und Bürger aufnahm. Zugleich war es ein Gelöbnis, die Kinder von klein auf im Sinne der Glaubensgrundsätze und bürgerlichen Tugenden der Gesellschaft, in die sie hineingeboren wurden, zu erziehen. Für Katholiken, Lutheraner und Zwinglianer stellte die Kindertaufe einen wichtigen Bestandteil der kirchlichen und gesellschaftlichen Ordnung dar. Zürich drohte den Täufern mit Hinrichtung oder Exil, wenn sie nicht innerhalb einer Woche ihre Kinder der Taufe unterzögen.[4]

Während sich die Zürcher Reformationsbewegung in orthodoxe und ketzerische Lager aufspaltete, waren auch die dreizehn Kantone der Eidgenossenschaft in Glaubensfragen gespalten und rüsteten zum Krieg. Armeen von aufrechten Zwinglianern und Katholiken stießen zum erstenmal im Sommer 1529 in Kappel aufeinander und dann ein weiteres Mal im Oktober 1531. Nach dem zweiten Gefecht blieb Zwingli verwundet auf dem Schlachtfeld zurück und wurde von seinen Gegnern gefoltert, geviertelt und verbrannt. Seine Asche wurde mit Dung vermischt und in alle Winde zerstreut, um die Erinnerung an ihn gänzlich auszulöschen.[5]

Ende der zwanziger Jahre war bereits absehbar, daß keine schnelle oder einfache Versöhnung zwischen Lutheranern und der römischen Kirche möglich sein würde. Als auf dem Speyrer Reichstag der Kaiser die Lutheraner im ganzen Land aufforderte, den Katholizismus wieder einzuführen, legte die lutherische Delegation ihre berühmte «*protestatio*» ein, von der sich der Begriff «Protestantismus» ableitet. Mitte des Jahrhunderts wurde die Aufspaltung des Christentums in einzelne Konfessionen, die de facto in der Schweiz und Teilen von Deutschland seit Ende der zwanziger Jahre schon üblich gewesen war, durch den Augsburger Religionsfrieden besiegelt. Nach 1555 bestimmte der Landesfürst über die Konfession seines Territoriums *(cuius regio, eius religio)*. Andersgläubige konnten entweder konvertieren, in ein Land ihrer Wahl auswandern oder wurden kurzerhand verbannt.

Der Handel
um das mütterliche Erbteil

D as Ende der zwanziger Jahre des 16. Jahrhunderts brachte auch für die Familie Büschler erneute Auseinandersetzungen, gescheiterte Verhandlungen und kaum Aussichten auf Frieden und Einheit. Zeugen zufolge ignorierte Hermann Büschler seine Tochter und ihren Ehemann seit dem Tag ihrer Hochzeit (nach dem April des Jahres 1526). Er hatte ihnen weder ein Hochzeitsgeschenk gemacht, noch war er bereit, mit ihnen auch nur ein Wort zu wechseln.[6] Anna und ihr Mann befanden sich in einer schwierigen Situation, fehlten ihnen doch die finanziellen Mittel, um den Rechtsstreit um Annas mütterliches Erbe weiterzuführen, der 1526 mit ihrer Klage vor dem Rottweiler Hofgericht begonnen hatte. 1528 bot Hermann Büschler dem Paar überraschend einen Handel an, um den «Belästigungen» ein Ende zu setzen.

Drei wichtige Ereignisse führten zu dieser kurzen Annäherung: Annas Vermählung mit Hans von Leuzenbrunn, die Wiederverheiratung ihres Vaters mit Elisabeth Krauss[7] und der Tod ihres Bruders Hermann jun.

Nach deutschem Recht traten die aus der Ehe hervorge-

183

gangenen Kinder beim Tode des Vaters oder der Mutter weitgehend in die Rechtsstellung des verstorbenen Ehegatten ein. Wegen der gesetzlichen Bevorzugung von Ehemännern in Vermögensangelegenheiten war dieser Status für Kinder mit Nachteilen verbunden, wenn die Mutter zuerst starb. Es gab in Deutschland unzählige Rechtssysteme, da jedes Territorium sein eigenes hatte; noch in der Neuzeit bestanden im Deutschen Reich fast zweihundert verschiedene Güterrechtssysteme, die sich aus Elementen der verschiedenen Rechtssysteme zusammensetzten.[8] Die meisten Rechtssysteme räumten dem Ehemann die Verfügungsgewalt über alle beweglichen Güter ein, einschließlich des Vermögens, das eine Frau in die Ehe einbrachte oder in der Ehe erwarb. Er konnte jedoch nur im äußersten Notfall ohne die Zustimmung seiner Frau darüber verfügen; dasselbe galt für ihr eheliches Vermögen. Dieselbe Regelung galt auch für die überlebenden ehelichen Kinder, wenn einer der Ehepartner starb. Weder eine überlebende Mutter noch ein Vater konnte über das Erbe der Kinder verfügen ohne deren ausdrückliche Einwilligung; vor allem ererbter Grundbesitz galt als unantastbar.[9]

Der überlebende Ehepartner hatte demnach praktisch die alleinige Entscheidungsgewalt über Verwaltung, Nießbrauch und Veräußerung des ehelichen Vermögens, ebenso wie über das des verstorbenen Ehepartners. Der Besitz durfte jedoch nicht verringert werden; es wurde vielmehr erwartet, daß er im Wert stieg. Dies war einer der Gründe, warum ein männlicher Vormund oder Treuhänder ernannt wurde, der die Witwe beriet und die Erziehung und das Erbe der Kinder überwachte. Wenn ein Elternteil starb, wurde das Familienerbe für die Kinder «unter Treuhänderschaft gestellt» und bis zu ihrer Mündigkeit verwaltet. Der überlebende Ehepartner konnte das Vermögen nicht ohne die Zustimmung des Vormunds veräußern und auch dann nur, wenn er die Erben für ihren Verlust angemessen entschädigte. Das Vermögen der Kinder wurde auch als «eisernes Gut» bezeichnet, da sie es in voller Höhe erbten.

Verschiedene Ereignisse konnten dazu führen, daß ein erwachsenes Kind seinen Anteil vor dem Tod beider Eltern ausgezahlt bekam: die Volljährigkeit des Kindes, die Heirat der Tochter, die Wiederverheiratung des überlebenden Ehepartners und / oder die erwiesene elterliche Veruntreuung des Familienbesitzes. Ob in einem solchen Fall der Anspruch des Kindes auf seinen Anteil tatsächlich befriedigt wurde, lag im Ermessen der Eltern. Das Erreichen der Volljährigkeit entließ ein Kind nicht automatisch aus der elterlichen Gewalt oder berechtigte es zu seinem Erbe. Wenn ein Kind im Elternhaus blieb und auf die elterliche Unterstützung angewiesen war, unterstand es häufig auch weiterhin der elterlichen Autorität.[10] Das war Annas Situation bis 1525. Noch mit siebenundzwanzig Jahren lebte sie bei ihrem Vater und war finanziell von ihm abhängig. Eine Heirat hätte es ihr ermöglicht, ihr Elternhaus zu verlassen und ein unabhängiges Leben zu führen. In diesem Fall wäre das Erbe unter den Geschwistern aufgeteilt worden. Dieses Erbteil konnte – wie im Fall von Annas Bruder Philipp – aus einem Haus oder Gut bestehen. Oft lebte das frisch verheiratete Paar jedoch zunächst im Elternhaus des Ehemanns, das der älteste Sohn in der Regel auch eines Tages erben würde.

Ein weiteres Ereignis, das normalerweise zur Aufteilung des Erbes führte, war die Wiederverheiratung des überlebenden Ehepartners.[11] Wenn der Vater wieder heiratete, blieben die minderjährigen Kinder in der Regel bei ihm; heiratete die Mutter, so zogen sie zur Familie des nächsten männlichen Verwandten väterlicherseits, der zugleich ihr gesetzlicher Vormund war.

Zwei der obengenannten Ereignisse traten bei den Büschlers ein: 1526 zog Anna aus und heiratete Hans von Leuzenbrunn, und 1528 heiratete Hermann Büschler Elisabeth

185

Krauss. Der Tod ihres Bruders Hermann jun.,[12] offenbar auch 1528, brachte Anna schließlich dazu, erneut Anspruch auf ihr mütterliches Erbe zu erheben ebenso wie auf einen Teil vom Anteil ihres verstorbenen Bruders. Sie und ihr Mann entschlossen sich damals aus zwei Gründen zum Handeln: Sie hatten Schulden von fast achthundert Gulden, die hauptsächlich er zu verantworten hatte,[13] und sie hatten den Verdacht, daß ihr Vater beabsichtigte, den gemeinsamen Besitz zugunsten von ihrem Bruder Philipp umzuverteilen und sie zu enterben.

Anna und ihren Geschwistern stand ein Teil des mütterlichen und des gemeinsamen Erbes nicht nur nach dem Gesetz zu. Zwischen ihrem Vater und ihrer Mutter existierte auch ein Heiratsvertrag, ein sogenannter «Heiratsbrief». Solche Vereinbarungen zwischen zwei Familien waren in allen Schichten der städtischen Gesellschaft üblich, vor allem in begüterten Familien wie den Büschlers, die es als Weinhändler zu Reichtum gebracht hatten, und in Adelskreisen, denen Anna Hornberger entstammte. Bei ihrer Heirat 1495 legten Anna Hornberger und Hermann Büschler die Verteilung des Besitzes im Falle ihres Todes genau fest. Solche Verträge hatten großes Gewicht und konnten das geltende Recht entscheidend ergänzen oder ändern. «Gedinge bricht Landrecht», wie es im Volksmund hieß.[14] Der Vertrag zwischen ihren Eltern sollte Annas Hauptwaffe in ihrem Kampf um einen fairen Anteil am Familienvermögen werden.

Wenn einer der Ehepartner starb, sollte dem Ehevertrag zufolge eine vollständige Bestandsaufnahme des gesamten Familienvermögens erfolgen. Es sollte festgestellt werden, was jede Partei ursprünglich mit in die Ehe gebracht hatte und was beide gemeinsam erworben hatten, um so den mütterlichen, väterlichen und gemeinsamen Besitz zu bestimmen. Als Hermann Büschler 1495 Anna Hornberger heiratete, brachte sie als «Heiratsgut» Grundbesitz und festes

Inventar in die Ehe ein.[15] Als eine Art Gegengeschenk *(Wider-legung)* verpflichtete er sich zur Zahlung von dreitausend Gulden, für die seine Mutter bürgte. An ihrem Hochzeitstag überreichte er ihr eine «Morgengabe» von vierhundert Gulden. Beides war zu ihrer Absicherung gedacht, sollte sie Witwe werden.

Sollte Anna Hornberger ihren Mann überleben, so hatte sie das Recht, den gemeinsamen Besitz zusammen mit allen Kindern, die aus dieser Verbindung hervorgegangen waren, zu nutzen. Somit war ihr Lebensunterhalt und der ihrer Kinder gesichert. Wenn diese mündig wurden, sollte ihnen ein gerechter Anteil am Familienbesitz zugesprochen werden. Sollte Anna Hornberger jedoch wieder heiraten oder aus irgendeinem Grund nicht mit ihren minderjährigen Kindern zusammenleben wollen – die dann normalerweise die Mündel der Familie väterlicherseits wurden –, durfte sie nur ihre Morgengabe von vierhundert Gulden und ihre persönliche Habe mitnehmen. Zusätzlich erhielt sie ein Drittel des gemeinsamen Familienbesitzes, sofern die Verbindung nur ein Kind hervorgebracht hatte. Sollten es mehrere Kinder sein, erhielt sie den gleichen Anteil wie jedes Kind.

Sollte Anna Hornberger vor Hermann Büschler sterben, war er verpflichtet, das Vermögen gewissenhaft zu verwalten und jedem Kind zum gegebenen Zeitpunkt seinen Anteil gemäß dem Willen beider Familien zuzuteilen; der verbleibende Rest sollte für die Kinder unter Treuhänderschaft gestellt werden.[16] Sollte er wieder heiraten, konnte er seiner zweiten Frau eine Morgengabe von höchstens tausend Gulden aus seinem eigenen Vermögen zukommen lassen. Sollte er vor ihr sterben und es Kinder aus dieser zweiten Ehe geben, durfte seine überlebende Frau die Morgengabe und alles, was sie in die Ehe eingebracht hatte, behalten und es nach ihrem Gutdünken mit ihren Kindern teilen. Jedes überlebende Kind aus Hermann Büschlers erster Ehe würde zu diesem Zeitpunkt sein mütterliches Erbteil erhalten, sofern das Erbe nicht schon früher aufgeteilt worden war.

Das väterliche und das gemeinsame Erbe sollten unter sämtlichen Nachkommen Hermann Büschlers zu gleichen Teilen aufgeteilt werden, ungeachtet der Geburtenfolge.[17] Diese Klausel war dazu gedacht, Kinder aus erster Ehe zu schützen und sie nicht, wie es später bei Anna der Fall sein sollte, durch unlautere Praktiken um ihr Erbe zu bringen. Starb einer der beiden Ehepartner, ermächtigte der Ehevertrag die nächsten Verwandten, stellvertretend für die Kinder jährlich die Verwaltung des Familienvermögens zu überprüfen.

Der Vertrag beinhaltete eine spezielle Anweisung für Hermann Büschler. Er sollte seine *Widerlegung* und seine Morgengabe «ehrbar sichern»[18] – immerhin ansehnliche 3400 Gulden –, damit Anna Hornberger im Falle seines Todes versorgt sein würde. Ebenso sollte er ihren gemeinsamen Kindern ihren Anteil zukommen lassen, sollte sie vor diesen sterben.

Wäre das mütterliche Erbe unter den vier überlebenden Kindern – Anna, ihren Brüdern Philipp und Bonaventure und ihre Schwester Agathe – aufgeteilt worden, so hätte Annas Anteil immerhin 850 Gulden betragen.[19] Die Vereinbarung, die sie mit ihrem Vater getroffen hatte, sah für die Leuzenbrunns lediglich 397 Gulden in zwei gleichgroßen Zahlungen vor – und nur unter der Bedingung, daß sie hoch und heilig versprachen, keine weiteren Forderungen mehr zu stellen. Gleichzeitig entschied der Rat der Stadt Hall, daß Anna ein Fünftel vom Anteil ihres verstorbenen Bruders am mütterlichen Erbe bekommen sollte, offenbar eine Regelung, nach der die vier Kinder und der Vater gleiche Teile erhielten.[20]

Bürgermeister Lienhard Feuchter leitete persönlich die Verhandlungen, nahm das Geld von Hermann Büschler entgegen und übergab es den Leuzenbrunns in seinem eigenen

Wohnzimmer.[21] Beide Seiten betrachteten mit den Zahlungen Annas Ansprüche als abgegolten. Anna verpflichtete sich, keine weiteren Forderungen mehr an ihren Vater zu stellen. Die wichtigste Passage des Vertrags lautet:

> Hermann Büschler überträgt mir, Anna Büschler, am heutigen Tag als mein mütterliches Erbteil Schmuck, Zierat und Kokarden und dreihundertsiebenundneunzig Gulden in Münzen gemeiner Landeswährung. Als Gegenleistung verpflichte ich mich Hermann Büschler, meinen Vater, nicht mehr zu belästigen oder anzugehen um mein Erbteil oder meine Mitgift, um Kleider oder Schmuck, weder vor Gericht noch außerhalb, solang er lebt. Noch sollen mein Vater und seine Erben für meine Schulden, Gerichtskosten oder andere Ausgaben aufkommen müssen und in keiner Weise dafür haftbar gemacht werden können.[22]

Ihrem Vater brachte der Vertrag nur Vorteile. Mit einer relativ bescheidenen Summe hatte er Annas Ansprüche abgegolten und sie, wie er glaubte, für den Rest seines Lebens zum Schweigen gebracht. Ihr Bruder Philipp und ihre Schwester Agathe sollten sich später auf den Vertrag von 1528 berufen, um Anna ihren Anteil am Familienerbe ebenfalls streitig zu machen.[23]

Die Leuzenbrunns ließen sich jedoch nicht so leicht abspeisen. Trotz des langwierigen Rechtsstreits, der ihnen vermutlich bevorstand, weigerten sie sich, den unterzeichneten Vertrag als verbindlich in bezug auf Annas mütterliches Erbteil anzusehen. Anna wandte sich erneut an die Gerichte und erklärte, daß man sie um mehr als die Hälfte dessen, was ihr rechtmäßig zustand, betrogen habe;[24] offenbar schätzte sie ihren gerechten Anteil auf etwa achthundert Gulden. Von da an sollte sie die vertraglich vereinbarte Summe lediglich als halbherzige Entschädigung ansehen, die ihre rechtmäßigen Ansprüche keineswegs befriedigte.[25]

Daß Anna und ihr Mann den Vertrag anstandslos unterzeichneten, weist zum einen darauf hin, daß sie dringend ihre Gläubiger befriedigen mußten; zum anderen drückt sich darin Annas verhängnisvolle Neigung aus, das zu nehmen, was sich ihr im Moment bot, und nicht darüber nachzudenken, was die Zukunft noch bringen mochte.

Der Schwiegersohn

Die Verhandlungen, die zu dem Vertrag von 1528 führten, schufen böses Blut zwischen Hermann Büschler und seinem Schwiegersohn. Da Anna jetzt nicht mehr zu Hause wohnte, über fünfundzwanzig Jahre alt war und von Freunden und Verwandten mütterlicherseits unterstützt wurde, hatte sie nicht mehr die Einwilligung ihres Vaters benötigt, um heiraten zu können. Und Leuzenbrunn war ihre Wahl gewesen, nicht die ihres Vaters.[26] Als Edelmann, den seine finanziellen Schwierigkeiten zu einem bescheidenen Leben zwangen, erfüllten ihn der Reichtum und die Macht von Annas bürgerlichem Vater mit Neid und Verdruß. Auch hatten Anna und er zu spät erkannt, daß ihr Vater sie um ihr rechtmäßiges mütterliches Erbteil betrogen hatte – was sie bereits vermutet haben mußten, als sie den Vertrag voreilig unterzeichneten. Aber damit nicht genug. Hermann Büschler schonte die Gefühle seines Schwiegersohns ebensowenig wie die seiner Tochter, behandelte Leuzenbrunn mit einer Arroganz und Geringschätzung, die der verarmte Adlige unerträglich fand. Wenn man bedenkt, daß in Leuzenbrunns Augen sein Schwiegervater seinem Sohn Philipp einen

190

Großteil des gemeinsamen Erbes zuschanzte, ohne Anna als rechtmäßige Erbin zu konsultieren oder zu entschädigen, kann man verstehen, warum die Leuzenbrunns diesen Disput bis zu ihrem Tod verfolgten.

Obwohl Hermann Büschler in diesem Streit alle Trümpfe in der Hand hatte, lieferte er 1534 unbedachterweise den Leuzenbrunns einen Grund für einen neuen Rechtsstreit. In jenem Jahr ertappten sie ihn bei einem massiven Verstoß gegen den Ehevertrag von 1495. Entgegen der Vereinbarung schenkte er Philipp anläßlich seiner Hochzeit den Lindenhof (oder auch Lindauer Hof), einen nördlich der Stadt gelegenen Gutshof mit einem geschätzten Wert von eintausend Gulden. Das Gut gehörte unzweifelhaft zum ehelichen Besitz und war möglicherweise von Annas Mutter als Teil ihrer Mitgift in die Ehe eingebracht worden. Als solcher sollte er beim Tod des Vaters zu gleichen Teilen unter den Geschwistern aufgeteilt werden.

Wie aus Hermann Büschlers Testament hervorgeht, erhielt Philipp auch andere Besitztümer und bewegliches Vermögen (sogenannte *prelegata*), bevor sein Vater das Erbe offiziell festsetzte, das «Drittel seines Hab und Guts»[27], das dem Gesetz nach zu gleichen Teilen an die überlebenden Kinder gehen sollte. Zu Philipps Geschenken, die aus dem gemeinsamen Besitz stammten, gehörte ein Zinsbrief über zwölfhundert Gulden, der ihm ein jährliches Einkommen von sechzig Gulden einbrachte, sowie das Stammhaus und Höfe in Hall im Wert von etwa tausend Gulden. Darüber hinaus überließ Hermann Büschler Philipps Sohn – seinem Namensvetter – seinen Weinberg und seine Kelter.[28]

Hermann Büschler hatte sich weder mit den anderen überlebenden Geschwistern (Agathe und Anna) besprochen, noch unternahm er zu diesem Zeitpunkt irgendwelche Schritte, um sie für ihren Verlust zu entschädigen. Die Zustimmung der Nachkommen für die Aufteilung des ehelichen Vermögens war jedoch gesetzlich vorgeschrieben. Hermann Büschler hatte einen großen Vermögenswert der Erbmasse entnommen und vorzeitig seinem Lieblingssohn abgetreten, was einen groben Verstoß gegen den Heiratsvertrag darstellte. Zudem veranschlagte er für das Gutshaus den ursprünglichen Kaufpreis und nicht den gegenwärtigen Marktwert, von dem Leuzenbrunn behauptete, daß er mindestens doppelt so hoch sei. Tatsächlich hatten ihn die beiden größten Objekte, die Hermann Büschler seinem Sohn als *prelegata* (Gut Lindenau und das Stammhaus in Hall) mit einem Schätzpreis von 2000 Gulden überließ, ursprünglich 2200 Gulden gekostet;[29] somit bekam Philipp diese Besitzungen zu äußerst günstigen Konditionen. Dadurch erhöhte sich noch sein Löwenanteil am Familienvermögen, während gleichzeitig der Wert des «Drittels», das sich die drei nach dem Tod ihres Vaters teilen würden, gemindert wurde.

In den meisten Ländern Deutschlands war im späten 15. und frühen 16. Jahrhundert die gleichberechtigte Erbfolge üblich und sollte es auch in den meisten protestantischen Ländern bis Mitte des 17. Jahrhunderts bleiben. Sie sollte jedoch einer modifizierten Form des Erstgeburtsrechts weichen, das in England und anderen europäischen Ländern weit verbreiteter war als in Deutschland. In Deutschland wiederum war diese Praxis bei Katholiken üblicher als bei Protestanten, für die die Gleichbehandlung der Nachkommen eine von Gott auferlegte elterliche Pflicht darstellte. Die gleichberechtigte Erbfolge verhinderte jedoch nicht, daß der älteste Sohn bevorzugt wurde. Häufig erbte er nicht nur das Elternhaus, wie Annas Bruder Philipp, sondern bekam auch noch einen unverhältnismäßig großen Teil des Erbguts. Vom Gesetz her stand ihm dies jedoch nur unter der Bedingung zu, daß er seine jüngeren Geschwister angemessen entschädigte, indem er sie entweder auszahlte oder ihnen eine Leibrente zahlte.[30] Somit ging zwar das Elternhaus tatsächlich an den ältesten

Sohn und blieb in der Familie, aber man vermied die bei strikter Einhaltung des Erstgeburtsrechts so häufigen Erbstreitigkeiten. Es konnte jedoch auch bei einer modifizierten Form der gleichberechtigten Erbfolge zu erbitterten Auseinandersetzungen kommen – wie der Fall Büschler zeigt. Um eine faire Entschädigung für seine Frau zu erstreiten, brachte Leuzenbrunn das Problem des Lindenhofs, als Beispiel für eine grobe Verletzung der testamentarischen Rechte seiner Frau durch seinen Schwiegervater, vor den Rat. Der Ehevertrag hatte festgelegt, welche Besitztümer jede Partei ihr eigen nennen und über welche sie nach Belieben verfügen konnte. Hermann Büschler stand dieses Recht in bezug auf sein Pferd, seine Kleidung und seine Rüstung zu, während Anna Hornberger über ihre Kleider, ihren Schmuck, Zierat und Kokarden frei verfügen konnte.[31] An keiner Stelle räumte der Vertrag den Ehepartnern dieses Recht in bezug auf gemeinsames Grundeigentum ein, da es dazu bestimmt war, beim Tod des letzten Ehepartners zu gleichen Teilen unter den überlebenden Kindern aufgeteilt zu werden. Bis dahin konnte der überlebende Partner den Besitz zwar nutzen, hatte aber nicht das Recht, irgendeinen Teil vom gemeinsamen Erbe der Kinder zu veräußern oder zu übertragen.

Um seinen Vorwurf zu erhärten, daß sein Schwiegervater mit dem Erbe der Kinder Mißbrauch trieb, legte Leuzenbrunn einen Brief vor, den Hermann Büschler 1530, also vier Jahre zuvor, an Philipp geschrieben hatte. Er hatte den Brief damals abgefangen und offenbar einen günstigen Augenblick abgewartet, um ihn als Trumpf auszuspielen. In diesem Brief fragt Hermann Büschler Philipp um Rat, da er plante, «viele abgelegene alte Häuser» – wahrscheinlich kleinere Pachtgüter außerhalb der Stadtmauern – zu verkaufen, um seine wachsenden Schulden begleichen zu können. Er erwähnt auch, daß er gezwungen gewesen sei, vierhundert Gulden «der bösen Hure» zu geben, daß er aber hoffe, dieses Geld durch den Verkauf des Familiensilbers wieder hereinholen zu können;[32] er nehme an, daß Philipp keine Einwände habe. Die «böse Hure» konnte nur Anna sein und die vierhundert Gulden ihr mütterliches Erbteil, das er 1528 zu zahlen bereit war. Konnte nun noch irgendein Zweifel darüber bestehen, daß sich Hermann Büschler am Familienvermögen bereicherte und seinen ältesten Sohn zum Schaden seiner anderen Kinder bevorzugte?[33]

Im selben Brief deutete Hermann Büschler auch an, daß er sowohl den Ehevertrag von 1495 als auch sein Testament mit wichtigen Persönlichkeiten der Stadt besprochen habe und sich freue, Philipp die Ergebnisse dieses Gesprächs unter vier Augen mitteilen zu können, sobald sie sich treffen könnten – für Leuzenbrunn ein weiterer Hinweis darauf, daß sein Schwiegervater die rechtlichen Einschränkungen, die der Ehevertrag in bezug auf den Familienbesitz vorsah, kannte und in geheimem Einverständnis mit seinem Sohn und seinen Freunden im Rathaus tatkräftig daran arbeitete, sie zu umgehen.

Leuzenbrunns Protest mündete in einen Brief an den Rat, in dem er diesen bat, von Hermann Büschler künftig eine jährliche Aufstellung über das Familienvermögen anzufordern. Ferner solle der Rat in Erwägung ziehen, einen unabhängigen Vormund zu ernennen, der die Güter an Büschlers Stelle verwaltete.[34] In dem Ehevertrag von 1495 waren die nächsten Verwandten mit dieser Aufgabe betraut worden. Leuzenbrunn war jedoch davon überzeugt, daß der fahrlässige Umgang seines Schwiegervaters mit dem Erbe seiner Kinder eine gründlichere Prüfung erforderlich machte.

Hätte sich Leuzenbrunn in diesem Punkt durchsetzen können, hätte Hermann Büschler dieselben Einschränkungen wie eine Witwe in Kauf nehmen müssen. Die Vormundschaft, die er empfahl, war bei überlebenden Müttern üblich.[35] Zwar konnten inkompetente Väter ebenfalls unter diese Regelung fallen, aber so etwas kam höchst selten vor. Im 14. Jahrhundert mußten Vormünder, die dazu ernannt worden waren, Witwen bei der Verwaltung des Vermögens ihrer verwaisten Kinder beraten, zweimal jährlich dem städtischen Rat oder dem örtlichen Revisionsgericht über den Stand des Erbes ihrer Mündel berichten. Während man früher Vormündern das Nießbrauchrecht am Besitz eines minderjährigen Kindes zugestanden hatte, um sie für ihre Dienste zu entlohnen, erhielten Vormünder nach dem 14. Jahrhundert zunehmend ein festes Entgelt und wurden, wenn sie ihre Position und Macht mißbrauchten, ihres Amtes enthoben und bestraft.[36] Es wurde großer Wert darauf gelegt, daß der Besitz einer Generation an ihre rechtmäßigen Erben weitergegeben wurde, denn der soziale Friede und die öffentliche Ordnung hingen davon ab.

Leuzenbrunn hätte es gefreut, wenn sein Schwiegervater strenger kontrolliert worden wäre als andere Väter in ähnlichen Situationen. Zugleich hoffte er, seinen Schwiegervater zwingen zu können, den illegal veräußerten Besitz wieder zu ersetzen und damit die ursprüngliche Erbmasse wiederherzustellen oder andernfalls Anna angemessen zu entschädigen.

Die Rechte und Pflichten eines Vaters

Seine Klage machte Leuzenbrunn seinem Schwiegervater nicht gerade sympathischer. Hermann Büschler war besonders aufgebracht darüber, daß Leuzenbrunn einen persönlichen Brief an seinen Sohn als Beweisstück vorlegte. Er verteidigte seine Entscheidungen über das Vermögen seiner Kinder und erklärte, er habe immer klug und besonnen gehandelt und sei stets darauf bedacht gewesen, ihren Reichtum zu vergrößern und sie nicht um ihr Erbe zu bringen. In seinen Augen war es das gute Recht der Eltern, ein Kind zu enterben und/oder ihm die Unterstützung zu verweigern, wenn dieses Kind sich anmaßte, das rechtmäßige Testament eines Elternteils oder die Aufteilung des Familienbesitzes anzufechten.[37]

Er berief sich dabei auf einen von zehn gesetzlich anerkannten Gründen für eine Enterbung, die in dem wegweisenden Nürnberger Gesetzbuch von 1479 festgelegt waren.[38] Weitere Gründe für eine Enterbung waren: wenn ein Kind seine Eltern tätlich angreift; wenn es Böses gegen sie im Schilde führt; wenn es sie zu Unrecht eines Kapitalverbrechens – wie Landesverrat – beschuldigt; wenn ein Sohn sich seiner Stiefmutter mit sexuellen Absichten nähert; wenn ein Kind sich weigert, eine Kaution für ein inhaftiertes Elternteil zu stellen; wenn ein Sohn ein *Katzenritter* ist, das heißt sich wie ein Tier benimmt, beißt und mit Katzen und anderen Tieren kämpft (geistig behindert ist); wenn eine Tochter sich weigert, den von ihrem Vater ausgesuchten Mann zu heiraten; und schließlich, wenn in einer christlichen Familie ein Kind vom Glauben abfällt.

Über die Forderung seines Schwiegersohns, seine Verwaltung des Familienbesitzes vom städtischen Rat überwachen zu lassen oder gar einem Vormund zu übertragen, konnte sich Hermann Büschler nur mockieren. Er schimpfte seinen Schwiegersohn einen Narren:

> «Hermann Büschler ist nicht dafür bekannt, daß er eine Menge Gold für ein Ei hergibt oder daß er sein Vermögen verspielt oder verschleudert.»[39]

Einen Mann wie Leuzenbrunn, der sich seiner mißlichen Lage nur allzu bewußt war, mußte diese Anschuldigung tief kränken. «Wär ich der Sohn des Henkers», empörte er sich, «hätt er nicht mit solcher Respektlosigkeit zu mir sprechen dürfen. Ich hab ihn immer geschont und ihn nie spüren lassen, daß ich adligen Geblüts bin, ein Edelmann, und meine Eltern [im Gegensatz zu seinen] von angesehener Herkunft sind. So Gott will, hab ich mich stets ehrbar ihm gegenüber verhalten, und ich will [meinen guten Willen] zeigen ebenso wie ein Büschler, sogar besser als jeder von ihnen ... Aber daß seine Söhne auf hohen Rossen sitzen, während ich durch Dornen und über Felder geh, und daß seine anderen Kinder Land und Besitz haben [der meiner Frau gehört], das ist Tollheit gegen Gott und jegliche Gerechtigkeit!»[40]

Mit diesem Gefühlsausbruch machte Leuzenbrunn zwar seinem Ärger Luft, seinen früheren Anschuldigungen jedoch hatte er wenig hinzuzufügen. Nachdem er dem Rat nahegelegt hatte, dem Ehevertrag von 1495 Geltung zu verschaffen, schloß er den Beweisvortrag ab.

Vom Rat aufgefordert, ausführlich auf Leuzenbrunns Anschuldigungen einzugehen, gab Hermann Büschler schließlich einige Vergehen zu. Alles in allem jedoch versuchte er, sich herauszureden: Eins der Güter (ein Garten), das er angeblich zum Nachteil seiner Kinder verkauft habe, sei Eigentum seiner zweiten Frau gewesen[41] und gehöre somit nicht zum gesetzlichen Erbe seiner Kinder. Zwei weitere Gärten, die ihnen gehörten, hätten ihm nur sechzig Gulden eingebracht, was wohl kaum ein großer Verlust für sie sei. Was das Gut anging, das er Philipp zur Hochzeit geschenkt habe, so habe er es ihm aus väterlicher Großzügigkeit überlassen, was durchaus Brauch sei. Er bestand darauf, daß er Anna gegenüber ebenso großzügig gewesen sei, als sie heiratete, und sie behandelt habe, als «wäre sie ein gehorsames Kind». Er habe dies unter Umständen getan, die solche Freundlichkeit weder rechtfertigten noch es ihm leichtmachten, sie zu zeigen.

Schließlich habe er 1528 ihr und ihrem Mann insgesamt 477 Gulden gegeben – 397 vom mütterlichen und 80 vom brüderlichen Erbe –, mehr als der Ehevertrag mit ihrer Mutter vorsehe und die beiden Familien empfohlen hätten.[42]

Schließlich kam der Rat zu dem Schluß, daß der ehemalige Bürgermeister gegen den Ehevertrag von 1495 verstoßen hatte, als er Philipp den Lindenhof überschrieb, ohne sich vorher mit dessen Geschwistern zu besprechen oder diese zu entschädigen. Der Rat ermahnte ihn, sich zukünftig an die Vereinbarung zu halten und dem Rat eine jährliche Abrechnung über den Familienbesitz vorzulegen. Zusätzlich bürdete er ihm die Anwaltskosten der Leuzenbrunns auf.[43]

Zwar wurde in dem Bericht des Rats weder ein Entschädigungsbetrag noch ein Zeitplan für die Zahlungen festgesetzt, doch ließ er keinen Zweifel daran, daß in absehbarer Zeit mit den übrigen Erben über den Lindenhof verhandelt werden würde. Hermann Büschler hat dem Urteil möglicherweise entsprochen, indem er sein Geschenk zurücknahm und das Gut wieder der Erbmasse hinzufügte. Obwohl er nicht das Recht hatte, über den ehelichen Besitz zu verfügen, hatte er uneingeschränktes, lebenslanges Nießbrauchrecht am Lindenhof und an anderen gemeinsamen ehelichen Gütern. Somit hätte er auch Philipp und seiner Frau gestatten können, dort bis zu seinem Tod zu wohnen. Spätestens dann hätte eine Regelung mit Philipps Geschwistern getroffen werden müssen. In der Zwischenzeit konnte er jedoch sein Testament nach Belieben ändern, um seine Kinder postum zu bevorzugen oder auch zu benachteiligen.

Für die Leuzenbrunns mußte die Entscheidung des Rats wie ein Schlag ins Gesicht gewesen sein. Hermann Büschler durfte weiterhin frei über den Familienbesitz verfügen. Philipp und seine Frau wohnten weiterhin auf dem Lindenhof, wenn auch nicht als rechtmäßige Besitzer. Das einzige, was die Ratsmitglieder von ihrem alten Freund forderten, war ein jährlicher Bericht über seine Verwaltertätigkeit und die Übernahme der Anwaltskosten seiner Tochter. Und als sei dieses Urteil nicht milde genug, legte Hermann Büschler beim Reichsgericht Berufung ein. Esslingen nahm die Klage an und läutete damit eine neue Runde des Rechtsstreits über das Vermögen der Familie Büschler ein, der diesmal alle Familienmitglieder einbezog.

Die
Geschwister

Stiftertafeln für das Gymnasium und das reiche Almosen

1546 erscheinen Annas Bruder Philipp und ihre Schwester Agathe auf der Stiftertafel für das Gymnasium (Nr. 13). Agathe heiratete 1545 Wolf Schanz, einen Beamten aus Wertheim, und ist unter seinem Namen und mit seinem Wappen aufgeführt: ein Rabe mit einem goldenen Ring im Schnabel, vor einem weißen und schwarzen Hintergrund (rechts unten). Das Büschlerwappen – gekreuzte goldene Spaten vor blauem Hintergrund (unten Mitte) – ist unter Philipps Namen abgebildet. Darüber (links und in der Mitte) befinden sich Haller Wappen: ein goldenes Kreuz auf einem roten Schild und eine Hand (oder ein Handschuh) auf einem blauen Schild.

Beides waren Münzzeichen (der «Heller» zeigte ein Kreuz und eine Hand), Symbole der Unabhängigkeit der Stadt.

Die Stiftertafel befindet sich in der direkt gegenüber dem Büschlerhaus gelegenen Michaelskirche.

ach zwei Niederlagen durch die kaiserlichen Truppen in Italien, wo Frankreich und Spanien seit Beginn der zwanziger Jahre des 16. Jahrhunderts erbittert um Territorien rangen, unterzeichnete der französische König, der endlich einen entscheidenden Sieg erringen wollte, 1536 ein Handelsabkommen mit dem Sultan des Osmanischen Reichs, Suleiman dem Prächtigen (gest. 1566). Er schien dies mit der Tatsache, daß er als «christlichster aller Könige» galt, durchaus vereinbaren zu können. Der französische König hoffte, durch verstärkte Handelskontakte mit dem Osmanischen Reich eine franko-osmanische Militäroffensive in Italien herbeiführen zu können, die ihm endlich den ersehnten Sieg bringen würde.[1] Doch diese Hoffnung sollte sich zerschlagen. Daß der französische König eine solche Strategie überhaupt erwog, macht deutlich, mit welcher Erbitterung die politischen Konflikte Italiens und des Heiligen Römischen Reichs in den dreißiger und vierziger Jahren des 16. Jahrhunderts ausgetragen wurden.

In den heftigen theologischen Auseinandersetzungen, die zur selben Zeit zwischen Katholiken und Protestanten ausgetragen wurden, hatte es allerdings keine der Parteien nötig, sich mit den Türken zu verbünden, um die Oberhand zu gewinnen. Der Papst erreichte dies schließlich auch ohne fremde Hilfe, indem er die gerade entstehende, von religiösen Reformern beider Seiten inspirierte ökumenische Bewegung im Keim erstickte. Auf ihren Zusammenkünften in Worms und Regensburg hatten die geistlichen Führer beider Seiten eine erste Verständigung über 23 strittige Grundsätze erreicht. Doch Papst Paul III. (1534–1549), der bereits gegen die relativ gemäßigten Strukturreformen der von ihm selbst eingesetzten hochkarätigen Reformkommission (1537) sein

Veto eingelegt hatte, stellte sich entschieden gegen die von «liberalen» katholischen und protestantischen Reformern empfohlenen Neuerungen. Und so beschränkten sich Mitte der vierziger Jahre die katholischen Reformbemühungen lediglich auf das streng überwachte Trienter Konzil unter jesuitischer Führung (1545–1563).[2]

In der militärischen Auseinandersetzung, die zur selben Zeit zwischen Katholiken und Protestanten innerhalb des Reichs ausgetragen wurde, kam es am 24. April 1547 zu einem entscheidenden Sieg der kaiserlichen Truppen über die kursächsische Armee, der alle protestantischen Städte und Territorien in Deutschland, einschließlich Hall, in Mitleidenschaft ziehen sollte. Der Kurfürst von Sachsen und der Landgraf von Hessen – die politischen Anführer der Reformation – gerieten in kaiserliche Gefangenschaft und wurden durch sorgfältig ausgewählte Stellvertreter ersetzt. Diese waren beauftragt, die katholische Glaubenspraxis aufrechtzuerhalten, bis ein neuer Kirchenrat die Glaubensstreitigkeiten ein für allemal beilegen würde. Die einzig zulässigen protestantischen Praktiken waren die Eheschließung von Geistlichen und die Beteiligung von Laienpriestern am Abendmahl.

Das kaiserliche «Interim», wie die neue Regelung genannt wurde, stieß jedoch sowohl im protestantischen als auch im katholischen Lager auf Widerstand und verhalf den konservativen Kräften auf beiden Seiten zu mehr Anhängern und Einfluß. Selbst die politischen Marionetten Karls V. stellten sich schließlich gegen den Kaiser, als sie feststellen mußten, daß die Reformation in Sachsen und Hessen bereits zu tief verwurzelt war, um den alten Glauben wiedereinzuführen. Mit dem endgültigen Scheitern der Interimspolitik 1552 kündigte sich eine dauerhafte politische wie religiöse Spaltung des Christentums in Westeuropa an, da jedes Land bald über seine Religionszugehörigkeit selbst würde entscheiden können.[3]

Auseinandersetzungen und Entfremdung kennzeichneten

in diesen Jahrzehnten auch die Familiengeschichte der Büschlers. Nachdem Hermann Büschler seine Tochter Anna weitgehend enterbt hatte, weitete sich der Konflikt, den sie bis zu seinem Tod 1543 mit ihm ausgetragen hatte, nun auch auf ihre Geschwister aus und sollte erst mit ihrem Tod 1552 ein Ende finden.

Die letzten Jahre im Leben des ehemaligen Bürgermeisters hatten gewiß zu seinen glücklichsten gehört. Als am 11. Februar 1541 Kaiser Karl V. auf dem Weg nach Crailsheim Hall besuchte und im Haus der Büschlers am Marktplatz abstieg, war dies ein glanzvoller Höhepunkt in Büschlers Karriere. Während sich der Kaiser mit seinem Gefolge der Stadt näherte, ritt ihm eine offizielle Haller Abordnung entgegen, zu der der Bürgermeister Konrad Büschler, der Stadtschreiber Maternus Wurzelmann und der Weinhändler Christof Haas gehörten, dicht gefolgt von vierzig Reitern. Da der Kaiser wegen des Todes seiner Frau in Trauer ging, trug auch das Empfangskomitee Schwarz. Ihm folgten weitere führende Männer der Stadt, alle mit schönen Federbüschen geschmückt – darunter auch Annas Bruder Philipp.

Die Haller Reiterschaft setzte sich an die Spitze des Zuges und geleitete den Kaiser zum Gelbinger Tor. Bis dorthin folgte ihm auch die Hohenloher Eskorte, die den Kaiser durch ihr Gebiet geführt hatte. Nachdem man dem Kaiser am Stadttor die Schlüssel der Stadt überreicht hatte, geleitete man ihn zum Marktplatz. Der Kaiser war sehr schlicht gekleidet: Er trug einen einfachen schwarzen Rock und einen schwarzen Filzhut und war weder mit Seide noch mit Gold geschmückt. Als er vor dem Haus der Büschlers vom Pferd stieg, überreichte man ihm Körbe mit Karpfen und Hechten, zwei Wagenladungen Hafer und einen Wagen mit Wein. Darüber hinaus schenkte ihm der Rat einen mit Gold gefüllten Pokal. Anschließend betrat der Kaiser Hermann Büschlers Haus und setzte sich an eine reich gedeckte Tafel.[4]

In den unteren Stockwerken des Büschlerhauses befand sich einst der offizielle Amtssitz des Reichsschultheißen, dem kaiserlichen Repräsentanten und Ordnungshüter, dessen Anwesenheit in Hall 1212 zum ersten Mal urkundlich belegt ist. An das Gebäude schloß sich der Königshof an, in dem der Kaiser und sein Gefolge bei ihren unregelmäßigen Besuchen in der Stadt Quartier bezogen. Im 14. und 15. Jahrhundert diente das Gebäude als Amtssitz der Haller Bürgermeister, und im 16. Jahrhundert erwarb Hermann Büschler das Haus als Privatwohnsitz. Später residierten hier erneut Halls Bürgermeister, bis man schließlich in dem Gebäude den Ratskeller einrichtete. Heute umschließt der westliche Teil des Hotels «Der Adelshof» die unteren Geschosse des Gebäudes. Über dem Haupteingang erinnert noch das steinerne Abbild des Kaisers an seine beiden Besuche in Hall 1541 und 1546.

Zum Abendessen servierte Hermann Büschler dem Kaiser das folgende Schlemmermahl, das man noch heute im Hotel Adelshof genießen kann:

Mus von geräucherter Forelle mit leichter
Kaperntunke und Kaviar
auf bunten Salatblättern fein arrangiert
*
Püreesuppe von grünen Erbsen
mit Sauerrahm, Speck und groben Wecken
*
Gefüllte Flädle in Schmalz gebraten
mit Edelpilzen, gehacktem Ei und Kräutern
*
Heller und Batzen vom schwäbisch-hällischen Schwein
im Speckmantel auf Weinbeerensößle
mit gedämpften Rüblein und gebratenen Griestalern
*

Lauwarmer Reisbrei in Mandelmilch gesotten mit
glacierten Birnenspalten, Zimtzucker und
gefülltem Hippenkonfekt.[5]

Am nächsten Tag ritt der Kaiser weiter nach Crailsheim. Vor
seinem Tod im Jahre 1558 kehrte er noch einmal in die Stadt
zurück und hielt sich eine Woche lang im Haller Gebiet auf.
Doch diesmal kam er nicht als Freund: Am 16. Dezember
1546 zog der Kaiser mit 20 000 Soldaten und ihrem Befehlsha-
ber, Herzog von Alba (1507–1582), in Hall ein. Die kaiserlichen Truppen waren zu jenem Zeitpunkt in Kämpfe mit
dem lutherischen Schmalkaldischen Bund in Südwestdeutschland verwickelt und sollten auch bald die Calvinisten
in den Niederlanden gnadenlos verfolgen. Diesmal war der
Kaiser nach Hall gekommen, um Rache zu üben. Er wollte
die Haller Bürger für ihren Beitritt zum Schmalkaldischen
Bund bestrafen und ihren protestantischen Reformer Johannes Brenz brennen sehen. Er stieg wieder bei den Büschlers ab; diesmal war Annas Bruder Philipp sein Gastgeber.
Am nächsten Morgen reiste er ab, nicht ohne vorher der
Stadt, die sich durch ihre Mitgliedschaft im protestantischen
Bündnis des Verrats am Reich schuldig gemacht hatte, ein
Bußgeld von 60 000 Gulden abzuverlangen.[6]

Enterbt

Als im August 1543 Annas Mann Hans von Leuzenbrunn
nur wenige Wochen nach dem Tod ihres Vaters (im Juli)
starb, war dies ein weiterer Schicksalsschlag in ihrem Leben.
Der glücklose Leuzenbrunn verbrachte die letzten Wochen
seines Lebens im Haller Spital, wo er als «Armer»[7] aufge-

nommen wurde – was auf die kümmerlichen Lebensverhältnisse der Leuzenbrunns schließen läßt. Das städtische Spital, das zwischen Froschgraben und «Am Spitalbach» lag, ein paar Straßenzüge vom Fluß entfernt, war eine eigenständige kleine Gemeinde und eine soziale Institution. Die seit dem 13. Jahrhundert bestehende karitative Einrichtung gewährte jedem Bedürftigen – ob arm oder reich, ob adlig oder bürgerlich – fürsorgliche Betreuung und medizinische Versorgung. Im Laufe der folgenden Jahrhunderte gelangte das Spital durch großzügige Schenkungen zu einigem Wohlstand und hatte sich bis zum 16. Jahrhundert von einer Art Verwahranstalt für Kranke und Sterbende zu einem gut geführten Krankenhaus und Heim für Alte, Waisen und Arme entwikkelt. Auch das Personal wurde beträchtlich vergrößert, und bald verfügte die Einrichtung sogar über eine Bäckerei, eine Metzgerei und eine eigene Schule.[8] Wie es das Schicksal wollte, sollte Anna ihrem Mann bald ins Spital folgen, ebenfalls als «Arme» – und dies sogar in mehrfacher Hinsicht, da sie nicht nur krank und mittellos war, sondern sogar unter städtischem Arrest stand.

Da nach dem Tod ihres verhaßten Vaters die Erbfrage neu geregelt werden mußte, hätte sich Annas Schicksal nun endlich zum Guten wenden können. Doch Hermann Büschler hielt am Ende seines Lebens eine Überraschung für seine Tochter bereit, die alle vorhergegangenen an Bösartigkeit noch überbieten und ihr Leben über seinen Tod hinaus vergiften sollte. Indem er ihr nur das gesetzlich vorgeschriebene Mindesterbe zukommen ließ und sie damit praktisch enterbte, erreichte er, daß Anna mit ihren Geschwistern genauso erbittert um ihren Anteil am Familienbesitz streiten mußte wie zuvor mit ihm.

Allerdings hatte Anna ein schlagkräftiges Argument auf ihrer Seite: Die völlige Enterbung eines direkten Nachkommen war, ungeachtet der familiären Hintergründe, mit deutschem Recht unvereinbar. Ursprünglich schrieb das deutsche Recht die gemeinschaftliche Erbfolge bei Gemeinschaftsbesitz vor und sicherte damit der gesamten Sippe ihren Anspruch auf den ererbten Grundbesitz. Das Gesetz erlaubte es dem Erblasser nicht, die Rechtsansprüche seiner zahlreichen Angehörigen zu beschneiden, indem er in einer persönlichen Verfügung bestimmte Personen begünstigte. Das römische Recht dagegen ordnete das gemeinschaftliche Recht aller Angehörigen auf eine gesetzliche Erbfolge dem freien Willen des Erblassers unter. Dies erlaubte es dem Erblasser, den Familienbesitz nach persönlichen Gesichtspunkten, aber auch nach wirtschaftlichen Erwägungen aufzuteilen. Im Laufe der Zeit übernahm das deutsche Recht ebenfalls das Prinzip der testamentarischen Erbfolge, hielt jedoch weiterhin an einem moralisch begründeten Erbanspruch der erweiterten Familie fest. Als Kompromiß zwischen dem Prinzip der individuell bestimmten Erbfolge einerseits und den Interessen und dem Wohlergehen aller Familienmitglieder andererseits übernahm das deutsche Recht vom römischen Recht den Grundsatz des «Pflichtteils». Damit wurde das gesetzliche Erbrecht der Sippe beschnitten, während das Recht der Kinder, des überlebenden Ehegatten und sogar der Großeltern auf ein angemessenes Erbteil garantiert wurde.

Angesichts dieses festverankerten Prinzips der gleichberechtigten Erbfolge, besonders im Hinblick auf die nächsten Angehörigen und die Mitglieder der Kernfamilie, hatte Annas Kampf um einen größeren Anteil am väterlichen Erbe durchaus Aussicht auf Erfolg. Nach deutschem Recht hatten Kinder, die im Testament ihres Vaters übergangen oder nur ungenügend berücksichtigt wurden, ein moralisches Anrecht auf Ausgleich für ihre Einbußen. Der enterbte oder benachteiligte Nachkomme wurde als eine Art Gläubiger der Erben angesehen, auf die sich der ihm entgangene Anteil nun verteilte.[9]

209

Nach Aussagen des Priesters Arnold Engel hatten sich Annas Geschwister Philipp und Agathe zunächst dagegen gesperrt, Anna ein größeres Erbe zuzubilligen, als es ihr Vater in seinem letzten Willen verfügt hatte.[10] Doch sie erkannten schnell, daß die Durchsetzung des väterlichen Testaments einen langwierigen Rechtsstreit nach sich ziehen würde. Und wie es ihr Vater bereits im Streit um das mütterliche Erbe getan hatte, boten nun auch sie Anna einen Handel an, in der Hoffnung, ohne allzu große Einbußen mit ihrer Schwester ins reine zu kommen.

Nachdem die drei Geschwister miteinander verhandelt und sich ausführlich mit ihren jeweiligen Ratgebern und den Ratsmitgliedern besprochen hatten, einigten sie sich am 16. Oktober 1543 darauf, daß Anna einen etwas großzügigeren Anteil am Familienbesitz erhalten sollte. In der Präambel ihres Vertrags wurde eingeräumt, daß Philipp schon vor dem Tod seines Vaters einen Teil des Familienbesitzes erhalten hatte.[11] Mindestens ein Zeuge gab an, daß Hermann Büschler seinem Sohn «ein paar tausend Gulden» überlassen hatte.[12]

In seinem Testament entschädigte Hermann Büschler seine Tochter Agathe angemessen für die Bevorzugung des Bruders, überging jedoch Anna.[13] Das Gesamtvermögen Büschlers, das dieser so ungleich auf seine drei Kinder verteilt hatte, wurde von mehreren Zeugen auf 15000 bis 20000 Gulden geschätzt; in der Haller Steuerliste wurde es im Todesjahr Büschlers (1543) auf 16000 Gulden beziffert.[14] Nach Aussagen des Studenten David Schmidlin – eines Zeugen, der Anna besonders wohlgesinnt war – hätte Hermann Büschler nicht nur manches wiedergutmachen, sondern auch den jahrelangen Familienzwist ein für allemal beenden können, wenn er seiner Tochter einen gerechten Anteil am Familienvermögen vermacht hätte.[15]

In der Präambel des Vertrages vom Oktober 1543 heißt es,

daß Hermann Büschler in seinem Testament «zu hart und herzlos» mit seiner Tochter verfahren sei, vor allem, wenn man berücksichtige, daß sie mittlerweile Witwe sei. Es ist erstaunlich, daß die beteiligten Parteien, einschließlich der Haller Ratsmitglieder, die den Vertrag absegneten, ein solch freimütiges Bekenntnis ablegten. Nach Ansicht seiner Nachbarn und Kollegen hatte sich Hermann Büschler offenbar als Vater nur halb so verdient gemacht wie als Bürgermeister. Die kleine Summe, die er seiner Tochter vermachte, reichte nicht einmal aus, um ihr einen minimalen Lebensstandard zu ermöglichen, geschweige denn, um die «beträchtlichen Schulden» zu bezahlen, die Leuzenbrunn ihr hinterlassen hatte.[16]

Aus angeblicher Rücksicht auf Annas Alter (sie war inzwischen Mitte Vierzig) und ihre angegriffene Gesundheit («die Folge zahlreicher widriger Umstände») und sicherlich auch in der Hoffnung, Anna von weiteren rechtlichen Schritten abhalten zu können, boten Annas Geschwister ihr eine gerechtere Verteilung des Familienvermögens an. Der Vertrag, mit dem die Erbstreitigkeiten endgültig beigelegt werden sollten, sicherte Anna die lebenslange Nutzung des väterlichen Hauses in der Gelbinger Gasse zu, das zwar außerhalb der alten Stadtmauer, aber nur einen kurzen Fußmarsch vom Familiensitz am Marktplatz entfernt lag. Darüber hinaus verpflichteten sich die Geschwister, Annas Schulden bis zu einer Höhe von 1200 Gulden zu bezahlen, was recht großzügig war, da sich nach Aussagen eines Zeugen Annas «bekanntliche» Schulden nur auf etwa 1000 Gulden beliefen.[17]

Außerdem erhielt Anna drei Federbetten, drei große Federkissen, vier kleine Kopfkissen, zwei Garnituren Bettwäsche, vier Tischtücher, sechs Handtücher, drei Truhen, zwei Tische (einer davon beschlagen), fünfzig Teile Zinngeschirr, einige Küchenutensilien, drei Silberbecher, einen Spinnrokken aus Erlenholz (vermutlich mit Spinnrad) oder wahlweise

zehn Gulden. Darüber hinaus verpflichteten sich ihre Geschwister, sie jeden Herbst mit dreieinviertel Scheffel Korn,
zehn Scheffel Dinkel und zwei Scheffel Hafer zu versorgen
sowie mit einem großen Faß Kochwein und einem halben
Faß Neckarwein, wovon sie allerdings nichts verkaufen
durfte. Abgesehen von ihrer Kleidung, über die sie frei verfügen konnte, sollte nach ihrem Tod alles, was sie von ihren
Geschwistern bekommen hatte, in den Besitz ihrer nächsten
Angehörigen übergehen. Falls sie unverheiratet und kinderlos blieb – was sehr wahrscheinlich war –, wären dies
Agathe und Philipp. Schließlich sollte Anna eine jährliche
Leibrente von 80 Gulden erhalten, die in vierteljährlichen
Raten zu 20 Gulden zu zahlen war.[18]

Obwohl man dies angesichts eines geschätzten Gesamt-
vermögens von 16 000 Gulden kaum als gerechten Anteil
bezeichnen konnte, so war es doch mehr, als Hermann
Büschler seiner Tochter zugebilligt hatte. Laut Testament
stand Anna lediglich ein Drittel des «gesetzlich vorgeschriebenen Drittels» vom Familienbesitz *(legitimata)* zu,
während die verbleibenden zwei Drittel des «Drittels»
mehr oder weniger gerecht zwischen Agathe und Philipp
aufgeteilt werden sollten, denen darüber hinaus auch noch
der größere Teil des Familienbesitzes zufiel. Zu allem Übel
hatte Annas Vater in seinem Testament einen vermißten
Sohn namens Bonaventure – einen Tuchhändler, von dem
man seit zwei Jahren nichts mehr gehört hatte und den
man für tot hielt – als gleichberechtigten Erben am offiziellen «Drittel» eingesetzt, für den Fall, daß dieser wie durch
ein Wunder doch noch lebend nach Hall zurückkehren
sollte. Darüber hinaus vermachte er Bonaventure und Philipp zu gleichen Teilen den Zinsbrief in Höhe von 1200
Gulden. Nur in dem sehr unwahrscheinlichen Fall, daß alle
drei begünstigten Erben (Philipp, Agathe und Bonaventure) sterben würden, ohne Nachkommen zu hinterlassen,

würde Anna mehr als ihr Drittel des gesetzlich vorgeschriebenen Drittels erben.[19]

Philipp war der große Gewinner und Anna die eindeutige Verliererin in Büschlers Testament. Von dem 16 000 Gulden betragenden Vermögen hatte Hermann Büschler seinem Sohn bereits etwa 3400 Gulden überlassen. Nur ein Drittel der verbleibenden 12 600 Gulden, nämlich 4200 Gulden, sollte zu gleichen Teilen an die drei (oder möglicherweise vier) Kinder verteilt werden. 1543 hätte Anna also im günstigsten Fall mit 1400 Gulden rechnen können. Das Testament sah jedoch außerdem eine «angemessene Entschädigung» der anderen Geschwister für den bereits an Philipp abgetretenen Grundbesitz vor. Dabei sollte ein dem Wert dieses Grundbesitzes entsprechender Geldbetrag zu dem «Drittel», das alle Kinder zu gleichen Teilen erhalten würden, «hinzugerechnet» werden. Dieser finanzielle Ausgleich sollte offenbar aus Büschlers restlichem Vermögen bestritten werden und möglicherweise auch aus Philipps großzügigem Erbteil. Doch selbst mit dieser Regelung wäre Philipp noch sehr gut gefahren. Der im Testament veranschlagte Wert des Grundbesitzes, den Büschler seinem Sohn übertragen hatte, entsprach etwa dem ursprünglichen Kaufpreis, der 1543 höchstens noch die Hälfte des realen Marktwerts betrug. Mit anderen Worten, Hermann Büschler hatte es seinem Sohn ermöglicht, seine Geschwister mit einer lächerlichen Summe abzufinden. Außerdem stand Philipp ja auch noch ein Teil des Drittels zu, das er selbst durch seine Entschädigungszahlungen vergrößerte. Unter diesen Umständen hätte er das gemeinschaftliche Vermögen sicherlich gern vermehrt.

Wenn man also davon ausgeht, daß eine angemessene Entschädigungssumme mindestens 3400 Gulden (der Wert von Philipps beiden Besitzungen, die auf 2200 Gulden geschätzt wurden, plus die 1200 Gulden des Zinsbriefs) betragen hätte, dann hätte Anna zusätzlich zu ihren 1400 Gulden noch 1134

213

Gulden erwarten können – vorausgesetzt, daß Bonaventure nicht mehr zurückkehrte. So wäre Anna im Idealfall eine Summe von 2534 Gulden zugefallen. Da diese Berechnungen jedoch weder ausstehende Steuerzahlungen noch andere mit dem väterlichen Nachlaß verbundene Zahlungsverpflichtungen berücksichtigen, fiel die Endsumme sicherlich niedriger aus.

Der Handel hingegen, den Agathe und Philipp ihrer Schwester 1543 anboten, sicherte Anna die sofortige Tilgung ihrer Schulden in Höhe von 1200 Gulden zu, ein Haus samt Einrichtungsgegenständen, jährliche Zuteilungen von Nahrungsmitteln und eine jährliche Leibrente von 80 Gulden – was nach Schätzungen ihres Bruders dreimal soviel wert war wie das ursprünglich vorgesehene väterliche Erbe und mehr als die Hälfte des «Drittels», das sich die drei Geschwister teilen sollten.[20] Obwohl dieses Angebot immer noch weit unter dem lag, was Anna eigentlich zugestanden hätte, so hätte es einer genügsameren und sparsameren Frau immerhin ein ausreichendes Auskommen gesichert.

Annas Geschwister hatten allen Grund, mit der Regelung zufrieden zu sein. Zwei Jahre später, im Jahre 1545, wurde in der Haller Steuerliste das steuerpflichtige Vermögen von Agathe und ihrem Mann Wolf Schanz auf 6400 Gulden geschätzt und das von Philipp auf 7837 Gulden, während Anna in derselben Steuerliste als «besitzlose Bürgerin», die der Steuerpflicht enthoben war, geführt wurde. Vier Jahre später nahm Anna noch immer denselben bescheidenen Platz in der Steuerliste ein.[21]

Wider weibliche Züchtigkeit und Sittsamkeit

𝕬 m 19. Oktober 1543, drei Tage nach Vertragsabschluß, verzichtete Anna in einem neuen Dokument förmlich auf alle weiteren Ansprüche auf das Familienerbe und schwor «wissentlich, endgültig und unwiderruflich», sich an die Bestimmungen des Vertrags zu halten und diesen unter keinen Umständen anzufechten.[22] Endgültigkeit ist allerdings nur ein relativer Begriff für jemanden, der wie Anna mit dem Rücken zur Wand steht. In ihrer Situation blieb ihr kaum etwas anderes übrig, als den Vertrag zu unterzeichnen, denn es war die einzige Möglichkeit, um Zeit zu gewinnen. Kein halbes Jahr später sagte Anna ihren Geschwistern erneut den Kampf an, und das Abkommen stand kurz vor dem Scheitern. Es kam zu neuen Klagen und Gegenklagen zwischen den Geschwistern, bis Philipp und Agathe ihrer Schwester schließlich mit Arrest drohten und eine neue, erbitterte Runde in diesem Rechtsstreit einläuteten.

Es wäre die Pflicht des Rats gewesen, die Einhaltung des Vertrags zu gewährleisten. Als dieser nun zu klären versuchte, wie es zum Scheitern der Vereinbarung gekommen war, richtete sich der anklagende Finger allein auf Anna. Der Rat warf ihr vor, daß sie sich aus Habsucht nicht mit den ausgehandelten Vertragsbedingungen zufriedengegeben, den Vertrag gebrochen und sich dann nach Neuenstein in die Grafschaft Hohenlohe zu den Erzfeinden der Stadt geflüchtet habe. Offenbar hatte sie die Grafenfamilie durch Erasmus und ihre Rothenburger Verwandtschaft kennengelernt.

Anfang der vierziger Jahre hätten die Grafen von Hohenlohe wahrscheinlich jeden Flüchtling aus Hall bereitwillig bei sich aufgenommen. Zwischen 1538 und 1544 war es zwi-

schen der Stadt und der Grafschaft, zu der das Gebiet nördlich von Hall gehörte, immer häufiger zu Zusammenstößen
gekommen, wobei das Jahr 1543 eine Art Wendepunkt in
dem langen, erbitterten Konflikt markierte. Meist entzünde-
ten sich die Streitigkeiten am Verlauf der Grenze und der Regelung des kaiserlichen Geleitschutzes.[23] Im Jahre 1538 löste
Graf Georg I. (gest. 1551) von Hohenlohe-Waldenburg eine
bewaffnete Auseinandersetzung aus, als er zum drittenmal
die Haller Landheg durchschlug. 1542 provozierte sein Bruder Graf Albrecht III. (gest. 1551) von Hohenlohe-Neuen-
stein eine weitere Serie von Zusammenstößen, als er sich mit
seinen Rittern der Stadt näherte, um König Ferdinand I.
(gest. 1564), der damals Hall besuchte, zum Sitz der Reichs-
regierung in Speyer zu geleiten, und von den Hallern an deren Territorialgrenze abgewiesen wurde. Von da an kam es
monatelang auf beiden Seiten zu Übergriffen. Einmal besetzte Graf Albrecht eine Kirche auf Haller Gebiet und erklärte sie zu seinem Eigentum; ein anderes Mal nahmen die
Haller eine Hohenloher Burg ein; beide Parteien ließen keine
Gelegenheit aus, um sich gegenseitig zu provozieren und zu
schikanieren. Im Januar 1543 kam es schließlich zwischen den
Hallern und den Hohenlohern zu vierzehntägigen Friedens-
verhandlungen. Doch Mitte des Jahrhunderts setzte der alt-
gewohnte Teufelskreis aus Feindseligkeiten und Schlich-
tungsverhandlungen erneut ein.[24]

Anna blieb jedoch nicht lange in Neuenstein, da sich mit
diesem Ort für sie zwiespältige Erinnerungen an ihre gemeinsame Zeit mit Erasmus verbanden. Nachdem sie neue
Kräfte geschöpft hatte, machte sie sich bald auf den Weg nach
Speyer, um ihre rechtlichen Möglichkeiten zu erkunden. Annas Kritiker in Hall sollten ihr später vorhalten, daß sie in
Speyer nicht nur gegen «weibliche Züchtigkeit und Sittsamkeit» verstoßen, sondern auch ihre Bürgerpflicht verletzt
habe. Mit einem ähnlichen Hang zur Theatralik wie ihr Vater

zog sie in aller Öffentlichkeit gegen ihren Bruder und den Haller Rat zu Felde, prangerte diese vor jedem Speyrer Beamten an, der ihr zuhörte, und sorgte damit für einiges Aufsehen um ihre eigene Person. Gleichzeitig schrieb sie Schmähbriefe an ihren Bruder und die Ratsherren, die diese später nur allzugern den kaiserlichen Kommissaren vorlegten, die über Annas Klage zu befinden hatten. Annas provozierendes Verhalten veranlaßte Philipp und Agathe schließlich dazu, ihre Schwester wegen Verleumdung[25] zu verklagen, und den Haller Rat, sie nach Hall vorzuladen, damit sie über ihr schändliches Benehmen Rechenschaft ablegte.

Zufällig hielt sich zu jener Zeit auch der angesehene Haller Stadtschreiber[26] Maternus Wurzelmann in Speyer auf, und als dieser von Annas Aktivitäten erfuhr, beschloß er, im Namen des Haller Rats beschwichtigend auf sie einzuwirken. Wurzelmann hatte auch bei der Abfassung des Vertrags zwischen Anna und ihren Geschwistern eine wesentliche Rolle gespielt und war gemeinsam mit einem weiteren städtischen Beamten vom Rat dazu ausgewählt worden, Anna während der Verhandlungen zu beraten. Er war es auch, der Anna die Feder in die Hand gelegt hatte, als es zur Vertragsunterzeichnung kam.[27] Aufgrund seines Ansehens und seiner unbelasteten Beziehung zu Anna hoffte er vermutlich, Anna positiv beeinflussen zu können.

Mit dieser Absicht lud er Anna, ihren neuen Anwalt (Ludwig Ziegler) und einen unbekannten Freund ihres verstorbenen Mannes zu einem informellen Treffen mit einer Abordnung aus Hall in seine Unterkunft in Speyer ein. Kurz nach der Zusammenkunft im März 1544 schilderte Wurzelmann dem Haller Rat in einem Brief den Verlauf des Treffens und warnte seine Kollegen vor der äußerst streitbaren Anna.

Wurzelmann berichtete, daß er Anna zunächst gefragt habe, weshalb sie denn eigentlich den Vertrag mit ihren Geschwistern nicht akzeptiere und sich und so vielen anderen

Menschen solche Unannehmlichkeiten bereite. Daraufhin sei Anna in «lautes, böses Geschrei» ausgebrochen, habe den Leiter der Abordnung beschimpft und behauptet, daß der Vertrag von Anfang an Betrug gewesen sei und sie ihn deshalb nicht anerkennen werde.[28] Sie beklagte sich vor allem darüber, daß ihre Geschwister ihre Gläubiger nicht bezahlt hätten und daß ihr nun der jüdische Geldverleiher Moses von Beihingen, bei dem sie hohe Schulden habe, im Nacken sitze. Und weil man ihr so zusetze, fühle sie sich in die Enge getrieben und müsse ständig auf der Hut sein, weil man sie sonst wegen ihrer hohen Schulden ins Gefängnis werfen würde.[29] Was ihre derzeitigen Pläne anginge, so beabsichtige sie, den Vertrag beim Rottweiler Hofgericht anzufechten, damit dieses ihn für ungültig erkläre und ihre Erbschaftssache neu verhandele.

Die Haller Abordnung war von diesem Vorhaben alles andere als begeistert. Eine Klage vor dem Hofgericht würde erneut die Einmischung eines auswärtigen Gerichts in die Haller Gerichtsbarkeit bedeuten und die Stadt zwingen, in aller Öffentlichkeit ihre schmutzige Wäsche zu waschen. Um Anna einen Dämpfer zu verpassen und die Abordnung zu beschwichtigen, wiesen zwei Ratsherren darauf hin, daß Anna seit ihrer Flucht aus Hall anderswo einen «fetten Knochen» gefunden habe (offensichtlich eine Anspielung auf Burg Neuenstein und Annas Hohenloher Freunde und Beschützer) und daher gewiß nicht mehr nach Hall zurückkehren wolle. Man eröffnete ihr außerdem, daß ihr Bruder sie für verrückt erklärt habe und daß eine Verrückte an keinerlei Gelübde, Eid oder Vertrag gebunden sei. Darüber hinaus drohte ihr die Haller Abordnung damit, ihr «Junkersiegel zu zerschlagen», was einer Herabsetzung ihres gesellschaftlichen Status als Witwe eines Adligen gleichkam – ein Schritt, vor dem der Freund ihres verstorbenen Mannes die Haller Abgesandten warnte.[30]

Falls diese Warnungen dazu dienen sollten, Anna den Wind aus den Segeln zu nehmen, so hatten sie eher die gegenteilige Wirkung. Anna erklärte der Haller Abordnung, daß sie, wenn sie den Tag der Vertragsunterzeichnung im Ratszimmer noch einmal erleben könnte und all das wüßte, was sie heute wisse, ihre Unterschrift mit der gebotenen weiblichen Artigkeit verweigern und sich «vor den Augen von Euer Gnad mitten in die Ratsstuben züchtig auf den Boden hocken und ein dringend Geschäft erledigen» würde.[31] Und nach dieser ungeheuerlichen Eröffnung bezeichnete sie den Vertrag als «schändliches Machwerk» und verfluchte vor allen Anwesenden das Vermögen ihres Vaters und dessen Ehe mit ihrer Mutter.[32]

Zu diesem Zeitpunkt der Verhandlung verlor Wurzelmann, der ehrerbietiges Verhalten, vor allem von Frauen, gewohnt war, die Geduld. Der Vertrag bliebe für alle Parteien uneingeschränkt bindend, klärte er Anna nun auf. Schließlich habe sie ihn wissentlich und aus freien Stücken im Beisein ihrer Verwandten geschlossen. Der Vertrag sei eine großzügige und barmherzige Geste seitens ihrer Familie und des Rats gewesen. Wenn sie sich mit dem Erbe, das ihr Vater ihr zugedacht habe, hätte zufriedengeben müssen, hätte sie ihre Gläubiger nicht bezahlen können und gewiß als Almosenempfängerin geendet. Wenn sie nun also aus reiner Streitsucht den Vertrag breche, könne sie in Zukunft von ihrem Bruder keinerlei Unterstützung mehr erwarten, falls ihr ihre Gläubiger wieder zusetzten; ebensowenig könne sie dann die Stadt für ihre Zwangslage verantwortlich machen.

Aus diesen Gründen hielt Wurzelmann Annas «rüdes und schamloses Benehmen» für mehr als unangebracht. Schließlich sehe sie sich Männern gegenüber, die ihr und ihrem verstorbenen Ehemann «größtes Wohlwollen, guten Willen und väterliches Verständnis» entgegengebracht hätten. Falls sie noch einen Funken Anstand in sich verspüre, so solle sie der Abordnung gegenüber eher Beschämung zeigen. Und Annas erschütterter Gastgeber ließ sich schließlich zu der Äußerung hinreißen: «Wer seine Obrigkeit unentwegt schmäht und beleidigt, dem sollt man einen Stein um den Hals binden und ihn ins Wasser stoßen!»[33]

Während die Unterredung zum Schlagabtausch eskalierte, ging Anna erneut zum Angriff über. Sie verkündete ihre Absicht, sich als nächsten Gatten «den bösesten und ärgsten Buben zu nehmen, den sie finden könnt, er müßt nur einen langen Spitzen im Kopf haben».[34] Mit anderen Worten, sie suchte einen Mann, der in der Lage war, ihre Interessen vor Gericht gebührend zu vertreten und den Ratsherren in Hall das Leben schwerzumachen.

Wie beabsichtigt, hinterließ diese Drohung bei der Abordnung einen nachhaltigen Eindruck. Für eine Frau des 16. Jahrhunderts hatte Anna Büschler ein bemerkenswertes öffentliches Bekenntnis abgelegt, wenn auch eines, das ihrem Anliegen nur schaden konnte. Die Überheblichkeit, Schamlosigkeit und Wut, mit der sie vor einem öffentlichen Gremium auftrat, hätte man damals allenfalls Hexen, aber keiner ehrbaren Frau und gesetzestreuen Bürgerin zugetraut. Damals sagte man Hexen eine Eigenschaft nach, die die schottischen Hexenjäger als «smeddum» bezeichneten, was soviel wie «Temperament, Widerspruchsgeist oder Streitlust» bedeutete.[35]

Nachdem die Abordnung des Rats nach Hall zurückgekehrt war, waren Annas Worte bald in aller Munde. Da gab es tatsächlich eine Frau, die nur aus Rachsucht heiraten wollte, die entschlossen war, einen charakterlosen Paladin zum Mann zu nehmen. Und die Frau, die dies in Anwesenheit der geachtetsten Männer der Stadt kundgetan hatte, war keineswegs eine Närrin oder eine Verrückte, sondern die Tochter des Bürgermeisters. Der verwerfliche Ausdruck *spitzig in kopf* – mit einem «scharfen Verstand» – tauchte später als belastendes Beweismaterial in den Gerichtsakten auf und wurde auch von vielen Zeugen zitiert.[36]

Was den armen Wurzelmann anging, so bekannte dieser in seinem Brief an den Rat, daß sich seine ursprüngliche Hoffnung, eine gefügige Anna vorzufinden, die er davon überzeugen könne, nach Hause zurückzukehren und den Vertrag mit ihren Geschwistern anzuerkennen, völlig zerschlagen habe. Er riet daher dem Rat, keine weiteren Versuche mehr zu unternehmen, mit Anna zu verhandeln.

Die «Milde und Güte» der Familie

Der Brief des alten Schreibers spiegelt sowohl die Ansicht des Rats wider, daß Anna vertragsbrüchig geworden sei, als auch dessen Reaktion auf ihre Behauptung, daß auch er ihr übel mitgespielt habe. Sowohl der Rat als auch Annas Geschwister legten der kaiserlichen Kommission, die den Fall untersuchte, später Rechtsdokumente vor, die weiteren Aufschluß über das Zustandekommen des Vertrags und die Rolle des Rats bei dessen Abfassung geben. Besonders interessant sind dabei die Aussagen Philipps und Agathes, die nicht die geringste Kompromißbereitschaft erkennen ließen, sondern vielmehr darauf abzielten, Anna jegliche Erbschaft zu verweigern.

Philipp und Agathe erklärten, daß sie an der Abfassung des väterlichen Testaments beteiligt gewesen und deshalb über alle Einzelheiten informiert seien. Als Hermann Büschler starb, seien beide der Überzeugung gewesen, daß Anna keinerlei Rechtsanspruch auf ihr mütterliches Erbe habe und auch nur einen geringen auf ihr väterliches Erbteil. Über das

221

mütterliche Erbe habe sie sich mit ihrem Vater bereits 1528 vertraglich geeinigt; darüber hinaus habe ihr die Entscheidung des Rats im Jahre 1534 eine Entschädigung für den Lindenhof zugesichert. Was das väterliche Erbe anginge, so ließe das Testament ihres Vaters keinerlei Zweifel daran, wie dieser seinen Besitz aufzuteilen gewünscht habe. Philipp und Agathe waren der Meinung, daß die Bestimmungen des Testaments alle «natürlichen oder vorrangigen» Ansprüche auf den Nachlaß, die Anna von ihrer direkten Blutsverwandtschaft ableiten könne, ausschlössen. Tatsächlich wurden in der Präambel des Testaments ausdrücklich alle vorangegangenen schriftlichen Willenserklärungen ihres Vaters, einschließlich des Ehevertrags von 1495, für ungültig erklärt.[37]

Trotz allem hätten «väterliche Milde und Güte» ihren Vater dazu bewogen, Anna etwas zu hinterlassen. Und so habe er ihrer Schwester, in Absprache mit ihnen, ein Erbteil zugedacht, das sie in Anbetracht ihres skandalösen Benehmens übereinstimmend für angemessen befunden hätten.[38] Was die Geschwister jedoch nicht erwähnten, ist, daß dieses Erbe genau dem gesetzlich vorgeschriebenen Mindestanteil entsprach und daß ihnen dies zum damaligen Zeitpunkt wohl bewußt war.

Warum erklärten sich Annas Geschwister nach dem Tod ihres Vaters überhaupt dazu bereit, Annas Erbteil zu erhöhen, wenn sie angeblich der Meinung waren, daß ihre Schwester im väterlichen Testament ausreichend berücksichtigt worden war? Als Philipp und Agathe ihren Sinneswandel erklären sollten, wiesen sie darauf hin, daß sie eigentlich «nicht nur allen Grund, sondern auch das Recht» gehabt hätten, das Testament ihres Vaters Anna gegenüber durchzusetzen. Nicht weil Recht und Gesetz es von ihnen verlangt hätten,[39] hätten sie schließlich versucht, Anna aus der mißlichen Lage zu helfen, in der sie sich befunden habe, als sie den Vertrag mit ihnen unterzeichnet hätte. Vielmehr hätten sie,

222

wie zuvor ihr Vater auch, aus reiner «Güte» gehandelt und das väterliche Erbteil ihrer Schwester auf das Dreifache erhöht und ihr damit mehr als die Hälfte des gesetzlich vorgeschriebenen «Drittels» zugestanden – allerdings unter der Voraussetzung, daß sie zur Kooperation bereit gewesen sei.[40]

Soweit sich ihre Geschwister erinnern konnten, hatte sich Anna an den Vertragsverhandlungen rege beteiligt. Dabei hätten sie drei Verwandte, die in Rechtsfragen sehr bewandert seien, beraten: ihr Onkel, der ehemalige Bürgermeister Konrad Büschler sen., und ihre beiden Vettern Konrad Büschler jun. und Hans Hornburger, die beide über große politische Erfahrung verfügten. Außerdem habe sie im Laufe der Verhandlungen auf eigenen Wunsch das Bürgerrecht erworben, habe einen Eid abgelegt und die erforderlichen Gebühren bezahlt und sich somit unter die Amtsgewalt und den Schutz des Rats gestellt.[41] Agathe und Philipp sagten aus, daß sich Anna während des gesamten Vorgangs ihnen gegenüber freundlich und entgegenkommend gezeigt habe. Nach der Unterzeichnung des Vertrags habe sie sich bei den Männern, die ihn entworfen hatten, sogar persönlich bedankt. Und in den nachfolgenden Wochen sei sie im Hause ihres Bruders ein und aus gegangen. Sie habe sogar seine Kinder in ihr Haus in der Gelbinger Gasse zum Essen eingeladen. Zu dieser Zusammenkunft sei es jedoch nicht mehr gekommen, da Anna vorher Hals über Kopf die Stadt verlassen habe, um nach Hohenlohe und schließlich nach Speyer zu fahren, wo sie den unseligen Rechtsstreit vom Zaun gebrochen habe.[42]

Es wunderte Agathe und Philipp offenbar nicht, daß ihre Schwester plötzlich zu dem Schluß gekommen war, daß der Vertrag ein Schwindel sei. Offensichtlich hatte Philipps Weigerung, auch alle neuen Schulden Annas zu bezahlen, die Krise herbeigeführt. Einige Wochen nach der Unterzeichnung des Vertrags hatte Anna Philipp eine Liste mit den Schulden vorgelegt, die er zu bezahlen hatte, was er nach allem, was man hörte, dann auch pflichtschuldig getan hatte. Als jedoch neue Rechnungen für den Kauf von Silber und Tuch bei ihm eintrafen, weigerte er sich, diese zu begleichen. Der Vertrag hatte ausdrücklich die Zahlung neuer Schulden ausgeschlossen, und Philipp beschwerte sich prompt beim Rat darüber, daß seine Schwester die Vertragsbestimmungen nicht einhielte. Daraufhin lud der Rat Anna vor, um ihr eine Rüge zu erteilen und sie noch einmal darauf hinzuweisen, daß ihre Geschwister lediglich dazu verpflichtet seien, ihre zum Zeitpunkt der Vertragsunterzeichnung bestehenden Schulden bis zu einer maximalen Höhe von 1200 Gulden zu bezahlen und keineswegs ihre neuen Schulden. Philipp gab an, daß er um des Friedens willen nachgegeben und einen Teil der neuen Rechnungen trotzdem bezahlt habe, nicht ohne Anna darauf hinzuweisen, daß dies das letzte Mal sei.[43] Erst dann, erklärten ihre Geschwister, habe Anna plötzlich entdeckt, daß der Vertrag ein «Schwindel» sei, und sich an die Gerichte gewandt.

Anna präsentierte eine völlig andere Version dieser Ereignisse. Ihrer Darstellung nach war sie das Opfer einer Verschwörung, die bis in die höchsten Ebenen der Stadtregierung reichte. Sie behauptete, daß ihre Geschwister nach dem Tod ihres Vaters den gesamten Familienbesitz an sich gerissen und dies mit dem väterlichen Testament gerechtfertigt hätten, das sie selbst jedoch trotz mehrmaliger Anfragen nie zu Gesicht bekommen habe.[44] Da sie jedoch verarmt gewesen sei und kurz zuvor ihren Mann verloren habe, habe sie sich nicht zur Wehr setzen können. Und so habe sie notgedrungen einem Vertrag zugestimmt, der sie nicht nur übervorteilt, sondern es ihr auch untersagt habe, weitere Forderungen zu stellen.

Wenn sie sich ihren Geschwistern entgegengestellt hätte, hätten diese mit Sicherheit ihre Drohungen wahr gemacht und die schändlichen Bestimmungen des väterlichen Testaments gegen sie durchgesetzt. Dann hätte sie nur einen Bruchteil dessen erhalten, was sie als ihren rechtmäßigen Anteil ansah, nämlich das erbärmliche «Drittel eines Drittels»,[45] was ihrer Schätzung nach etwa ein Neuntel des gesamten Familienvermögens war. Wie bereits 1528, als ihr Vater sie gezwungen habe, sich mit einem geringeren mütterlichen Erbteil zu begnügen, als ihr zugestanden habe, habe sie schließlich auch diesmal klein beigegeben und das schäbige Angebot ihrer Geschwister angenommen, um nicht mit dem dürftigen väterlichen Erbteil auskommen zu müssen. Doch sei sie von Anfang an der Meinung gewesen, daß ihr ein weit größeres Erbe zustehe.

Annas Schilderung nach hatte sie erfolglos mit ihren Geschwistern das Gespräch gesucht und sich an den städtischen Rat um Hilfe gewandt, ehe sie schließlich die Sache aufgegeben und Hall verlassen hatte. Nach Angaben ihrer Geschwister und der Ratsherren jedoch waren die Gespräche und Kontakte, die Anna zu jener Zeit zu ihnen gesucht hatte, oberflächlicher und heuchlerischer Natur gewesen. Anna wiederum erinnerte sich genau daran, ihren Geschwistern dargelegt zu haben, daß ihre Enterbung mit dem elterlichen Ehevertrag, der ihrer Ansicht nach Vorrang vor dem väterlichen Testament habe, unvereinbar und damit rechtswidrig sei. Hätte man den Ehevertrag, der das Recht der Ehepartner, über den Familienbesitz frei zu verfügen, erheblich einschränkte, wirklich erfüllt – so, wie es ihre Eltern ursprünglich gewünscht hatten –, dann hätte Anna ihren vollen und gerechten Anteil am Grundbesitz und der beweglichen Habe der Familie erhalten.[46]

Aber auch wenn man von dem Ehevertrag einmal absähe, argumentierte Anna, sei es rechtswidrig, wenn ein Vater die Bedürfnisse seines leiblichen Kindes mißachte; ebensowenig sei es Rechtens, einen Teil der Erbmasse *(legata)* frühzeitig an einen Nachkommen abzutreten, was ihr Vater auch genau gewußt habe. Deshalb bezeichnete Anna den letzten Willen ihres Vaters auch als «angebliches Testament». Habe ihr Vater nicht ihrem Bruder Philipp viele tausend Gulden mehr zukommen lassen als Agathe und ihr? Habe er nicht etwa Philipp eigenmächtig einen Teil der Erbmasse überlassen, ohne die übrigen Erben darüber zu informieren oder dafür zu entschädigen?[47] «Nach geltendem Recht ist ein Erblasser ... dazu verpflichtet, sein *gesamtes* Gut seinen Kindern als rechtmäßiges und angemessenes Erbe zu überlassen», belehrte Anna ihre Geschwister während der letzten Anhörung vor ihrem Tod.[48]

Es gab noch ein weiteres juristisches Argument, das Anna mit einigem Erfolg hätte ins Feld führen können. Nach dem Gesetz durfte ein Vater seine Tochter enterben, wenn diese sich seinen Heiratsplänen widersetzte. Wenn ein Vater also nach bestem Wissen und Gewissen eine standesgemäße Ehe für seine Tochter arrangierte und diese seine Wahl ablehnte und es statt dessen vorzog, ein unkeusches Leben zu führen, war dieser laut Gesetz dazu berechtigt, seine Tochter zu enterben. Es gab in diesem Gesetz jedoch auch eine einschränkende Klausel, die es dem Vater untersagte, seine Tochter zu enterben, wenn man ihm nachweisen konnte, daß er seine Pflichten vernachlässigt und innerhalb des gesetzlich vorgeschriebenen Zeitraums, das heißt vor ihrem fünfundzwanzigsten Geburtstag, keine angemessene Ehe für seine Tochter arrangiert hatte. In einem solchen Fall führte man nämlich den unmoralischen Lebenswandel der Tochter zum einen auf die Pflichtvergessenheit des Vaters und zum andern auf die legitimen sexuellen Bedürfnisse der Tochter zurück. Wie es bereits der *Schwabenspiegel*, ein Gesetzbuch aus dem 13. Jahrhundert, formulierte, konnte eine Frau über 25 ihre «Ehre», aber nicht mehr ihr Erbe verlieren.[49]

Die Frage, ob Hermann Büschler wirklich alles versucht hatte, um einen angemessenen Partner für Anna zu finden, war unter den beteiligten Parteien sehr umstritten. Schließlich hing von dieser Einschätzung ab, inwieweit man Anna für ihr skandalöses Verhalten verantwortlich machen konnte. Obwohl sich Hermann Büschler auf das oben beschriebene Gesetz hätte berufen können und Anna wiederum auf die einschränkende Klausel, führte keine der beiden Parteien dieses juristische Argument an. Vermutlich wußten beide Seiten, daß sie ihre Behauptungen nicht würden beweisen können. Anna hätte die Weigerung ihres Vaters, irgendeinen ihrer Freier zu akzeptieren, für ihre Handlungsweise verantwortlich gemacht und ihren Anspruch auf ein volles Erbe unter Berufung auf den elterlichen Ehevertrag und ihr Geburtsrecht verteidigt. Ihr Vater wiederum hätte ihr entgegengehalten, daß sie sämtliche Heiratsanwärter, die er für sie gefunden hatte, ausgeschlagen habe; allerdings hätte er ihr weniger ihren unkeuschen Lebenswandel vorgeworfen, als die Tatsache, daß sie sich seiner väterlichen Autorität widersetzt und Schande über die Familie und die ganze Stadt gebracht hatte.

Doch letztlich blieben Annas Argumente gegen ihre Enterbung wirkungslos. Da sie fürchtete, daß ihre Geschwister sie mit dem kümmerlichen Erbe ihres Vaters abspeisen würden, falls sie sich ihnen noch länger widersetzte, willigte sie 1543 schließlich in deren Angebot ein. In der Öffentlichkeit stellte sie sich zu jener Zeit als arme, im Stich gelassene Witwe dar, die von Gläubigern bedrängt wurde und die niemanden hatte, an den sie sich wenden konnte. Und so habe sie schließlich aus «Armut, Angst und Unerfahrenheit» in eine Regelung eingewilligt, von der sie sich immerhin eine geringe Verbesserung ihrer damaligen Lage erhofft habe.[50] Erst später, als sie die Sache klarer gesehen und gemerkt habe, daß die Vertragsbestimmungen nicht ihren Erwartungen gemäß erfüllt würden, sei ihr bewußt geworden, daß man sie hinters Licht geführt habe.[51]

Während ihre Geschwister der Meinung waren, daß Anna weit mehr bekommen habe, als ihr zustehe, war Anna vom Gegenteil überzeugt. Sie behauptete, daß der Vertrag ihr «nicht nur mehr als die Hälfte» des ihr zustehenden Erbteils, sondern sogar «dreimal soviel oder mehr»[52] vorenthielte. Nur einmal nannte sie konkrete Zahlen und beschuldigte ihre Geschwister, sie um mehr als 2000 Gulden aus dem väterlichen Besitz betrogen zu haben.[53]

Laut Anna war der Vertrag von 1543 von Anfang an eine Farce, für die sie drei der einflußreichsten Männer der Stadt verantwortlich machte: ihren Bruder Philipp, den Stadtschreiber Wurzelmann, den Hauptverfasser des Dokuments, und den späteren Bürgermeister Leonhard Feuchter, der gemeinsam mit Wurzelmann vom Rat dazu bestimmt worden war, Anna während der Verhandlungen zu beraten.[54] Anna beschrieb ihren Bruder, der bald Bürgermeister werden sollte, als Halls «führenden Ratsherrn und einen Mann, den alle fürchteten»[55]. Es mußte für ihn deshalb ein leichtes gewesen sein, den Rat auf seine Seite zu ziehen, wobei ihn Wurzelmann, der Anna sicherlich auch nicht wohlgesinnt war, vermutlich tatkräftig unterstützt hatte. Zweifellos profitierte Philipp am meisten von einem Vertrag, der seine Bevorzugung durch den Vater verschleierte und der darüber hinaus das Stillschweigen der einzigen Person, die einen Grund hatte, die Aufteilung des Familienerbes anzufechten, nämlich Anna, sicherstellte. Annas Meinung nach hatten Philipp und seine Verbündeten von Anfang an ein falsches Spiel mit ihr getrieben.

Mitte der zwanziger Jahre hätte Anna ihren Vater ähnlich charakterisieren können wie Anfang der vierziger Jahre ihren Bruder; denn auch ihr Vater war ein angesehener, unbescholtener Mann gewesen, der von jedermann geachtet und gefürchtet wurde. Und auch ihm war es mit Hilfe nützlicher Verbindungen gelungen, in seinen Rechtsstreitigkeiten mit

Anna die Oberhand zu behalten. Vielleicht fielen Anna rück-
blickend die erschreckenden Parallelen zwischen den beiden
Männern auf.

Anna behauptete auch, daß sie keinerlei Mitspracherecht
bei der Auswahl der Männer gehabt habe, die gemeinsam mit
ihren Geschwistern den Vertrag ausarbeiteten, ebensowenig
bei der Auswahl der städtischen Beamten und Verwandten,
die sie bei den Verhandlungen berieten. Schließlich habe man
ihr einen fertigen Vertrag vorgelegt, den sie, ohne ihn vorher
durchlesen zu können, habe unterzeichnen müssen.[56] Wie
beim Streit um das väterliche Erbe auch behauptete Anna
nun, daß sie den Vertrag nicht habe einsehen können und daß
der Rat ihrer Bitte, ihr eine Abschrift zukommen zu lassen,
nicht nachgekommen sei.[57] Sie erinnerte sich noch daran, daß
am Tag der Unterzeichnung ihre beiden Geschwister, ihre
vom Rat bestimmten Berater und die Verfasser des Vertrags
mit ihr im Ratszimmer gewesen seien. Als man sie aufgefordert habe, das fertiggestellte Dokument zu unterzeichnen,
habe sie einen Moment lang gezögert, woraufhin ihr Bruder
einen Wächter hereingerufen und diesen angewiesen habe,
sie in den Turm zu sperren. Genau in diesem Moment, behauptete Anna, habe Wurzelmann ihr die Feder in die Hand
gedrückt und darüber gewacht, daß sie den Vertrag an der
von ihm bezeichneten Stelle unterschrieb.[58]

In Ungnade gefallen

Für Anna bestand kein Zweifel und, wie sie glaubte, für alle bei der Vertragsunterzeichnung Anwesenden ebensowenig, daß sie den Vertrag mit ihren Geschwistern nur unter Zwang unterschrieben habe. Aus dieser Gewißheit habe sie zu jener Zeit ihren einzigen Trost geschöpft. Sie sei überzeugt davon gewesen, daß ein unter solchen Umständen geschlossener Vertrag in einer fairen Verhandlung für null und nichtig erklärt und der Erbstreit neu verhandelt werden würde. Kaum habe sie das Ratszimmer verlassen, habe sie bereits überlegt, wie sie aus Hall fliehen und Unterstützung für ihren Kampf gegen die Stadt und ihre Geschwister bekommen könne.[59]

Spätestens im Januar 1544 hatte sie aller Wahrscheinlichkeit nach in Neuenstein Zuflucht gefunden, wo sie nun ihren Gegenangriff vorbereitete. Am 23. Januar 1544 schickte sie zunächst an den Haller Rat ein Schreiben, in dem sie förmlich Einspruch gegen den Vertrag mit ihren Geschwistern erhob und den Rat ersuchte, zu ihren Gunsten einzuschreiten. Sie beschuldigte ihre Geschwister, sie «wider Recht und Billigkeit»[60] um das ihr zustehende Erbe gebracht zu haben und ihr einen unfairen Vertrag aufgenötigt zu haben, der sich auf das «boshafte Testament» ihres Vaters stützte. Erst nachdem sie den Vertrag bereits unterzeichnet hatte, sei sie auf die Klausel im Ehevertrag ihrer Eltern gestoßen, die es beiden Partnern untersage, über das eheliche Vermögen frei zu verfügen. Anna ersuchte nun den Rat, den Besitz ihres Vaters zu konfiszieren, zu inventarisieren und jede weitere Aufteilung desselben zu unterbinden; andernfalls werde sie ihr Anliegen an eine übergeordnete gerichtliche Instanz richten, ohne den Rat vorher davon in Kenntnis zu setzen.

Beide Seiten hatten bereits einige Wochen nach Vertragsabschluß den Rat formlos darum ersucht, für die Einhaltung der Vertragsbestimmungen zu sorgen. Damals beschwerte sich Anna darüber, daß Philipp ihre Gläubiger nicht bezahle und daß er ihr sogar gedroht habe, sie ins Gefängnis werfen zu lassen, falls sie nicht endlich ihre Nörgeleien und Vorwürfe unterließe. Er habe sie sogar vom Haller Rat vorladen lassen, um ihren verleumderischen Reden «ein für allemal ein Ende zu setzen».[61] Nach monatelangen Streitereien verklagten Agathe und Philipp ihre Schwester schließlich wegen übler Nachrede.[62]

Seit Anna die Haller Justiz öffentlich angeprangert und während des berühmten Speyrer Treffens mit Wurzelmann und der Haller Abordnung wüste Beschimpfungen und Drohungen ausgestoßen hatte, war sie auch beim Haller Rat in Ungnade gefallen, da dieser in dem leichtfertigen und respektlosen Benehmen einer Haller Bürgerin eine Art «Hochverrat» sah. Und so hatten sich wieder einmal unheilvolle Gewitterwolken über Anna zusammengeballt.

Am 18. April 1544 schickte ihr der Rat die erste von drei Aufforderungen, im Rathaus zu erscheinen, um zu den Vorwürfen ihrer Geschwister Stellung zu nehmen. Anna kam weder dieser noch den beiden nächsten Vorladungen vom 17. Mai und 4. Juli nach.

Mitte des Sommers verloren die Ratsherren in Hall allmählich die Geduld.[63] In der Überzeugung, daß jedes weitere Entgegenkommen nur auf «erbitterten Widerstand»[64] stoßen würde, ordnete der Rat Annas Festnahme an. Da sie sich der Mißachtung des Gerichts und des Widerstands gegen die Obrigkeit schuldig gemacht hatte, war ihre Ergreifung «eine im Interesse der öffentlichen Sicherheit und Ordnung» unumgängliche Maßnahme.[65] Daraufhin spürte der Haller Stadtknecht Anna und ihren Anwalt Ende August in Münkheim auf, das unter Haller Gerichtsbarkeit stand. Er nahm sie fest und brachte sie nach Hall, wo man sie in ein Frauengefängnis sperrte, das nach Ansicht des Rats «durchaus annehmbar»[66] war.

Zum zweitenmal in ihrem Leben durchlebte Anna den Schrecken und die Demütigung einer Gefangenschaft. Auch diesmal wich ihre Schilderung der Ereignisse extrem von der Darstellung des Haller Rats ab. Ihrer Aussage nach hatten sie und ihr Anwalt sich offenbar Ende August oder Anfang September freiwillig und arglos auf Haller Territorium begeben, um ihren Gerichtstermin beim Haller Rat wahrzunehmen. Ihr verspäteter Aufbruch sei jedoch kein Zeichen von Mißachtung gegenüber dem Rat gewesen. Anna habe nur deshalb so lange gezögert, weil der Rat sich geweigert habe, ihr vor ihrer Abreise aus Speyer einen Geleitbrief zu schikken. Anstelle eines solchen Briefes habe sie dann jedoch die Zusicherung erhalten, daß ihr Bürgerrecht ihr auf Haller Territorium ausreichenden Schutz gewährte.[67] Aufgrund dieser Zusage sei sie schließlich, wenn auch widerstrebend, nach Hall aufgebrochen.

Wie schon achtzehn Jahre zuvor, als der Haller Geleitbrief sie nicht vor ihrem Vater geschützt hatte, sollte sie sich auch diesmal täuschen: Trotz offizieller Zusicherungen bot ihr das Bürgerrecht keinerlei Schutz vor ihren Feinden im Haller Rat. Und wieder einmal schien sich für Anna Büschler die Vergangenheit zu wiederholen.

Anna vermutete, daß ihr Bruder hinter ihrer Gefangennahme in Münkheim steckte. Offenbar fürchteten ihre Geschwister, so Anna, daß während des Verleumdungsprozesses auch das Unrecht, das sie ihrer Schwester mit ihrem raffiniert ausgeklügelten Vertrag angetan hatten, ans Licht kommen könnte.[68] Um das Verfahren aufzuhalten, hätten sie dafür gesorgt, daß man sie wegen angeblicher Nichtbefolgung der Vorladungen festnahm – ähnlich wie ihr Vater einst ein schwebendes Verfahren in Hall unterbrochen hatte, indem er Anna in Esslingen mit Hilfe einer kaiserlichen

Vollmacht gefangengenommen hatte. Mittlerweile war Annas Vertrauen in die Haller Justiz so erschüttert, daß sie offenbar davon überzeugt war, daß man ihr in ihrer Heimatstadt keine Gerechtigkeit widerfahren lassen würde.

Nicht lange nach ihrer Gefangennahme gaben ihre Wärter eine eidliche Aussage zu Protokoll. Sie beschrieben Anna als gebrochene Frau – zornig, geschwächt und verzweifelt –, die mit niemandem ein Wort gesprochen und keinerlei Hilfe angenommen habe. «Sie wirkte ganz unglücklich und elend», hieß es in der Aussage, «und klagte zu Gott, daß sie nur wegen des verdammten Guts ihres Vaters in solche Not geraten sei und an Leib und Seel leiden müsse»; außerdem habe Anna geglaubt, daß sie ihre Gefangenschaft nicht überleben würde.[69] Obwohl sie auch von ihrem Anwalt bitter enttäuscht gewesen sei, habe sie für ihre Notlage allein ihre Geschwister verantwortlich gemacht, die ihre vierteljährlichen Zahlungen eingestellt hatten. Sie habe nicht die geringste Chance für eine Aussöhnung mit ihren Geschwistern gesehen und deshalb künftig auch keinerlei Unterstützung von ihnen erwartet. In der Aussage heißt es weiter, daß sie den Rat angefleht habe, «ihr Vater und Mutter zu sein und nicht schlecht von ihr zu denken», da sie nun niemanden mehr habe, an den sie sich wenden könne.[70]

Was der Rat als «durchaus annehmbares» Frauengefängnis bezeichnet hatte, war für Anna ein «schrecklicher Kerker». Als Anna in der sechsten Woche ihrer Gefangenschaft erkrankte, verlegte man sie in das städtische Spital, in dem ihr Mann im Vorjahr gestorben war. Dort kettete man sie ans Bett – eine Vorsichtsmaßnahme, zu der man normalerweise nur bei Geisteskranken griff. Anna behauptete, daß man vorgehabt habe, eine besondere Zelle für sie zu bauen, in der sie der Rat für den Rest ihres Lebens habe einsperren wollen.[71]

Trotz Annas Vorbehalten gegenüber ihrem Anwalt, der

nach ihrer Festnahme in Münkheim allein nach Speyer zurückgekehrt war, sollte er sich schließlich doch noch – wenn auch zu spät und in typischer Juristenmanier – für sie einsetzen. Als er von Annas Haft in Hall erfuhr, beantragte er beim Rottweiler Hofgericht eine Anordnung, sie unverzüglich auf freien Fuß zu setzen. Am 8. Oktober schrieb er Anna, daß man seinem Antrag stattgegeben habe und daß man das Mandat dem Haller Rat zustellen werde. Er versäumte es nicht, bei dieser Gelegenheit um umgehende Honorierung seiner Bemühungen in Höhe von dreieinviertel Gulden zu bitten.[72]

Die gerichtliche Anordnung sollte sich jedoch als unnötig erweisen, da die überaus einfallsreiche Anna ebenfalls Mittel und Wege gefunden hatte, um zu fliehen und sich in Neuenstein in Sicherheit zu bringen. Trotzdem sollte sie in ihrer späteren Klage gegen die Stadt Hall den Rat beschuldigen, die Rottweiler Anordnung nicht befolgt zu haben. Laut Anna hatte der Rat insgesamt dreimal gegen kaiserliches Recht verstoßen: Zum einen habe er sie wegen eines zivilrechtlichen Vergehens widerrechtlich ins Gefängnis geworfen, zum zweiten habe er ihre Haft zum Vorwand genommen, um das schwebende Verfahren mit ihren Geschwistern auszusetzen, und zum dritten habe er sie trotz der Anweisung eines übergeordneten Gerichts weiterhin festgehalten.[73] Kurz gesagt hatten sich Annas zahlreiche Feinde in Hall gegen sie verschworen, um sie für den Rest ihres Lebens hinter Gitter zu bringen.

Das Rottweiler Hofgericht verurteilte die Stadt Hall schließlich wegen Nichtbefolgung seiner Anordnung zu einer Geldstrafe von zwanzig Goldmark – zehn für das Gericht, zehn für Anna. Der Rat focht dieses Urteil mit der Begründung an, daß Anna zu dem Zeitpunkt, den das Hofgericht für ihre Freilassung festgesetzt hatte, bereits aus dem Gefängnis geflohen sei und somit Annas Klage hinfällig sei.[74]

Sechs Jahre später war die Geldstrafe noch immer nicht be‑
zahlt und der Rechtsstreit zwischen den beiden Gerichten in
vollem Gange. Anna jedoch war weiterhin davon überzeugt,
daß die Ratsherren von Hall sie während der ganzen Episode
vorsätzlich getäuscht und drangsaliert hatten.[75]

Die
Zeugen

CONSVL·IS·EXPRESSOS·IN·IMAGINE
CERNERE·VVLTVS··
CONRADI·BVSCHLER
PICTA·TABELLA·DEDIT·⸬

SEINES·ALTERS·67·
·1·5·7·9·

Konrad Büschler jun. (1512–1579) wurde vom Haller Rat zu Annas Vormund bestimmt und war während der Verhandlungen mit ihren Geschwistern zwischen 1543 und 1544 Anfang Dreißig. Sein Vater, Konrad sen. (gest. 1550), spielte ebenfalls eine wichtige Rolle bei den Vertragsverhandlungen. Zu ihm war Anna auch zunächst geflüchtet, nachdem ihr Vater sie 1525 hinausgeworfen hatte.

ach ihrer Flucht im Sommer 1544 bis ins Jahr 1552 versuchte Anna, den Prozeß um ihr Erbe wieder aufzurollen und gegen die Stadt Hall vorzugehen, die sie widerrechtlich festgenommen und eingesperrt hatte. Dabei wurde sie von ihrem Ehemann Johann Sporland unterstützt, einem Neuensteiner, den sie 1546 geheiratet hatte. So, wie er sich für Anna einsetzte, war er offenbar ein hartnäckiger und in Rechtsfragen bewanderter Mann. Bedauerlicherweise geben die Quellen keinen Aufschluß darüber, ob er der «böseste und ärgste Bub» war, den sie finden konnte – obwohl die Chancen dafür im Fürstenhaus Hohenlohe recht gut standen. Sporlands Beharrlichkeit und Ausdauer im Umgang mit den Gerichten – sowohl zu Annas Lebzeiten als auch nach ihrem Tod – legen nahe, daß es ihr gelang, ihre berüchtigte Prophezeiung von Speyer wahr zu machen.

Zwischen 1546 und 1550 ersuchten die Sporlands das Reichsgericht in Esslingen, Annas 1543 geschlossenen Vertrag mit ihren Geschwistern für ungültig zu erklären, um damit für Anna den Weg frei zu machen, ihr vollständiges Erbe einzuklagen. Zu den wenigen Dokumenten, die offenbar aus jenen Jahren noch vorhanden sind, gehört eine Abschrift der Antwort des Gerichts auf Sporlands Klage gegen Philipp Büschler und Wolf Schanz, Agathes Ehemann, vom März 1548. Sie zeigt die kühle Reaktion des Gerichts auf den fortgesetzten Streit zwischen den drei Geschwistern. In seinem Schreiben weist das Gericht beide Parteien unter Androhung einer Geldstrafe an, den Vertrag einzuhalten. Somit wurde der Status quo beibehalten, der Anna zwar benachteiligte, ihr aber die Möglichkeit ließ, eine neue Klage anzustrengen.[1] Die Sporlands jedoch wollten eine Revision des Urteils erreichen, was ihnen schließlich auch gelang.

Nachdem die Familienfehde der Büschlers weitere sechs Jahre gewährt hatte, schritt das Reichsgericht schließlich ein. Zwischen dem Frühjahr 1550 und Januar 1552 suchten vier verschiedene Kommissionen, die sich aus Richtern des Reichsgerichts zusammensetzten, Hall auf und nahmen die Aussagen von Dutzenden von Zeugen auf, um den Zwist ein für allemal zu beenden.

Eine Reihe von Faktoren hatte diese Entscheidung bewirkt. Zum einen trug gewiß die Hartnäckigkeit der Sporlands dazu bei, die nicht müde wurden, ihre Ansprüche geltend zu machen. Zum anderen gelang es dem städtischen Rat offenbar nicht, den Disput zu einem Ende zu bringen. Außerdem machten die während der Vernehmungen Mitte des Jahrhunderts gesammelten Zeugenaussagen deutlich, daß sowohl einige Ratsmitglieder als auch kaiserliche Beamte, die mit dem Fall an höheren Gerichten (Rottweil, Esslingen, Speyer und Augsburg) zu tun gehabt hatten, vermuteten, daß Hermann Büschler seiner Tochter großes Unrecht angetan hatte. Das Reichsgericht fürchtete auch, daß der Haller Rat gegen kaiserliches Recht verstoßen und die Rechte einer Bürgerin mißachtet hatte, als er Anna 1544 gefangennahm und einsperrte. Nicht wenige Haller Bürger erinnerten sich noch gut an jene sechs Monate im Jahr 1525, als der städtische Rat tatenlos mit ansah, wie Hermann Büschler seine Tochter zu einer Gefangenen in ihrem eigenen Haus machte. Schließlich, nach fast drei Jahrzehnten der Befehdung, war jeder, der an diesem Drama beteiligt war, froh, daß es endlich ein Ende nahm – sowohl direkt Betroffene als auch Zeugen und bloße Beobachter, die Büschlers wie auch die Leuzenbrunns / Sporlands, Reichsrichter und Haller Ratsherren und ein beträchtlicher Teil der Bürger von Hall. Nur die Rechtsanwälte hätten einer Fortdauer vielleicht noch etwas abgewinnen können.

In Gegenwart einer oder mehrerer der vier Kommissionen

schilderten Anna, ihre Geschwister und der städtische Rat ihre Version der Ereignisse. Dabei ging es nicht nur um den 1543 geschlossenen Vertrag, sondern auch um Annas Festnahme durch die Stadt und die schrecklichen Begleitumstände. Annas Aussage widersprach völlig der Darstellung ihrer Geschwister und der des Rats, woraus die Kommissare nur schließen konnten, daß auf allen Seiten gelogen wurde.

Vor allem die beiden Hauptanklagepunkte Annas hofften die Kommissare durch Zeugenverhöre klären zu können. Zum einen behauptete Anna, daß ihre Geschwister sie genötigt hätten, einen Vertrag zu unterschreiben, der sie übervorteilte, und sich danach geweigert hätten, eine der Hauptbedingungen, nämlich die Begleichung ihrer Schulden, zu erfüllen. Zweitens beschuldigte sie den Rat, sie hinterlistig und unrechtmäßig festgenommen zu haben; zudem habe er die Absicht gehabt, sie in einer speziell für sie gebauten Zelle verrotten zu lassen. In beiden Punkten forderte Anna eine Entschädigung für ihre Demütigungen und Verletzungen sowie eine angemessene Bestrafung ihrer Peiniger.

Annas Mitbürger erinnern sich

Während Anna sowohl ihre Geschwister als auch führende Vertreter der Stadt als hinterhältig und grausam darstellte, behaupteten diese, sie sei gestört. Bei ihrer Wahrheitssuche ließen die Kommissare nichts unversucht. Sie nahmen die Aussagen von etwa drei Dutzend Zeugen zu Protokoll, von denen sie annahmen, daß sie die relevanten Fakten kannten. Dabei handelte es sich um Personen, die entweder in kritischen Augenblicken in Annas Leben zugegen gewesen waren – vor allem in den zwanziger Jahren des 16. Jahrhunderts, als der Streit begann – oder im Laufe der Jahre zu einer oder mehreren der beteiligten Parteien in Beziehung gestanden hatten. Es war eine bunte Mischung aus Bürgern und Landbewohnern, Verwandten und Freunden aus Hall, den umliegenden Ortschaften und benachbarten Kleinstädten, selbst aus dem fernen Rothenburg.

Insgesamt waren es neununddreißig Zeugen, Männer und Frauen im Alter von dreiundzwanzig bis achtzig Jahren. Es waren mächtige adlige Grundbesitzer ebenso wie rechtlose Tagelöhner. Menschen mit einem jährlichen Einkommen bis zu fünftausend Gulden und weniger als zwanzig – eine «Jury», die das ganze soziale Spektrum des 16. Jahrhunderts repräsentierte und die Integrationsfähigkeit und Veränderlichkeit dieser Gesellschaft deutlich machte.

Zahlreich vertreten waren Haller Ratsherren, Territorialbeamte und Anwälte, die im Laufe der Jahre mit dem Fall zu tun gehabt hatten. Unter den Zeugen befanden sich auch drei Dienstboten, zwei Söldner, eine Hausfrau, ein Bäcker, ein Bote, ein Student der Rechte, ein Salzsieder, ein Schuhmacher, ein Schneider und ein Stukkateur. Die wunderlichste Zeugin war vermutlich Margreta Keidmenin, eine vierzigjährige Badefrau, die dreißig Jahre zuvor für Annas Mutter als Dienstmagd gearbeitet hatte.[2] Man hatte sie offenbar in der Hoffnung zu den Windberg-Verhören geladen, daß sie sich an Annas Verhalten bei deren Rückkehr ins Haus ihres Vaters erinnern könne. Da sie den Büschlerschen Haushalt schon vor dem Tod von Annas Mutter verlassen hatte, konnte Margreta bedauerlicherweise weder etwas zu Annas Benehmen sagen, noch konnte sie der Kommission mit anderen relevanten Informationen dienen.

Indem die vier Kommissionen zahlreiche Zeugen mehrfach befragten, hofften sie, den Lügen auf die Spur zu kommen, die Widersprüche aufzulösen und schließlich die Wahrheit herauszufinden. Nur zwei Zeugen sagten bei allen vier Anhörungen aus: Leonhard Feuchter, Halls amtierender Bürgermeister, und der Arzt Anthon Brellochs, der Annas Mutter und Vater vor ihrer Hochzeit gekannt und auch weiterhin engen Kontakt zur Familie gepflegt hatte. Zwei weitere Zeugen sagten bei drei der Anhörungen aus: der achtzigjährige Edelmann und langjährige Ratsherr Volk von Roßdorf (gest. 1554), der Anna Sympathie entgegenbrachte, und der Ratsherr Hans Eisenmenger, ein loyaler Bürger der Stadt, der sich strikt an die Version der Stadt hielt. Siebzehn weitere Zeugen sagten bei zwei der vier Anhörungen aus.

Man könnte behaupten, daß ein Großteil der geladenen Zeugen Anna gegenüber voreingenommen war. Die größte Einzelgruppe von Zeugen, die im Grunde Anna alle feindlich gesinnt waren, waren Haller Ratsherren, insgesamt zehn. Zahlreiche weitere Zeugen hatten Zusammenstöße mit Anna gehabt, weshalb ihre Aussagen mit Vorsicht zu genießen sind. Das gilt mit Sicherheit für die Dienstboten ihres Vaters, Lienhard Vahmann und Barbara Dollen. Vahmann war es, der die beiden Fässer mit Waren seines Herrn sichergestellt hatte, die Anna gestohlen und nach Kirchberg geschickt hatte, um sie dort zu verkaufen, und in denen ihr Vater ihre Liebesbriefe entdeckt hatte. Diese und andere Missetaten, die er beobachtet hatte, hatten bei Vahmann zumindest gemischte Gefühle hervorgerufen. Barbara Dollen hatte sowohl Respektlosigkeit als auch Todesdrohungen von Anna zu erdulden gehabt und konnte sie augenscheinlich nicht leiden. Ein weiterer Zeuge, der Salzsieder Gilg Menger, hatte Anna Geld geliehen, das sie nur zögernd zurückgezahlt hatte; trotzdem sagte er zu ihren Gunsten aus. Ihr Vetter und Vormund Konrad Büschler jun. hingegen, auf dessen Unterstützung sie vielleicht gebaut hatte, widersprach ihrer Aussage in wichtigen Punkten. Ein paar der Ratsherren wurden abtrünnig und legten ein gutes Wort für sie ein. In einem Fall wie

Annas, in dem die Hauptfigur eine furchtlose Sünderin ist, gegen die zugleich auf dreisteste Weise gesündigt wurde, kann sich ein scheinbarer Freund leicht als Feind entpuppen und umgekehrt. Nicht wenige hängten ihr Fähnchen nach dem Wind. Anna brachte ihre Mitbürger dazu, einen kritischen Blick auf ihre Vorbilder zu werfen und sich darüber hinaus zu fragen, inwieweit ihre geheimen Wünsche mit den gesellschaftlichen Erwartungen übereinstimmten – eine zugleich beängstigende und faszinierende Erfahrung.

In einem Punkt war sich die überwiegende Mehrheit der Zeugen einig: Anna hatte mit Sachverstand und Engagement an den Beratungen teilgenommen, die zur Übertragung des Familienbesitzes geführt hatten. Der Ratsherr Hans Eisenmenger und Wimpfens Stadtschreiber Lienhard Bleimeier, ein Mann in Maternus Wurzelmanns Diensten, sagten aus, daß Anna zu viele hervorragende Ratgeber an ihrer Seite gehabt habe, um zu behaupten, sie habe nicht verstanden, was um sie herum geschah.[3] Wurzelmanns zentrale Rolle bei der Abfassung des Schriftstücks, das Anna als heimtückisch bezeichnete, wurde auch von Eisenmenger und Bleimeier gelobt. Sie beschrieben den alten Stadtschreiber als einen ehrlichen Mittelsmann, der keinerlei Vorteile durch den Vertrag gehabt und ihn ausschließlich mit Annas Wohlergehen im Sinn aufgesetzt habe.[4] Ein Ratsherr jedoch wußte nicht zu sagen, ob Wurzelmann die eine oder die andere Seite begünstigt hatte.[5]

Bleimeier erinnerte sich noch, daß Anna sehr erfreut über den Verlauf der Vertragsverhandlungen gewesen sei, obwohl er zugab, daß er nicht sagen könne, «aus welchem Antrieb» heraus sie schließlich den Vertrag akzeptiert hatte.[6] Dem Ratsherrn Melchior Wetzel zufolge hatte sie niemand bei der Unterzeichnung unter Druck gesetzt. Nur einmal unterbrach sie selbst die Verhandlungen, um sich kurz mit ihrem Vormund zu beraten. Als beide in das Ratszimmer zu-

rückkehrten, stellten sie ein oder zwei Fragen, die zufrieden-
stellend beantwortet wurden; kurz darauf verkündete ihr
Vormund, daß sie die Vereinbarung akzeptiere.[7] Eisenmenger erinnerte sich, daß sie die rechte Hand auf die linke Brust
gelegt und geschworen habe, den Vertrag einzuhalten, und
danach gegenüber den Anwesenden ausgerufen habe: «Der
Herr sei gepriesen, daß ich jetzt versorgt bin und mein Auskommen hab!»[8] Bürgermeister Feuchter, eine weitere prominente Person, die während der ganzen Verhandlungen anwesend gewesen war, erinnerte sich, daß sie in den Tagen
nach der Unterzeichnung des Vertrags mit ihrem Bruder in
Eintracht gelebt und häufig in seinem Haus verkehrt habe,
das sie sehr liebte.[9]

Andererseits hatte Johann Hornberger gehört, daß Anna
über den Vertrag überhaupt nicht glücklich gewesen sei und
Hall bei der erstbesten Gelegenheit verlassen habe, fest entschlossen, ihn anzufechten.[10] Volk von Roßdorf hatte sogar
Gerüchte gehört, daß sie zum Zeitpunkt der Abfassung des
Vertrags betrunken gewesen sei und sich deshalb weigerte,
ihn anzuerkennen.[11]

Es entsprach nicht Annas Natur, eine abwartende Haltung
einzunehmen. In der Regel faßte sie schnelle Entschlüsse und
nahm instinktiv eine Sache in Angriff. Obwohl man kaum
behaupten kann, daß sie während der Verhandlungen mit
ihren Geschwistern je ahnungslos war, befand sie sich damals
in einer für sie äußerst schwierigen, nicht kontrollierbaren
Situation. Das erklärt auch die widersprüchlichen Beurtei-
lungen ihres Verhaltens.

Ein Wolf im Schafspelz?

enn irgend jemand 1551 in der Lage war, eine wahr-
heitsgetreue Einschätzung von Annas Verhalten sieben Jahre zuvor zu geben und die eine oder andere Schilderung der Ereignisse zu bestätigen, dann ihr Vetter Konrad
Büschler jun., ihr vom Rat ernannter Vormund. Er machte
unter Eid zwei Aussagen, die erste als Erwiderung auf die
Zeugenaussage ihrer Geschwister, daß sie freiwillig den Vertrag unterzeichnet habe, die zweite als Erwiderung auf Annas
Aussage, daß sie den Vertrag gegen ihren Willen und unter
Androhung einer Gefängnisstrafe unterschrieben habe. Er
erklärte, daß sie «aus freien Stücken» geschworen habe, die
Bedingungen des Vertrags einzuhalten, was er ganz sicher
wisse, weil er neben ihr in der Ratsstube gestanden habe.[12]
Andererseits widersprach er ihr nicht, als sie protestierte und
sagte, sie habe den Vertrag aus Angst unterzeichnet. Da er
während der Beratungen, die das endgültige Dokument
hervorbrachten, nicht anwesend gewesen sei und keinerlei
Kenntnis von irgendeiner Nötigung habe, könne er nicht
mit Sicherheit sagen, ob sie den Vertrag unter Zwang unterzeichnet habe,[13] obwohl er es eigentlich nicht glaube.

Bei einem anderen Zeugenverhör, bei dem er zum selben
Punkt befragt wurde, betonte Konrad Büschler erneut, daß
Anna den Vertrag aus freien Stücken unterzeichnet habe. Nie
habe er sie sagen hören, daß ihr mit Gefängnis gedroht worden sei. Tatsächlich «bat sie darum, [den Vertrag] selbst zu
unterzeichnen ... es gab nicht die geringste Nötigung ...
[und] sie akzeptierte ihn bereitwillig, lobte ihn und schwor,
ihn einzuhalten». Er nehme an, daß es ihr Ernst damit gewesen sei, weil er sie nie gegen den Vertrag habe protestieren
hören, noch habe sie ihn beauftragt, ihn in ihrem Namen anzufechten.[14]

246

Konrad Büschler zufolge, der es zweifellos am besten beurteilen konnte, hatte Anna demnach den Vertrag wissentlich, willentlich, ja sogar freudig abgeschlossen. Wenn Nötigung im Spiel gewesen war, dann konnten nur die unmittelbar Beteiligten davon gewußt haben. Erst als sie aus Hall geflohen war und ihren Bruder und den Rat in Speyer öffentlich anprangerte, merkte ihr Vormund – und wahrscheinlich auch jeder andere, der in den Fall verwickelt war –, daß der Schein getrogen hatte.

Für jeden Richter, der noch Zweifel gehegt hatte, daß Anna ihn nicht freiwillig abgeschlossen hatte, gab Konrad Büschlers Aussage den Ausschlag. Wenn die Behauptung ihrer Geschwister also stimmte, daß Anna den Vertrag nicht von Anfang an abgelehnt hatte – was die Mehrheit der Zeugen bestätigte –, dann war ihr einzig zwingendes rechtliches Argument für eine Anfechtung hinfällig geworden.

In anderen, weniger entscheidenden Punkten widersprach Konrad Büschler ebenfalls Annas Aussage. Beispielsweise glaubte er nicht, daß das Vermögen ihres Vaters zwanzigtausend Gulden betrage, wie sie behauptete,[15] oder daß ihr Bruder Philipp der furchteinflößende Ratsherr sei, als den sie ihn hinstelle. «Er war ... ein Mitglied des Rats, aber nicht der ganze Rat», wie Konrad Büschler es ausdrückte.[16] Er bestritt auch Annas Behauptung, daß ihre Geschwister die Zahlungen ihrer Leibrente eingestellt hätten. Sie sei vielmehr diejenige gewesen, die sich geweigert habe, die Zahlungen anzunehmen, nachdem sie beschlossen habe, die Rechtmäßigkeit des Vertrags anzufechten. Und selbst nach dieser Entscheidung hinterlegten[17] ihre Geschwister weiterhin ihre achtzig Gulden beim städtischen Rat, bis Anna beschließen sollte, sie in Anspruch zu nehmen.

Wenn solche Aussagen schon der Gegenpartei zugute kamen, wie niederschmetternd mußte für Anna da erst die Enthüllung ihres Vormunds gewesen sein, daß er ebensowenig wie sie Hermann Büschlers Testament gelesen und auch nie den elterlichen Ehevertrag gesehen hatte? Und da er mit den wichtigsten Dokumenten nicht vertraut war, verweigerte er eine Stellungnahme zu der entscheidenden Frage, ob das Testament dem Ehevertrag widersprach.[18] Da dies Annas Hauptargument für die Anfechtung des väterlichen Testaments darstellte, hätte sie größere Sorgfalt und mehr Engagement von einem Mann erwarten können, der ernannt worden war, um ihre Interessen zu vertreten. Auch ihr Rothenburger Vetter Johann Hornberger, ein weiterer wichtiger Berater, schloß sich dem Urteil der Richter in der Frage an, ob das Testament eines Vaters einen elterlichen Ehevertrag aufhob oder nicht.[19]

Trotz seiner Behauptung, Hermann Büschlers Testament nie gelesen zu haben, konnte Vetter Konrad detailliert seine Bestimmungen zitieren. Er wußte beispielsweise, daß es für Philipp einen Zinsbrief über zwölfhundert Gulden, das Stammhaus und Gut Lindenau vorsah und daß Agathe im Gegensatz zu Anna für die beiden Liegenschaften angemessen entschädigt worden war.[20] Dies nährte Annas Verdacht, daß ihr Vormund die ganze Zeit mit ihren Feinden unter einer Decke gesteckt hatte.

Daß Konrad Büschler die Bestimmungen des Testaments ihres Vaters zitieren konnte, war jedoch noch kein Primafacie-Beweis für ein Komplott. Die Details des Testaments waren ihm ebenso leicht zugänglich wie jeder anderen interessierten Partei, weil Annas Geschwister ganz erpicht darauf waren, sie bekanntzumachen, da das Testament sie so sehr begünstigte. Außerdem war das Testament öffentlich, in Gegenwart von Anna und ihrem Vormund, verlesen worden. Trotzdem hätte sich Konrad Büschler in seiner Eigenschaft als Vormund in diesem für seine Klientin so entscheidenden Punkt nicht auf mündliche Aussagen verlassen dürfen, vor allem, wenn die Vermutung nahelag, daß ihre Geschwister und der Rat gegen sie konspirierten. Korrekterweise hätte er Kopien aller wichtigen Dokumente anfordern und diese sorgfältig prüfen müssen.

Ob berechtigt oder nicht, Anna hatte ihre Zweifel bezüglich der Loyalität ihres Vormunds, die sie durch ihren Protest, daß er nicht ordnungsgemäß in sein Amt eingeschworen worden sei, indirekt äußerte. Damit meinte sie, daß er keinen Treueeid ihr gegenüber abgelegt hatte, was er während der Vernehmungen auch offen zugab. Er war vom städtischen Rat ernannt und ermächtigt worden, in offizieller Eigenschaft Anna zur Seite zu stehen, bis sie sich mit ihren Geschwistern über ihren Anteil am Familienerbe geeinigt hatte.[21] Mit anderen Worten, er war mit einer speziellen Aufgabe betraut worden, die mit der Beilegung des Konflikts beendet war.

Mit der Begründung, ihr Vormund habe es versäumt, den üblichen Eid zu leisten, erklärten Anna und ihr Anwalt den Vertrag mit ihren Geschwistern für ungültig. Sie sahen darin zum einen einen Verfahrensfehler und zum anderen ein Komplott des Rats.

Der Stärkere siegt

Wenn Anna von ihren Geschwistern so offenkundig manipuliert worden war, wie sie behauptete, wäre es wohl kaum jemandem verborgen geblieben. Es ist wenig glaubwürdig, daß sämtliche Beteiligten Stillschweigen bewahrten. Wahrscheinlicher ist, daß Anna dem Vertrag von 1543 aus einem anderen Grund zugestimmt hatte. Möglicherweise hatte sie ihn wegen seines unmittelbaren Nutzens akzeptiert und erst später gemerkt, daß seine Konditionen weniger großzügig waren, als sie gedacht hatte. Mit anderen

Worten, es ist möglich, daß beide Seiten über die Ereignisse des 16. Oktober 1543 die Wahrheit sagten.

Aufschluß über Annas Gemütszustand in den Monaten vor und nach dem Abschluß des Vertrags gibt die Aussage ihres Vetters Johann Hornberger während der Machtolff-Verhöre. Er hatte sie an jenem Tag im Jahre 1543 beobachtet, als das Testament ihres Vaters vor der versammelten Familie verlesen wurde, und ihre Reaktion war ihm in Erinnerung geblieben. «Sie fing an zu weinen», sagte er aus, «weil sie wußte, welchen Ärger es ihr brächt.»[22] Mit ihrer Enterbung hatte ihr Vater ihr einen herben Schlag versetzt. Ihrer eigenen Einschätzung nach war sie noch nie in ihrem Leben so verletzbar gewesen wie damals. Ihr Mann war nur einen knappen Monat nach ihrem Vater völlig überraschend gestorben und hatte ihr einen Berg von Schulden hinterlassen. Auch gesundheitlich ging es ihr schlecht, und so kam ihre Enterbung für sie im denkbar ungünstigsten Moment.

Wie verzweifelt ihre Lage mittlerweile war, sollte sich neun Monate später zeigen, als der Haller Stadtknecht sie in Münkheim festnahm. Sie war damals auf dem Weg nach Hall, um sich vor dem städtischen Rat wegen des Vorwurfs der Verleumdung zu verantworten. Die vorangegangenen Monate hatte sie zunächst auf Burg Neuenstein verbracht und war dann weiter nach Speyer geflohen, um den Vertrag vor dem Reichsgericht anzufechten.

Sie hatte ihr neu eingerichtetes Haus in Hall aufgegeben und auf ihre Leibrente von immerhin achtzig Gulden verzichtet. Zum Zeitpunkt ihrer Festnahme in Münkheim bestand ihr einziger Besitz aus einem «Bündel», wie es Bürgermeister Feuchter beschrieb. Als man es öffnete und durchsuchte, fanden sich darin lediglich ein paar Briefe, Essensreste, schmutziges rotes Garn und zwei «Heilbronner Wurzeln»[23], eine beliebte Heilpflanze eurasischer Herkunft, die man als Allheilmittel verwendete.

Niemand, der Annas finanzielle Situation in jener Zeit kannte, bezweifelte, daß der Vertrag zu ihrem Vorteil war.[24] Und höchstwahrscheinlich dachte Anna ebenso, als sie ihn unterzeichnete. Sie hatte gute Gründe, eine schnelle Einigung mit ihren Geschwistern über das Vermächtnis ihres Vaters zu erzielen, selbst wenn sie damit ihren Anspruch auf ihren rechtmäßigen Anteil verwirkte.

Das heißt jedoch nicht, daß ihre Geschwister und einige der Ratsmitglieder nicht wissentlich und in gegenseitigem Einvernehmen ihre Situation schändlich ausnutzten und von dem Vertrag profitierten. Wieder einmal hatte sich Anna mit dem zufriedengegeben, was sich ihr im Moment geboten hatte. Letztlich profitierte jedoch jeder von dem Vertrag. Er sicherte Anna ihren Lebensunterhalt und befreite sie von ihren Schulden. Für ihre Geschwister war es eine bescheidene Geste der Großzügigkeit, die versprach sich bezahlt zu machen. Sie dachten, ihre Schwester damit zum Schweigen zu bringen, ihr eigenes Erbe rechtlich abzusegnen und vielleicht sogar ihr Gewissen zu beruhigen. Der Haller Rat versprach sich von dem Übereinkommen, daß dadurch die Missetaten eines früheren Bürgermeisters verschleiert und eine Familienfehde beendet würde, die schon viel zu lange andauerte. Zudem hoffte er, so die unerwünschte Einmischung eines höheren Gerichts in lokale Angelegenheiten zu verhindern.

Die Hüter ihrer Schwester

arum scheiterte ein Abkommen, das im Interesse so vieler Parteien war? Es gibt Hinweise darauf, daß nicht Anna, sondern Philipp und Agathe dafür verantwortlich waren. Von Anfang an erschwerten sie die Verhandlungen, und nach der Unterzeichnung des Vertrags kamen sie ihren Verpflichtungen nur zögernd nach. Ein Zeuge sagte aus, daß Philipp und Agathe zunächst nicht vorgehabt hätten, Anna ein größeres Erbteil zuzugestehen. Obwohl ihnen sehr daran gelegen war, mit ihrer Schwester in Eintracht zu leben, ärgerten sie sich über die Zugeständnisse, die sie machen mußten.[25] Bei der Begleichung von Annas Schulden gingen sie so zögerlich vor, daß der Ratsherr Georg Bernbeck Druck auf sie ausüben mußte.[26] Philipp war offenbar der Alptraum eines jeden Gläubigers. Über jeder Forderung brütete er, und für jeden Pfennig forderte er einen Nachweis. Und bei jeder Gelegenheit erinnerten er und Agathe ihre Schwester daran, daß sie ihrer Großzügigkeit unwürdig sei.

Diese Vermessenheit seitens ihrer Geschwister war für Anna besonders empörend. Wenn überhaupt, dann betrachtete sie sich als die tugendhaftere Partei und diejenige, die eine gerechte Sache verfocht. Mit dieser Meinung war sie nicht allein. Volk von Roßdorf erklärte, sie sei keine «Hure» und ihr Vater habe sie zu Unrecht wie eine behandelt.[27] Es werde zwar über sie getratscht, aber die Leute seien der Meinung, man habe ihr unrecht getan[28] – ein Hinweis darauf, daß zumindest in dem Erbstreit die öffentliche Meinung auf ihrer Seite war. Der Heidelberger Jurastudent David Schmidlin, der Anna wahrscheinlich erst nach den Ereignissen von 1544 kennengelernt hatte (er war damals erst siebzehn), war ebenfalls der Ansicht, daß ihr Vater kein Recht habe, die Konditionen des Ehevertrags mit ihrer Mutter zu widerrufen,[29] und glaubte, daß sie von ihren Geschwistern «übervorteilt» worden sei.[30] Der Stukkateur Philipp Strobel aus Öhringen (in der Nähe von Neuenstein, in der Grafschaft Hohenlohe) pflichtete dieser Einschätzung bei. Er habe mit eigenen Augen gesehen, daß der «Zinnkrug» den man Anna als Anteil am Hausrat überlassen hatte, nur aus Blech gewesen sei.[31] Die Mehrzahl der Zeugen glaubte dennoch, daß der Vertrag mit ihren Geschwistern trotz seiner Ungerechtigkeiten Anna Vorteile brachte, und die meisten verstanden nicht, warum sie die Unterstützung ablehnte, die sie so dringend benötigte. Viele sahen in Philipps Weigerung, neue Schulden zusätzlich zu den alten zu bezahlen, den eigentlichen Grund für ihren Verdruß.[32] Wollte man böswillig sein, könnte man behaupten, daß sie den Vertrag mit der Absicht unterschrieben hatte, um später ihren Bruder zu überreden oder sogar zu zwingen, die neuen Schulden ebenso wie die alten zu bezahlen. Demnach drohte Anna erst in dem Moment mit einer weiteren Verhandlungsrunde, als Philipp neue Gläubiger abwies.

Tatsächlich beglichen ihre Geschwister einen beträchtlichen Teil ihrer Schulden. Der Heilbronner Rechtsanwalt Jacob Ehinger gab an, daß die meisten ihrer Gläubiger, sowohl Juden als auch Christen, bezahlt worden seien.[33] Der Ratsherr Georg Bernbach trat persönlich als Mittelsmann für Philipp und Agathe auf und übergab jüdischen Gläubigern in Frankfurt 325 Gulden.[34] Auch Gilg Menger, Annas Freund in Hall, bekam von ihrem Bruder die vierzig Gulden zurück, die er ihr geliehen hatte.[35]

Wenn es einen Auslöser für das Scheitern der Vereinbarung gab, dann höchstens Philipps Unnachgiebigkeit im Umgang mit den Gläubigern seiner Schwester. Zu Philipps Verteidigung muß man sagen, daß von Vormündern und Beiständen damals erwartet wurde, daß sie unnachgiebig waren. Zeugen zufolge ließ er jeden Gläubiger zu sich ins

Haus kommen und verlangte, daß dieser ihm erklärte, warum, wieviel und seit wann seine Schwester ihm Geld schuldete, und daß er seine Forderung vollständig mit Rechnungen und Quittungen belegte. Philipp wollte damit erreichen, daß er die genauen Bedingungen jedes Darlehens kannte, um zwischen angemessenen und übertriebenen Zinsen unterscheiden zu können. In seinen Augen war jedes Dokument verdächtig, jede Frage erlaubt und ein unverschämter Umgangston durchaus angebracht.

Philipp machte sich mit seiner Pingeligkeit nicht gerade beliebt. Wenn er feststellte, daß alles seine Richtigkeit hatte, zahlte er zwar umgehend den geforderten Betrag, aber wenn in seinen Augen die Konditionen des Kredits unfair waren, handelte er entweder den Gläubiger herunter oder schickte ihn weg, ohne ihn zu bezahlen. Moses von Beihingen, der einzige Gläubiger, den Anna namentlich erwähnt, forderte Philipp zufolge mehr als das Doppelte der Summe, die ihm zustand und die Philipp letztendlich bezahlte.[36] Moses war zwar der hartnäckigste von Annas Gläubigern, aber keineswegs der einzige, der über Philipps Vorgehen verärgert war. Viele beschwerten sich beim städtischen Rat darüber, daß Annas Schulden, entgegen der Vereinbarung mit ihren Geschwistern, nicht beglichen wurden.[37] Und zu Annas Entsetzen rannten ihr ihre Gläubiger, allen voran Moses von Beihingen, bald wieder die Tür ein.

David Schmidlin zufolge war es diese Kette von Ereignissen, ausgelöst durch die übertriebene Genauigkeit ihres Bruders, die das kurze Einvernehmen zwischen den dreien beendete und Anna veranlaßte, erneut vor Gericht zu gehen. Als sie wieder von ihren Gläubigern verfolgt wurde, kam Anna zu dem Schluß, daß ihr Bruder nicht gewillt war, seinen Teil des Abkommens einzuhalten, und sich nicht nur weigerte, Schulden zu bezahlen, die sie nach Abschluß des Vertrags gemacht hatte, sondern auch frühere.[38] Sie sah sich in ihrer Vermutung bestätigt, als ihre Geschwister ihr nicht erlaubten, aus dem Haus ihres Vaters Möbelstücke mitzunehmen, an denen sie sehr hing.[39]

Die Mehrzahl der Zeugen widersprach jedoch Annas Vorwurf, daß sich ihre Geschwister geweigert hätten, ihre Leibrente zu bezahlen, und sie deshalb wieder hätte vor Gericht gehen müssen. Es stimmte zwar, daß sie ihre Leibrente mehrere Jahre nicht erhielt, aber das lag nicht an der Zahlungsunwilligkeit ihrer Geschwister. Konrad Büschler zufolge waren die Zahlungen an Anna nach der ersten vierteljährlichen Zahlung eingestellt[40] und danach von ihren Geschwistern auf Beschluß des Rats bei der Stadt hinterlegt worden. Was die Stadt in der Zwischenzeit mit dem Geld anfing, ist unklar, aber im März 1548 zahlte der Rat auf Anordnung des Reichsgerichts in Augsburg Anna und ihrem Ehemann die gesamte Summe aus. Danach wurden die vierteljährlichen Zahlungen an die Sporlands fortgesetzt, für die bis Juli 1551 Quittungen existieren.[41]

Zahlreiche Zeugen bestätigten, daß sich ihre Geschwister an den Vertrag gehalten hätten. Edelmann Georg Senft rühmte gegenüber den Kommissaren die Bereitschaft seines Schwagers Philipp, seinen Verpflichtungen nachzukommen: Er habe 1544 nicht nur einen Großteil von Annas Schulden beglichen, sondern zahle ihr bis zum gegenwärtigen Zeitpunkt (1551) eine Leibrente – etwas, was Senft persönlich bezeugen könne, da er wenige Wochen zuvor eine weitere Rate in Höhe von dreißig Gulden Johann von Sporland übergeben habe.[42] Demnach war der Streit um Annas Leibrente nach 1548 beigelegt und zumindest eine Bedingung der geschwisterlichen Vereinbarung von 1543 erfüllt worden.

Die erdrückende Beweislast

W as für Philipp und Agathe bei diesem langwierigen Rechtsstreit auf dem Spiel stand, war ihr Anspruch auf einen übermäßig großen Anteil am Familienerbe. Obwohl sich die Gerichte eingehend mit Annas Anliegen befaßten, bekam sie letztendlich nicht einmal das, was der Vertrag mit ihren Geschwistern vorsah. Trotzdem erschien der Vertrag – vor allem angesichts ihrer desolaten finanziellen Lage – den meisten Zeugen fair, stellte er doch eine gewisse Wiedergutmachung für das Unrecht dar, das ihr durch das Testament ihres Vaters zugefügt worden war.

Für den Rat stand mehr auf dem Spiel. Anna hatte der Stadt vorgeworfen, sie nicht nur widerrechtlich festgenommen, sondern sie auch während ihrer Gefangenschaft im Turm brutal behandelt und später nach ihrer Erkrankung im Spital ans Bett gekettet zu haben. Falls diese Behauptungen wahr waren, hatte die Stadt gegen kaiserliches Recht verstoßen, indem sie einer Bürgerin einen ordentlichen Prozeß verweigert und damit die öffentliche Ordnung bedroht hatte. Die Bereitschaft des Hofgerichts in Rottweil, Hall wegen Geleitsbruchs mit einer Geldstrafe zu belegen, zeigt deutlich, daß das Gericht nicht gewillt war, Gesetzlosigkeit in den Städten oder unter aufrührerischen Adligen auf dem Land zu dulden. Wegen Annas Klage sah sich Hall mit einer weiteren Einmischung eines höheren Gerichts und möglicherweise neuen Geldbußen konfrontiert – eine höchst unangenehme Aussicht für eine Reichsstadt, der viel an ihrer Souveränität gelegen und die den Konflikt mit Anna Büschler leid war.

Obwohl Annas Versäumnis, drei Vorladungen nachzukommen, die rechtliche Grundlage für ihre Festnahme und Einkerkerung im Jahr 1544 bildete, betonten Zeugen, daß ihre öffentlichen Angriffe auf den Rat in Speyer der eigentliche

Grund gewesen seien. Dem Ratsherrn Konrad Seither zufolge waren ihre «Schmähschriften» an den Rat und an ihre Geschwister und ihre hochmütige Haltung der eigentliche Grund, warum sie der Stadtknecht in Münkheim festnahm.[43] Sie sei, sagte ein anderer aus, «um der guten Ordnung willen» verhaftet worden, nachdem sie in Speyer und anderswo über den Rat ungehörige Dinge verbreitet und sogar der Stadt gedroht hatte – ein höchst unpassendes Benehmen für eine Bürgerin, die geschworen hatte, ihrer Bürgerpflicht nachzukommen.[44]

Mitglieder des Rats, die als Zeugen befragt wurden, erinnerten sich auch noch an ihren Ausbruch in Speyer, als sie die Haller Abordnung mit «bösen, spitzen Worten» beschimpft hatte, und daran, als sie auf dem Reichstag ihren Bruder auf peinlichste Weise verspottet hatte.[45] Der siebzigjährige Limpurger und ehemalige Stadtknecht und Bote Hans Stahel goß ebenfalls Öl ins Feuer. Er kannte Anna seit vierzig Jahren, seit sie für die Schenkin auf Burg Limpurg gearbeitet hatte. Nachdem das Abkommen von 1543 gescheitert war, habe sie sich häufig darüber beklagt, daß es ihrem Bruder gelungen war, sie aus Hall zu vertreiben. Es habe sie maßlos erzürnt, daß Philipp weiterhin in ihrem Elternhaus wohnte und es sich gutgehen ließ, während sie ein Vagabundendasein führte. Er habe gehört, wie sie geschworen habe, mit ihrem Bruder auf gerichtlichem Wege abzurechnen.[46]

Mehrere Zeugen sagten aus, daß Anna belastende Briefe bei sich gehabt habe, als sie der Haller Stadtknecht in Münkheim festnahm. Es gelang ihr offenbar, einige dieser Briefe zu vernichten, bevor man sie ihr abnahm. Den Berichten zufolge zerriß sie sie mit den Zähnen auf dem Transport nach Hall und warf sie zusammen mit ihren Exkrementen weg. Die verbliebenen Briefe wurden an das Reichskammergericht geschickt, offenbar, um die Beschuldigungen der Stadt gegen Anna zu erhärten.[47] In den Zeugenaussagen findet sich wenig über den Inhalt der Briefe. Ein Schuster aus Öhringen sagte aus, daß einer der Briefe von einem Arzt in Speyer stamme (vielleicht ein ärztliches Rezept), während ein anderer eine Kopie der Verleumdungsklage war, die ihr Bruder gegen sie eingereicht hatte.[48]

Was Annas Behandlung während ihrer Haft in Hall angeht, so bestanden Zeugen darauf, daß man ihr «zu essen und zu trinken gegeben und ihr alle erdenkliche Pflege habe angedeihen lassen»,[49] und wiesen ihre Beschuldigungen zurück. Hans Stahel, der für ihre Verpflegung während ihrer Gefangenschaft im Turm zuständig gewesen war, konnte sich an keine Klagen erinnern.[50]

Bezüglich Annas Beschuldigungen, daß die Stadt geplant habe, sie für den Rest ihres Lebens einzusperren, gab der Ratsherr Melchior Wetzel zu, daß sich ein besonderer Raum für sie im Bau befunden habe, der aber wegen ihrer Flucht nicht fertiggestellt worden sei.[51] Und Lienhard Bleimeier bestätigte, daß der Rat tatsächlich angeordnet habe, eine Zelle für sie zu bauen, obwohl er sich nicht mehr erinnern könne, was der Rat damit bezweckt habe.[52]

Zeugen, die nicht dem Rat angehörten, hatten ebenfalls von einem «ewigen Gefängnis» munkeln gehört. Auch Barbara Dollen wußte davon, aber sie konnte nicht sagen, ob Anna lebenslang darin eingesperrt werden sollte.[53] Nicholas Schmidlin, ein Schneider, der für Graf Georg von Hohenlohe arbeitete, sagte aus, daß Anna zuerst in den Turm gesperrt worden sei, aber dort krank geworden sei und im Spital untergebracht werden mußte, wo ihre Wärter sie in einem kleinen Zimmer ans Bett ketteten. In jener Zeit habe er Gerüchte über den Bau eines besonderen Raums für sie gehört, mit Eisengittern, die sich öffnen ließen.[54] Er mußte jedoch zugeben, daß er selbst eine solche Zelle nie gesehen hatte.

Andererseits stritt Bürgermeister Lienhard Feuchter vehement ab, daß der Rat je in Erwägung gezogen habe, Anna lebenslang einzusperren. «Nein, mitnichten hatt man sie zu ewigem Gefängnis verurteilen wollen. Man hatt ihr nur eine Zeitlang weibliche Verwahrung verordnet.»[55] Trotz der Beteuerungen des Bürgermeisters hatte zumindest ein Ratsherr die Episode als peinlich in Erinnerung und deutete an, daß man innerhalb des Rats wegen dieser Maßnahme geteilter Meinung gewesen sei. Michael Seiboth zufolge war Annas Einkerkerung «nicht billig»[56] und hätte nie erfolgen dürfen, «weil man bei einer Frau über mehr Dinge hinwegsehen sollte als bei einem Mann».

Diese Geisteshaltung war typisch für die damalige Zeit und wurde von einer Reihe von Zeugen geteilt, die zwar Annas Benehmen verurteilten, zugleich aber der Meinung waren, daß ihr Vater und der Rat sich mitschuldig gemacht hätten. Frauen galten in jener Zeit als das körperlich, geistig und moralisch unterlegene Geschlecht und empfänglicher für Boshaftigkeit, Falschheit und Versuchungen. Deshalb bedurften sie der Kontrolle und des Schutzes durch die Männer in ihrem Leben. Das führte jedoch keineswegs dazu, daß Männer Frauen mehr Toleranz und Mitgefühl entgegenbrachten, wenn diese ihrer anscheinend schwächeren Natur nachgaben. Eine Frau, die beim Ehebruch erwischt wurde, durfte dem Gesetz nach von ihrem Ehemann getötet werden; wenn der angeblich moralisch überlegene Ehemann Ehebruch beging, galt dies jedoch nicht. Und nur Männer, die im Mittelalter lebten, konnten es als «gnädigere» Art der Hinrichtung ansehen, Frauen für ein Kapitalverbrechen zu ertränken, lebendig zu begraben oder auf dem Scheiterhaufen zu verbrennen, statt sie zu köpfen, aufzuhängen oder zu rädern, wie man es mit Männern machte.[57] Wenn auch die übrigen Haller Ratsherren im Gegensatz zu Michael Seiboth ihr Vorgehen nicht ausdrücklich bedauerten, so trat auch keiner von ihnen vor und bezeichnete Annas Festnahme und Inhaftierung als Sternstunde des Rats.

Die Moral

Die trauernde Maria

Die trauernde Maria, Teil einer Grablegungsgruppe aus
Künzelsau um 1470, aus Lindenholz. Ausgestellt im Hällisch-Fränkischen Museum.

ur großen Erleichterung des Haller Rats akzeptierte das Reichsgericht dessen Rechtfertigung, daß Anna bereits aus ihrer Zelle geflohen sei, ehe er die Anweisung des Rottweiler Hofgerichts zu Annas Freilassung befolgen konnte.[1] Damit wies es Annas Anschuldigung, daß sich die Stadt vorsätzlich der Anordnung eines höheren Gerichts widersetzt habe, zurück. Die anderen beiden Vorwürfe Annas – daß Agathe und Philipp ihr einen sittenwidrigen Vertrag aufgezwungen hätten, den sie zudem nicht einmal eingehalten hätten, und daß der Rat sie ohne Rechtsgrundlage verhaftet und gefangengehalten habe – wurden angesichts ihres plötzlichen Todes im Januar 1552 ebenfalls gegenstandslos. Annas Mann führte den Rechtsstreit bis 1554 weiter und versuchte vergeblich, Anna zumindest im nachhinein Gerechtigkeit widerfahren zu lassen. Genausowenig gelang es ihm, seine Ansprüche als Annas überlebender Gatte geltend zu machen und einen Teil des Büschlerschen Familienerbes für sich zu erstreiten. Da die große Mehrheit der Zeugen Annas Darstellung nicht bestätigte, wurde Annas Klage schließlich in allen Punkten abgewiesen. Wäre Anna am Tag der Urteilsverkündung noch am Leben gewesen, hätte sie die Entscheidung der kaiserlichen Kommissare gewiß als vernichtende Niederlage empfunden.

Auch wenn unsere Geschichte kein Happy-End hat, so ist sie doch in vielerlei Hinsicht lehrreich für uns. Denn damals wie heute lagen Vernunft und Irrationalität dicht beieinander und bestimmten die Geschicke der Menschen.

Die Geschichte der Familie Büschler zeigt zum einen, daß langwierige, aufreibende Rechtsstreitigkeiten kein Phänomen des 20. Jahrhunderts sind. Vor allem in der zweiten Hälfte des 16. Jahrhunderts, als der Hexenwahn in Deutsch-

land seinen Höhepunkt erreichte, wuchs die davon profitie-
rende Juristenzunft rapide an.[2] Immer häufiger kam es vor,
daß sich ganz normale Bürger eines unliebsamen Zeitgenossen zu entledigen versuchten, indem sie ihn der Hexerei
bezichtigten. Geistliche und weltliche Obrigkeit dehnten auf
diese Weise ihre Machtbefugnisse immer weiter aus und
stellten alte Frauen und Männer vor Hexengerichte.

Die drei Gerichte, bei denen Anna ihre Klagen einreichte,
waren jedoch keine Hexengerichte: Anna endete weder auf
dem Scheiterhaufen, noch blieb sie bis an ihr Lebensende an
einen Tisch im Hause ihres Vaters gekettet oder verrottete in
einem Kerker, wie es der Haller Rat angeblich geplant hatte.
Jahr für Jahr beschäftigten sich die Gerichte mit Annas Klagen und gingen schließlich zumindest auf einen Teil ihrer
Forderungen ein. Angesichts der Tatsache, daß Anna in den
Augen ihrer Zeitgenossen die geltenden Normen und Werte
mit Füßen getreten hatte, empfanden viele ihrer Mitbürger
dieses Entgegenkommen seitens der Gerichte bereits als
übertrieben.

Des weiteren lehrt uns die Geschichte der Büschlers, daß
die Verschmelzung von Legislative, Exekutive und Judika-
tive zu einem einzigen staatlichen Organ tatsächlich eine Bedrohung für die Rechte und das Wohl des einzelnen darstellen
kann – eine Gefahr, vor der auch die amerikanischen Grün-
derväter im 18. Jahrhundert warnten.[3] Allerdings erkannten
dies auch die Staatstheoretiker des 16. Jahrhunderts und wiesen ihre Zeitgenossen eindringlich auf die Gefahren politischer Machtkonzentration in den Händen einiger weniger
hin. Unsere moderne Auffassung von einer repräsentativen
Demokratie und dem Recht des Bürgers auf Widerstand
stammt ebenfalls aus diesen frühen Jahrhunderten. Gerade
diese uns so selbstverständlich gewordenen politischen
Grundsätze beruhen zum einen auf den Erfahrungen spätmittelalterlicher Geistlicher, die das selbstherrliche, schismati-

sche Papsttum sowohl in ihren Schriften als auch in den Konzilen bekämpften, zum andern auf dem leidvollen Schicksal der deutschen Lutheraner und der französischen und niederländischen Calvinisten, die vom spanischen Reich unterdrückt und grausam verfolgt wurden.[4]

Trotz der in der Verfassungskrise von 1510–1512 erzielten politischen Erfolge setzte sich der Haller Rat während des gesamten 16. Jahrhunderts weiterhin aus wohlhabenden, privilegierten Bürgern zusammen, was ihn jedoch nicht daran hinderte, die Erweiterung der politischen Repräsentation im Rat zu fördern. Und derselbe Rat schreckte auch nicht davor zurück, einen Bürgermeister, der sich – wie Hermann Büschler – moralischer und ethischer Verfehlungen schuldig gemacht hatte, seines Amtes zu entheben oder zu bestrafen; genausowenig scheute er sich, Ratsmitglieder, die sich fortschrittlichen Entwicklungen entgegenstellten, zu entlassen oder zu ächten, wie es die Gegner der Reformation nach 1523 am eigenen Leib zu spüren bekamen. Auch wenn Anna Büschler am Gericht ihrer Heimatstadt nicht die gerechte und faire Behandlung erfuhr, die wir heute erwarten würden, so fand sie dort doch zumindest Gehör. Und da der städtische Rat nicht im luftleeren Raum operierte, sondern in ein Netzwerk von Reichsgerichten eingebunden war, die nicht davor zurückschreckten, ihm auf die Finger zu klopfen oder ihn einfach zu übergehen, ging Anna am Ende nicht ganz leer aus. Zum Teil war dies auch der Tatsache zu verdanken, daß der Rat, trotz aller Fehler und Schwächen, gewissen Prinzipien verpflichtet war und daß einige seiner Mitglieder mit Anna Mitleid empfanden.

Annas Geschichte zeigt uns darüber hinaus, daß Frauen zu jener Zeit keine machtlosen Opfer männlicher Vorherrschaft waren. Obwohl es natürlich keine Gleichberechtigung im modernen Sinne gab, verfügten Frauen sowohl über die Fähigkeiten als auch die Möglichkeiten, sich innerhalb wie außerhalb der häuslichen Sphäre zu behaupten und in den ihnen damals zugänglichen Lebens- und Arbeitsbereichen ein Selbstwertgefühl zu entwickeln.[5] Obwohl Frauen, im Gegensatz zu Männern, nur über sehr eingeschränkte Bildungsmöglichkeiten verfügten und lediglich indirekt ihre staatsbürgerlichen Rechte wahrnehmen und politischen Einfluß ausüben konnten, verfügten sie dennoch über gewisse unveräußerliche Rechte; diese ermöglichten es ihnen, die politische Bühne sozusagen durch die Hintertür zu betreten und der Geschichte ihren Stempel aufzudrücken, wie auch Anna es getan hatte.[6] Während Frauen in allen Lebensbereichen aufgrund ihres Geschlechts diskriminiert wurden, waren die Männer der unteren Gesellschaftsschichten einer ähnlich starken Diskriminierung ausgesetzt. Beispielsweise hatten sie keinerlei Anspruch auf das Bürgerrecht, das jedoch die verwitwete Anna am 17. Oktober 1543[7] dank des Vermögens, über das sie nach der Einigung mit ihren Geschwistern über die Aufteilung des Familienerbes verfügte, problemlos erwerben konnte. Genausowenig war ein Mann ohne weiteres dazu berechtigt, ein öffentliches Amt zu bekleiden. Nur Wohlstand, Besitz und soziales Ansehen sicherten Männern wie Frauen diese Vorrechte. Darüber hinaus stand dem überwiegenden Teil der Männer ebensowenig wie Frauen eine Universitätsausbildung und eine lukrative und prestigeträchtige Laufbahn als Theologe, Jurist oder Mediziner offen. Die meisten Männer, die in der Stadt lebten, übernahmen den Handwerksbetrieb oder das Geschäft ihres Vaters und Großvaters. Sie taten dies mit derselben Selbstverständlichkeit und Schicksalsergebenheit, mit der Frauen in die Fußstapfen ihrer Mütter traten und sich im Textilgewerbe und der Nahrungsmittelproduktion verdingten.[8] Eine beachtliche Zahl von Männern wurde ebenfalls der Hexerei bezichtigt; schätzungsweise jede fünfte der etwa 80 000 bis 100 000 Personen, die zwischen 1400 und 1700 wegen Hexerei angeklagt, verurteilt und/oder hingerichtet wurden, war ein Mann.[9] Damals wie heute wurde das Schicksal eines Menschen ebenso von seinen materiellen Verhältnissen wie von seinem Geschlecht bestimmt.

Annas Geschichte legt die Vermutung nahe, daß «Sexismus» und Diskriminierung im Alltagsleben im spätmittelalterlichen und neuzeitlichen Europa weniger stark ausgeprägt waren, als es die Literatur und die Gesetzbücher[10] jener Zeit vermuten lassen. Die düsteren Frauendarstellungen, die uns in vereinzelten Traktaten wie dem berüchtigten Hexenhammer *(Malleus maleficarum)* von 1487 – dem großen Handbuch der Kirche zur Auffindung und Bestrafung von Hexen – begegnen, verdienen zweifellos das Etikett «frauenverachtend». Dieses Werk zweier deutscher dominikanischer Inquisitoren, die von der angeblich sündigen und blutrünstigen Natur der Frau besessen waren (sie glaubten beispielsweise, daß Hexen mit dem Teufel schliefen und den Penis eines Mannes weghexen konnten), entwickelte sich zum pornographischen Klassiker, der bei der sensationslüsternen Leserschaft ein morbides Interesse an scheinbar verderbten Frauen weckte; eineinhalb Jahrhunderte lang diente er Kirche und Staat als heimtückisches Instrument der Selbstverherrlichung.[11]

Die Phantasien zweier Kleriker aus dem 15. Jahrhundert sagen allerdings wenig Verläßliches über die wirklichen Beziehungen zwischen Männern und Frauen im spätmittelalterlichen Deutschland aus. Auch wenn in der populären Erbauungsliteratur jener Jahrhunderte das Klischee vom «schwachen Geschlecht» weiterhin verbreitet wurde und in Possen und Gaukelspielen Frauen auf derbe und groteske Weise parodiert wurden, so neigte man doch eher dazu, das sittliche Streben und die inneren Werte der Frauen hervorzuheben, als das weibliche Geschlecht zu verdammen oder gar zu dämonisieren.[12]

Sowohl im Alltag als auch in besonderen Notlagen hatten Frauen im 16. Jahrhundert die Möglichkeit, sich sachkundigen juristischen Rat und Beistand zu holen. Wie Anna beinahe ein Vierteljahrhundert lang unter Beweis gestellt hatte, konnten sich sogar «lasterhafte Frauen» nicht nur gegen körperliche und seelische Mißhandlung und gesetzwidriges Verhalten von seiten gesellschaftlich einflußreicher Persönlichkeiten zur Wehr setzen, sondern erregten mit ihrem Anliegen auch das öffentliche Interesse und kamen nicht selten zu ihrem Recht. Die allgemeine Haltung der damaligen Gesellschaft gegenüber Frauen läßt sich wohl eher als gönnerhaft und fürsorglich beschreiben denn als verächtlich und feindselig. In den Augen seiner Mitbürger waren Hermann Büschlers väterliche Disziplinierungsmaßnahmen höchst ungewöhnlich und darüber hinaus untragbar, was sie ihm auch deutlich zu verstehen gaben. Für unser heutiges Rechtsempfinden – und vermutlich auch für Annas – mag der Preis, den Büschler für sein brutales Vorgehen zahlen mußte, nicht sehr hoch gewesen sein.

Annas Geschichte ist noch in einer weiteren Hinsicht für uns aufschlußreich. Sie ist auch eine Parabel über die Kraft der menschlichen Natur, die die Grenzen des eigenen Geschlechts und der Gesellschaft überwinden kann. Obwohl Annas Geschichte nicht nur phantastischer ist als jeder Roman, sondern auch ein Zeitzeugnis von unschätzbarem Wert, haben weder Schriftsteller noch Historiker dies gebührend zu würdigen gewußt. In den historischen Quellen ausreichend dokumentiert, hat sich die moderne Geschichtswissenschaft dennoch kaum mit der Geschichte der Anna Büschler befaßt, und selbst in den wenigen Darstellungen, die es gibt, verstellen bedeutende historische Persönlichkeiten und Ereignisse den Blick auf Annas Leben. Wenn Anna in literarischen oder historischen Werken überhaupt in Erscheinung tritt, dann stets in äußerst undankbaren Rollen: als ungehorsame Tochter, promiskuitive Frau, illoyale Bürgerin, undankbare Schwester oder verbitterte Witwe.

1922 veröffentlichte der deutsche Schriftsteller Leonhard Frank einen populären biographischen Roman über Hermann Büschler, in dem er auch Annas Lebensgeschichte literarisch verarbeitete.[13] Das zentrale Thema des Romans ist die Haller Verfassungskrise von 1510 bis 1512, in der Hermann Büschler eine herausragende Rolle spielte.[14] Aus der Sicht eines Autors der zwanziger Jahre stellte Büschlers couragiertes Auftreten einen denkwürdigen Sieg für die politische Freiheit der Deutschen dar. Im Roman ist Hermann Büschler ein ganz gewöhnlicher Mann, von dem es heißt, daß er «der Liebling des gemeinen Mannes» und der «Held von Hall» geworden sei, weil er «die Stimmen der Väter, die Sprache der Geschichte» erhört habe.[15]

Der Höhepunkt des Romans ist die dramatische Begegnung zwischen Hermann Büschler und dem Kaiser in Frankfurt. In Franks Darstellung kommt es nach der offiziellen Unterredung zwischen Kaiser Maximilian und dem wagemutigen Bittsteller noch zu einem zwanglosen Geplauder über den letzten Besuch des Kaisers in Hall, der zehn Jahre zurückliegt. Dieser glaubt sich noch gut an Hermann Büschlers Vater zu erinnern, in dessen Haus er damals abgestiegen war.[16]

Anna ist im Roman die schöne, aber widerspenstige Bürgermeistertochter Susanne, ein junges Mädchen, das leidenschaftlich gern tanzt und ihren Eltern mit ihrem Eigensinn das Leben schwermacht. Sie stellt die Liebe und Geduld ihres berühmten Vaters auf eine harte Probe. Susannes Geschichte dient eigentlich nur dazu, um Hermann Büschler als heroischen Vater und Politiker herauszustellen. Möglicherweise entsprang die Darstellung Susannes nicht ausschließlich Franks Phantasie, sondern beruhte auch auf Anekdoten, die man sich zu jener Zeit über problematische Vater-Tochter-Beziehungen erzählte; jedenfalls hat die «Anna» des Romans keinerlei Ähnlichkeit mit der Anna, die wir aus den historischen Quellen kennen.[17]

Im Roman ist Susanne mit dem leichtfertigen Hans (Daniel Treutwein?) «in eine Mystik der Liebe eingesponnen», einem Fähnrich, der wegen Pflichtvergessenheit drei Monate im Gefängnis gesessen hatte. Trotz des elterlichen Verbots trifft sie sich heimlich mit ihm. Aber Susanne hat auch noch einen ehrbaren Freier aus einer angesehenen Haller Familie namens Georg Seiferfeld (Erasmus von Limpurg?)[18], ein Mann mit guten Verbindungen und einer gesicherten Zukunft, der ihr einmal sogar einen persönlichen Gruß von Albrecht Dürer überbrachte. Zum Leidwesen der Eltern jedoch vermochte es Georg nicht, Annas Herz zu erobern.

Als Susanne mit dem unwürdigen Hans durchbrennt, nimmt der ehrenhafte Georg unter großen Gefahren die Verfolgung auf und macht Susanne schließlich in Frankfurt ausfindig, wo sie sich – «betrogen, entehrt und verlassen» – einer Gauklertruppe angeschlossen hat. Nachdem Georg Susanne nach Hause zurückgebracht hat, stecken ihre Eltern sie ins Kloster, da sie eine Schande für die Familie ist. Georg, der sich weder von den Wunden, die ihm Hans' Handlanger beigebracht haben, noch von seinem gebrochenen Herzen erholt, liegt bald leidend auf dem Sterbebett.

Als Susanne von seinem Zustand erfährt, erlaubt man ihr, ihn vor seinem Tod noch einmal zu besuchen. Als sie auf dem Rückweg in ihrem Elternhaus haltmacht, um sich mit ihrem Vater auszusprechen, weist dieser sie ab, denn er kann ihr nicht die Schmach und den Schmerz verzeihen, die sie ihm zugefügt hat. Erst als ein Priester zwischen ihnen vermittelt, kommt es schließlich doch noch zu einem Treffen zwischen Vater und Tochter, bei dem Susanne ihrem Vater ihr Herz ausschüttet und ihn um Vergebung bittet. Doch dieser hält ihr in einer dramatischen Szene vor, daß sie durch ihre Affäre mit Hans ihr Leben zerstört, den Namen der Familie in den Schmutz gezogen und Georg in den Tod getrieben habe, und erklärt ihr, er könne ihr nur verzeihen, wenn sie ihrer Vergangenheit endgültig abschwöre. Nach einer langen Unterredung kommt Hermann Büschler schließlich zu dem Schluß, daß sich Susanne wirklich geändert hat. Die reumütige Tochter gesteht ihrem versöhnlich gestimmten Vater schließlich ihren innigen Wunsch, ihr Leben im Kloster hinter sich zu lassen und heimzukehren, um ihm bis an das Ende ihrer Tage als treue und gehorsame Magd zu dienen.[19]

Franks Schilderung der erfolgreichen politischen Karriere Büschlers hätte zweifellos den Beifall des Bürgermeisters, möglicherweise sogar Annas Zustimmung gefunden. Doch die Darstellung der Vater-Tochter-Beziehung hätte bei Hermann und Anna Büschler wohl eher vehementen Protest ausgelöst. Susanne hat genausowenig Ähnlichkeit mit der Tochter, die Anna war oder möglicherweise sein wollte, wie der fiktionale Bürgermeister mit dem Vater, der Hermann Büschler war oder hätte sein können.

Und so wurden weder die Literatur, die sich für die wahre Anna wenig interessierte, noch die Geschichtswissenschaft, die ihrem Fall kaum Beachtung schenkte, Anna Büschler gerecht. Obwohl sich Historiker im allgemeinen mehr an Fakten halten als Schriftsteller, gelingt es ihnen genausowenig, ein authentisches Bild von Anna zu zeichnen. Der große Historiker des neuzeitlichen Hall, Gerd Wunder, widmet Anna in seinem Standardwerk zur Sozialgeschichte Halls einige bedeutungsvolle Passagen, in denen es heißt, daß Büschlers Zwist mit seiner «schönen, unbotmäßigen Tochter» dessen glanzvolle politische Laufbahn Mitte der zwanziger Jahre des 16. Jahrhunderts vorzeitig beendete.[20] Allerdings habe Hermann Büschler, so der Historiker, den Skandal zum großen Teil selbst verschuldet und sei daher für sein Ausscheiden aus dem Rat ganz allein verantwortlich.[21] Hermann Büschler hatte spätestens dann seine Befugnisse als Bürger, wenn nicht gar als Vater eindeutig überschritten, als er heimlich eine kaiserliche Vollmacht einholte, um seine Tochter in väterlichen Gewahrsam zu nehmen, obwohl er wußte, daß ein Rechtsstreit mit seiner Tochter vor dem Haller Rat anhängig war.

Weder der Historiker noch der Schriftsteller erkannte den Zusammenhang zwischen Annas persönlichem Schicksal und der Handlungsweise ihres Vaters, ihrer Geschwister und des Rats. Wunder konstatiert lediglich die tragische Verwandlung eines «schlagfertigen und verliebten jungen Mädchens» in eine «streitsüchtige, verkommene alte Frau». Aus dem «verwöhnten Jungfräulein» von einst sei zwanzig Jahre später eine «haßerfüllte Anklägerin» geworden.[22] Und für diese Verwandlung wird ausschließlich Anna verantwortlich gemacht. Für den Schriftsteller wie für den Historiker hat Annas Geschichte ein und dieselbe Moral: Wer gegen die Normen seiner Zeit und seiner Kultur verstößt, wird an ihnen zerbrechen.

Auch heute wären Eltern gewiß nicht begeistert von einem aufsässigen Kind, das mit seinem Verhalten die Familie blamiert, sie entzweit oder gar ihrem sozialen Ansehen empfindlich schadet. Allerdings würden heute sicher weniger Eltern Büschlers Vorgehen gutheißen. Anna erlitt Mitte der zwanziger Jahre, als ihr rachsüchtiger Vater sie ihrer gesicherten Existenz und ihrer Würde beraubte, viel tiefere seelische Verletzungen als in späteren Jahrzehnten, als sie hauptsächlich materielle Verluste hinnehmen mußte. Welch größere Demütigung konnte eine kämpferische und leidenschaftliche junge Frau Mitte Zwanzig erleiden, als von ihrem angesehenen Vater aus dem Haus und der Stadt gejagt zu werden, von ihm eingefangen, auf einen Karren gebunden und gewaltsam nach Hall gebracht und in seinem Haus, wie ein Hund an einen Tisch gekettet, ein halbes Jahr lang gefan-

272

gengehalten zu werden? Und während dieser ganzen Zeit sah der städtische Rat, der diesem Treiben hätte ein Ende setzen können, tatenlos zu. Erst als das Reichsgericht den Rat darauf hinwies, daß die Stadt für Hermann Büschlers Handlungsweise zur Rechenschaft gezogen werden könne, schritt er schließlich ein.

Beinah zwanzig Jahre später jedoch fügte der Rat Anna eine ganz ähnliche Demütigung zu: Er ließ sie für sechs Wochen ins Gefängnis werfen, und als Anna ins Spital überführt werden mußte, sorgte er dafür, daß sie an ihr Bett gekettet wurde. Beide Male, 1525 und 1544, mußte Anna fürchten, den Rest ihres Lebens als Gefangene verbringen zu müssen. Nachdem ihr jedesmal die Flucht gelungen war, war sie mehr denn je auf sich gestellt, denn sie hatte die Unterstützung jener Verbündeter verloren, die zur damaligen Zeit im Leben eines Menschen die wichtigste Rolle spielten: ihre Familie und der städtische Rat.

Eigentlich hätte Anna vor der Übermacht ihrer Gegner kapitulieren müssen. Dann hätten wir nie etwas von ihrem Schicksal erfahren. Doch Anna schlug sich weit besser, als es ihre Zeitgenossen oder der moderne Leser je erwartet hätten. Sie errang auf ihrem einsamen Feldzug sogar den einen oder anderen Sieg und hätte gewiß noch mehr erreichen können, wenn sie größere Kompromißbereitschaft gezeigt hätte. Das Erstaunliche ist, daß sich Anna angesichts ihrer übermächtigen Gegnerschaft so lange und eisern behauptete.

Weder Schriftsteller noch Historiker haben das volle Ausmaß des Unrechts, das Anna angetan wurde, erkannt: Ein Vater fügte wider besseres Wissen seiner Tochter großes Leid zu, und da ihn niemand an seinem Tun hinderte, konnte er diesem Leid immer noch neues hinzufügen, selbst über seinen Tod hinaus. Obwohl dies Annas Geschwistern und dem Rat nicht verborgen blieb, griffen sie nicht ein. Nach dem Tod ihres Vaters versuchten Annas Geschwister auf ihre

Weise das vergangene Unrecht wiedergutzumachen, indem sie ihrer Schwester einen großzügigeren, wenn auch unverhältnismäßig kleinen Anteil am Familienerbe anboten. Auch wenn diese Entschädigung Annas Ansicht nach weit unter dem lag, was ihr zustand, hätte sie gut daran getan, sich damit zufriedenzugeben und ihren Haß zu begraben. Doch dafür war die Demütigung, die sie als junge Frau erlitten hatte, zu groß; zu lange hatte sie bereits mit den schmerzlichen Erinnerungen leben müssen. Und so streuten die Geschwister mit ihrer halbherzigen Wiedergutmachung nur Salz auf Annas offene Wunden, und Anna gab sich mit dem wenigen nur deshalb zufrieden, weil es besser war als gar nichts und sie dadurch Zeit gewann.

Schon immer haben sich Menschen bleibende seelische Wunden beigebracht. Das einzig Tröstliche daran ist, daß es Menschen gibt, die eine solche Kränkung nicht wortlos hinnehmen. Wütender Protest, beißender Spott, ein trotziges Aufbegehren zeichnet eine kämpferische Natur aus und unterscheidet sie von jenen, die sich widerstandslos ihrem Schicksal ergeben. Anna gab sich nicht geschlagen und ging stolz und selbstbewußt von dieser Welt, in der Gewißheit, daß ihr Leben weder erbärmlich noch umsonst gewesen war.

So gesehen waren nicht nur Anna Büschlers Diebereien skandalös, ihre sexuelle Freizügigkeit, ihre Mißachtung elterlicher und staatlicher Autorität und die Schande, die sie über ihre Familie und ihre Heimatstadt brachte. Skandalös waren vielmehr auch die Grausamkeit ihres Vaters, der Geiz und die Heuchelei ihrer Geschwister und die Gleichgültigkeit eines städtischen Rats, die alle unter geringen persönlichen Opfern dieser unglücklichen Frau hätten helfen können. Auch wenn man Anna Büschler weder in der Literatur noch in den Geschichtsbüchern größere Aufmerksamkeit gewidmet hat, so hat sie sich in ihrem Kampf um Würde

und Gerechtigkeit, den jeder Mensch in seinem Leben aus-
ficht, unabhängig von den großen Kriegen und Umwälzungen seiner Zeit, möglicherweise heroischer geschlagen als
der Bürgermeister von Hall und der Schenk von Limpurg.

Anhang

Biographischer Abriß

Mit Ausnahme von Schenk Erasmus von Limpurgs Stammbaum liegt für die Hauptfiguren unserer Geschichte keine vollständige Genealogie vor. Es gibt nur wenig biographisches Material. Dennoch lassen sich anhand von offiziellen Dokumenten und Aufzeichnungen und anderen Quellen recht genaue Lebensläufe erstellen.

HERMANN BÜSCHLER (gest. im Juli 1543) war von 1497 bis 1510 und von 1513 bis 1527 Mitglied des Haller Rats und fünfmal Bürgermeister der Stadt (1508, 1514, 1517, 1520, 1525). Am 25. August 1495 heiratete er Anna Hornberger (gest. am 16. Dezember 1520), die Tochter eines Rothenburger Edelmanns, mit der er sechs Kinder hatte: zwei Töchter, Anna (1496/1498–1552) und Agathe (gest. im Februar 1559), und vier Söhne, Hermann jun. (gest. 1528?), Philipp (gest. im Juli 1569), Sebald (gest. 1532) und Bonaventure, ein Tuchmacher, der Anfang der vierziger Jahre spurlos verschwand und vermutlich 1543 starb.

ANNA, das älteste Kind, heiratete zweimal: das erste Mal 1526 Hans von Leuzenbrunn (gest. im August 1543), einen verarmten Adligen, und das zweite Mal 1546 Johann Sporland (nicht vor 1554 gest.), einen gebürtigen Neuensteiner aus der Grafschaft Hohenlohe. Die noch erhaltenen Unterlagen geben keinerlei Aufschluß über irgendwelche Nachkommen. AGATHE heiratete Wolf Schanz, den Amtmann von Wertheim, mit dem sie fünf Kinder hatte. Als Heranwachsender schrieb sich PHILIPP an den Universitäten von Heidelberg (1520) und Tübingen (Juli 1522) ein. 1532 heiratete er Afra Senft (gest. am 15. April 1585), die Tochter eines angesehenen Haller Edelmanns; dank dieser Ehe wurde er 1551 in den Junkerstand erhoben. Ebenso wie sein Vater war er viele Jahre Mitglied des Haller Rats und zweimal Bürgermeister der Stadt (1549, 1551).
Hermann Büschler heiratete noch zweimal, nachdem Anna ihr El-

ternhaus verlassen hatte: 1528 heiratete er Elisabeth Krauss, die noch im gleichen Jahr starb, und vor 1531 heiratete er Barbara Eitelwein, eine Heilbronnerin, von der er sich bald darauf wieder scheiden ließ.

ERASMUS VON LIMPURG (1502–1553), das vierte von sieben Kindern und das dritte von fünf überlebenden, war Schenk in der dreizehnten Generation eines Geschlechts, das auf Walter I. (regierte 1200–1218), Schenk von Schüpf, zurückgeht. Nach dem Tod seines Vaters, Schenk Gottfried (1474–1530), wurde Erasmus Herr von Limpurg und der umliegenden Gebiete, des ursprünglichen Familienbesitzes. Sein älterer Bruder Karl (1498–1558) erbte schon früher das Städtchen Speckfeld, das ihm nach dem Tod ihres Onkels, Schenk Friedrich, 1521 zufiel. 1533 heiratete Erasmus Anna, Gräfin von Lodron (gest. 1556), eine Verbindung, aus der drei Kinder hervorgingen: der spätere Schenk Friedrich VII. (1536–1596) und zwei Töchter. Nachdem Erasmus 1541 die Limpurg an die Stadt Hall verkauft hatte, wurde Obersontheim zu seiner neuen Residenz. Obersontheim und Speckfeld blieben die Zentren schenkischer Macht, bis die Dynastie im frühen achtzehnten Jahrhundert ausstarb.

DANIEL TREUTWEIN war der älteste Sohn des Chronisten Daniel Treutwein sen., der möglicherweise im letzten Viertel des fünfzehnten Jahrhunderts mit anderen jungen Adligen als Söldner im Dienst der Stadt stand und 1519 noch am Leben war. Daniel jun. lebt in verschiedenen historischen Quellen als «tapferer Reitersmann» (Johann Herolt) fort, als Adjutant von Herzog Ulrich von Württemberg, über den er ein Gedicht verfaßte, und als Amtmann von Boxberg auf Lebenszeit. Sein jüngerer Bruder Eitel (gest. 1536) schrieb sich im Oktober 1501 an der Universität in Heidelberg ein und wurde Doktor des Kirchen- und Zivilrechts. Er bekleidete hohe Kirchen- und Verwaltungsämter, darunter das Dekanat des berühmten Klosters Komburg (1535–1536). Als er sich in Heidelberg einschrieb, muß Eitel mindestens fünfzehn Jahre alt gewesen sein. Demnach wurde sein älterer Bruder Anfang der achtziger Jahre des fünfzehnten Jahrhunderts geboren und war Anfang Vierzig, als er ein Verhältnis mit Anna hatte, die damals Mitte Zwanzig war.

Zu Hermann Büschler, Anna, Agathe und Philipp Büschler vergleiche Gerhard Wunder und Georg Lenckner: *Die Bürgerschaft der Reichsstadt Hall von 1395 bis 1600* (Stuttgart, 1956), Nr. 1149, 1156, 1159, 1168 (1529), S. 161–62; Nr. 7339, 7341 (1559), S. 552; *Testament Hermann Büschlers*, HSA Stuttgart, C 3 Bü 530; und *Positiones et Articuli*, Nr. 1–3 (Hornung II), *ibid*. Zu Erasmus, Schenk von Limpurg, vergleiche Gerd Wunder et. al.: *Die Schenken von Limpurg und ihr Land* (Sigmaringen, 1982), S. 46; Heinrich Prescher: *Geschichte und Beschreibung der zum Fränkischen Kreise gehörigen Reichsgraffschaft Limpurg*, II (Stuttgart, 1789), Genealogie im Anhang; und Karl O. Müller: «Das Geschlecht der Reichserbschenken zu Limpurg bis zum Aussterben des Mannesstammes (1713)», *Zeitschrift für Württembergische Landesgeschichte* 5 (1941): 215–43; 233–34. Zu Daniel Treutwein vergleiche Gerd Wunder: *Die Bürger von Hall* (Sigmaringen, 1980), S. 47, 61, 153; Gerhard Wunder und Georg Lenckner: *Bürgerschaft der Reichsstadt Hall*, S. 182; und Johann Herolt: *Chronica Zeit unnd Jarbuch vonn der statt Hall, Württembergische Geschichtsquellen*, I (Stuttgart, 1894), S. 58.

Danksagung

Die Biographie einer im Grunde unbekannten Frau gleicht einem Mosaik, das man mühsam aus lauter Einzelteilen zusammensetzt. Dabei leisteten mir Archivare und Bibliothekare, Historiker und Germanisten, mein Agent und Lektor unschätzbare Dienste.

Mit dem Wissenschaftler Mathias Beer, dessen Spezialgebiet die deutsche Familie im Spätmittelalter ist und der mir mit Rat und Tat zur Seite stand, folgte ich an einem unvergeßlichen Tag den Spuren Anna Büschlers von ihrem Elternhaus in Hall zum Schloß der Hohenloher in Esslingen. John Witte jr., ein amerikanischer Experte für das deutsche Rechtswesen im Spätmittelalter und der Reformation, gab mir einen Schnellkurs in Rechtsgeschichte und einen Einblick in den Zusammenhang zwischen Rechtswesen, Religion und Gesellschaft. Matthias Senger überprüfte meine Übersetzungen von Annas Briefwechsel mit ihren Liebhabern. Heide Wunder, die ein sehr kluges Buch über die Geschichte der Frau in Deutschland geschrieben hat, las eine erste Version meines Manuskripts. Caroline Ford und Larissa Taylor gaben mir wertvolle Anregungen. Govind Sreenivasan erstellte die geographischen Karten. Judith Hurwich und Ruth Mellinkoff beantworteten bereitwillig meine Fragen. Die Bibliothekarin des Haller Stadtarchivs, Herta Beutter, sowie die Archivare und Bibliothekare in Ludwigsburg (Trugenberger) und im Hauptstaatsarchiv Stuttgart (Bührlen-Grabinger, Krimm und Wagner) stellten mir großzügig ihr Wissen zur Verfügung. Meine Studien begannen in der Deutschen Abteilung der Widener Library der Harvard University, wo ich zum erstenmal auf Anna Büschler stieß.

Die letzten Mosaiksteine legten meine Agenten Lynn Chu und Glen Hartley, der Lektor der St. Martin's Press, Robert Weil, sowie Andrew Graybill, Miranda Ford, Pei Loi Koay und der Manuskriptbearbeiter Ted Johnson. Ihnen ist es zu verdanken, daß aus einer wissenschaftlichen Arbeit eine interessante Biographie und aus einem Manuskript ein fertiges Buch wurde. Nicht zuletzt bin ich meiner Frau Andrea für ihre konstruktive Kritik zu großem Dank verpflichtet.

Steven Ozment
Newbury, Massachusetts

Anmerkungen

Kapitel 1: Die Geschichte

1 Es gab zwei Phasen der Verhandlungen und / oder der gerichtlichen Auseinandersetzungen zwischen Anna und ihrem Vater (1525–28, 1534) und zwei mit ihren Geschwistern (1543–44, 1550–52), die in einer beträchtlichen Zahl von Akten und über tausend Manuskriptseiten mit Zeugenaussagen dokumentiert sind. Der größere Teil davon wurde während der Zeugenverhöre zusammengetragen, die von kaiserlichen Kommissaren zwischen Ende des Jahres 1550 und Anfang 1552 durchgeführt wurden. Diesen Quellen ist es zu verdanken, daß Annas Geschichte heute erzählt werden kann. Die vollständige Sammlung der Quellen, die gegenwärtig im HSA Stuttgart katalogisiert ist, wird beschrieben in *Akten des Reichskammergerichts im Hauptstaatsarchiv Stuttgart A–D, Inventar des Bestands C 3*, Alexander Brunotte und Raimund J. Weber (Hrsg.) (Stuttgart, 1993), S. 387–89.

2 «Hall» bezieht sich hier auf Schwäbisch Hall, nicht zu verwechseln mit Halle an der Saale. Es wurde 1191 offenbar als «Schwäbisch» bezeichnet, als die Hohenstaufener die Stadt mit Rothenburg und Wimpfen dem Herzogtum Schwaben zuschlugen – somit eine politische, keine regional-ethnische Bezeichnung. Eduard Krüger, *Schwäbisch Hall. Mit Grosskomburg, Kleinkomburg, Steinbach und Limpurg. Ein Gang durch Geschichte und Kunst* (Schwäbisch Hall, 1953), S. 27. Wilhelm German zufolge ist der Beiname «Schwäbisch» möglicherweise eine dunkle Reminiszenz an die alte Zugehörigkeit der Mutterkirche von Hall-Steinbach zum schwäbischen Bistum Augsburg («Komburg-Steinbach» war ursprünglich «Schwäbisch-Augsburgisch»), *Chronik von Schwäbisch Hall und Umgebung. Von den ältesten Zeiten bis zur Gegenwart* (Schwäbisch-Hall, 1989; Nachdruck der Originalausgabe von 1900), S. 39.

3 *Specifications eins erbern Rath der statt Hall gegen Anna Büschler* oder *Der Herrnn Beclagten Defensional Articull* [im weiteren *Defensional Articull*] in *Beweisrodel des ksl. Komissars lic. Johann Machtolff* [im weiteren Machtolff] (1552), HSA Stuttgart, C3 Bü 529 (7, Q 32).

4 Robert S. Gottfried, *The Black Death: Natural and Human Disaster in Medieval Europe* (New York, 1983); Rudolf Hirsch, *Printing, Selling and Reading, 1450–1550* (Wiesbaden, 1974), S. 10–23; Lucien Febvre, «The Origins of the French Reformation: A Badly-Put Question?» in: Peter Burke (Hrsg.) *A New Kind of History and Other Essays: Lucien Febvre*, übersetzt von K. Folca (New York, 1973), S. 60–65.

5 Helmut B. Koenigsberger und George L. Mosse, *Europe in the Sixteenth Century* (New York, 1968), S. 230.

6 Eine Zusammenfassung dieser Forschung bietet Steven Ozment, *Protestants: The Birth of a Revolution* (New York, 1992).

7 Anke Wolf-Graaf, *Die verborgene Geschichte der Frauenarbeit. Eine Bildchronik* (Weinheim, 1983), Kap. 2–6; Lyndal Roper, *The Holy Household: Women and Morals in Reformation Augsburg* (Oxford, 1989); vgl. Sherrin Marshalls scharfsichtige Kritik von letzterem: *Journal of Modern History* 65 (1993): 887–89.

8 Krüger, *Schwäbisch Hall*, S. 12.

9 *Ibid.*, S. 9–13, 19; German, *Chronik von Schwäbisch Hall*, S. 9–11.

10 Gerd Wunder, «Rudolf Nagel von Eltershofen (gest. 1525) und Hermann Büschler, Stättmeister der Reichsstadt Hall», in: Max Miller und Robert Uhland (Hrsg.), *Lebensbilder aus Schwaben und Franken* (Stuttgart, 1960), S. 35–38; Gerhard Wunder und Georg Lenckner, *Die Bürgerschaft der Reichsstadt Hall von 1395–1600* (Stuttgart, 1956), Nr. 1149, S. 161.

11 Heide Wunder, *«Er ist die Sonn', sie ist der Mond.» Frauen in der Frühen Neuzeit* (München, 1992), S. 94–99.

12 Gerd Wunder, *Die Bürger von Hall. Sozialgeschichte einer Reichsstadt 1216–1802* (Sigmaringen, 1980), S. 173; Anette Völker-Rasor, *Bilderpaare–Paarbilder; Die Ehe in Autobiographien des 16. Jahrhunderts* (Freiburg, 1993), S. 120.

13 Shulamith Shahar, *Kindheit im Mittelalter* (München, 1991).

14 Gerd Wunder, *Die Bürger von Hall*, S. 177.

15 «Ein seltsams leben hetten sie mit einander gefurt.» Ratsherr
Bernhard Werner, Antwort auf *Uff dise nachgeende Fragstuck...*,
in: *Beweisrodel der ksl. Kommissare Johann Ludwig Windberg* [im
weiteren Windberg] (1551), HSA Stuttgart, C3 Bü 530 (7, Q 30/
31).

16 Wunder, *Die Bürger von Hall*, S. 76. Siehe unten. Der Skandal,
den Anna und ihr Vater in Hall verursachten, mag erklären,
warum von Anna und ihrem Vater – im Gegensatz zu ihren
Geschwistern – keinerlei Gedenktafeln erhalten sind.

17 «Die erbarn alten Geschlechten.» Johann Herolt, *Chronica, zeit-
unnd jarbuch vonn der statt Hall ursprung unnd was sich darinnen
vrloffen unnd wasz fur schlösser umb Hall gestanden [1540–45]*,
(Hrsg.) Christian Kolb (Stuttgart, 1894), S. 170–175.

18 Gerd Wunder, *Die Bürger von Hall*, S. 163, 186.

19 German, *Chronik von Schwäbisch Hall*, S. 34, 38–40; Krüger,
Schwäbisch Hall, S. 24.

20 German, *Chronik von Schwäbisch Hall*, S. 42.

21 Herolt, *Chronica*, S. 98–99, Fußnote 3; Gerd Wunder, «Die
Haller Ratsverstörung von 1509 bis 1512», *Jahrbuch des histori-
schen Vereins für Württembergisch Franken*, N. F. 30 (1955): 57–68;
62; Gerd Wunder, *Die Bürger von Hall*, S. 73; und vor allem
Gerd Wunder und Georg Lenckner, *Bürgerschaft der Reichsstadt
Hall*, S. 43–49; German, *Chronik von Schwäbisch Hall*, S. 70, 73.

22 Gerd Wunder, *Die Bürger von Hall*, S. 179.

23 Herolt, *Chronica*, S. 170.

24 Das höchste Vermögen betrug 19000 Gulden. Gerd Wunder,
«Die Haller Ratsverstörung»: 62–63.

25 «Er möcht ... auff die stuben zum wein gehen aber zu gleichen
stubherrn nemen sie in nit.» Herolt, *Chronica*, S. 170.

26 *Ibid.*

27 «Die gemainen rathsherrn und ehrlch burger.» Herolt, *Chronica*, S. 171; Gerd Wunder, *Die Bürger von Hall*, S. 74.

28 Herolt, *Chronica*, S. 171.

29 Gerd Wunder, «Die Haller Ratsverstörung»: 61.

30 *Ibid.*: 61–62; Herolt, *Chronica*, S. 172. Diese Änderung der ursprünglichen Verfassung «bedeutete praktisch eine Zementie-
rung der Vormacht des Adels». Gerd Wunder, *Die Bürger von
Hall*, S. 75.

31 «Das wohlhabende Bürgertum strömt in Rat und Gericht ein.» Gerd Wunder, «Die Haller Ratsverstörung»: 67; Herolt, *Chronica*, S. 173–174; Hildegard Nordhoff-Behne, *Gerichtsbarkeit und Strafrechtspflege in der Reichsstadt Schwäbisch Hall seit dem 15. Jahrhundert* (Schwäbisch Hall, 1971), S. 22–23. Zwei Adlige, die damals im Rat verblieben, Gilg Senft und Volk von Roßdorf, sollten vierzig Jahre später als Zeugen bei den Vernehmungen zum Fall Büschler aussagen. Gerd Wunder, *Die Bürger von Hall*, S. 76; siehe unten.

32 Gerd Wunder, «Rudolf Nagel ... und Hermann Büschler», S. 38.

33 Gerd Wunder, «Die Haller Ratsverstörung»: 67.

34 «Hab ein unzuchtigs leben gnug getriben/aber der vater habs darzu gezogen.» Salzsieder Gilg Menger, zu *Fragstuckh/Philipsen Buschlers unnd Schentzin contra Anna Buschlerin* [im weiteren *Fragstuckh Philipsen Buschlers*] Nr. 1, in *Beweisrodel der ksl. Luc. Daniel Hornung* [im weiteren Hornung II] (1551), HSA Stuttgart, C3 Bü 530 (7, Q 30/31).

35 *Exceptiones Articulate ... Anna Büschlerin gegen Stetmeister und Rath zu Schwebischen Hall*, HSA Stuttgart, C3 Bü 1546.

36 «Sich brechtig mit klaidung und geschmuck/mehr dann ir geburt gehalten.» Ratsherr Adam Gutmann, zu *Defensional Articull*, Nr. 1 (Machtolff); Volk von Roßdorf, zu *ibid*.

37 Barbara Lienhard Dollen, zu *Superelisif Articul Philipsen Buschlers et Consorten contra Anna Buschlerin* [im weiteren *Superelisif Articul Philipsen Buschlers*], Nr. 2 (Windberg); Ratsherr Hans Eisenmenger, zu *ibid*. Gerd Wunder mißdeutet «feinberlein» (feine Perlen), als «Weinbeerlein». Offenbar sah es für ihn wie ein Barett aus Trauben aus. Gerd Wunder, «Liebesbriefe aus dem 16. Jahrhundert», *Jahrbuch des historischen Vereins für Württembergisch Franken, Neue Folge 30* (1955): 69–89, 85.

38 *Fragstuckh/Philipsen Buschlers*, Nr. 4, zu *Articuli Elisivi Anna Buschlerin gegen Philipsen Buschler und Agatha Schäntzin*, Nr. 3 (Hornung II).

39 Es ist unklar, ob er damals selbst anwesend war oder es später von dem Mönch erfuhr.

40 «Herman Buschler sie umb ihr ungeburlich kleydung gestrafft/nemlich das sie die kleyder nit so weyt solte lasen aus-

schneiden / das man ihr den blossen leib sehe.» Arnold Engel, zu *Fragstuckh / Philipsen Buschlers*, Nr. 4 und 5, zu *Articuli Elisivi Anna Buschlerin*, Nr. 3 (Hornung II).

41 «Wan der Clegerin vatter selig / kein gefallen darab gehabt / so hette er sie nit also cleydet.» Philip Strobel, zu *Fragstuckh / Philipsen Buschlers*, Nr. 1, zu *Articuli Elisivi Anna Buschlerin*, Nr. 3 (Hornung II).

42 German, *Chronik von Schwäbisch Hall*, S. 179–180. Jakob und Wilhelm Grimm, *Deutsches Wörterbuch* (Leipzig 1899; München, 1984), Band 15, S. 1678, 1685–6; 2267.

43 «Ehr habs ein zeitlang gelitten / aber ihr nachmals abgestellt / ob es aber ime gefallen oder nit / hab er zeug kein wissen.» Edelmann Gabriel Senft, Philipp Büschlers Schwager, zu *Fragstuckh / Philipsen Buschlers*, Nr. 1, zu *Articuli Elisivi Anna Buschlerin*, Nr. 3 (Hornung II).

44 «Dem vatter uber seine zinsbrieff nichts unnd gelt khamen / und sich darvon klaidt / klaineten und weibs gezierdt gemacht unnd ettwa vil davon verschmuckhet.» Ratsherr Michael Seiboth, zu *Defensional Articull*, Nr. 1 (Machtolff).

45 Ihr Bruder bezeichnet den Brief als «hauptbrieff auff 1200 Gulden hauptgutt». *Superelisif Articul Philipsen Buschler contra Anna Buschlerin*, Nr. 2 (Windberg). Die Ratsherren von Hall bringen vor, daß sie alles mögliche von ihrem Vater gestohlen habe, vor allem mehrere Zinsbriefe. *Fragstuck eins Erbern Raths der statt Schwebischen Halle contra Anna Buschlerin* [im weiteren *Fragstuck eins Erbern Raths*], Nr. 2, zu *Positiones et Articuli [Anna Buschlerin]*, Nr. 5–13, in *Verhör von Zeugen aus Schwäbisch Hall und Öhringen durch ksl. Kommissar Lic. Daniel Hornung* [im weiteren Hornung I] (1551), HSA Stuttgart, C3 Bü 529 (7, Q 29); Lienhard Vahmann, zu *Superelisif Articul Philipsen Buschler contra Anna Buschlerin*, Nr. 2 (Windberg).

46 «Ein poden mit treidt in der Gelbingen gassenn zum theil gelert / unnd one sein wissen / verkauft … uber zehen scheffel nit mer doben gewesen.» Barbara Dollen, zu *Superelisif Articul Philipsen Buschler contra Anna Buschlerin*, Nr. 2 (Windberg). «Sie hinder jrem vatter / nach dem miller geschickt / unnd frucht austragen lassen.» Volk von Roßdorf, zu *Defensional Articull*, Nr. 1 (Machtolff).

47 Zu *Superelisif Articul Philipsen Buschler contra Anna Buschlerin*, Nr. 2 (Windberg).

48 *Fragstuckh / Philipsen Buschlers*, Nr. 8–9, zu *Articuli Elisivi Anna Buschlerin*, Nr. 4–6 (Hornung II).

49 «Ubel hauset.» Hans Hornberger, zu *Superelisif Articul Philipsen*, Nr. 2, und *Uff dise nachgeende Fragstuckh*, Nr. 5 (Windberg).

50 «Das Daniel Trautwein seliger nach jr der clegerin oder sie nach ime gestelt hab.» Der Arzt Anthon Brellochs, zu *Der Clegerin übergebene Fragstuckh*, Nr. 4 (Machtolff). Der andere Freier ist Caspar Schenk aus Öhringen. Lienhard Feuchter, zu *Fragstuckh / Philipsen Buschlers*, Nr. 4, zu *Articuli Elisivi Anna Buschlerin*, Nr. 1 (Hornung II). Der Priester Arnold Engel behauptete, mehrere Männer zu kennen, die Anna den Hof gemacht hätten. Zu *Fragstuckh / Philipsen Buschlers*, Nr. 4, zu *Articuli Elisivi Anna Buschlerin*, Nr. 1–2 (Hornung II).

51 «Bey nechtlicher weyl haimlich hindern zum haus herauss gelasen.» Vahmann, zu *Der Clegerin übergebene Fragstuckh*, Nr. 2 (Machtolff).

52 Zu *Superelisif Articul Philipsen*, Nr. 2 (Windberg). Dollen: «Offtmals / wan der altt geschlaffen / unnd do sie zeugin das nit thun wöllen hett sie clegerin jr ein plos messer ans hertz gesetz dergestalt / sie zum drittenmal ir entlauffen miessen.» Zu *ibid.*

53 Zu *ibid.*

54 Zu *ibid.*, Nr. 4 (Windberg).

55 Zu *Uff dise nachgeende Fragstuckh*, Nr. 3–4 (Windberg). «Als sie mannbar gewesen / sich wider irem vatter widersetzig erzaigt.» Michael Seiboth, zu *Defensional Articull*, Nr. 1 (Machtolff).

56 *Der Clegerin übergebene Fragstuckh*, Nr. 4 (Machtolff).

57 «Item sagt wahr / das viel eherlicher gesellen / umb sie Clegerin werben lassen / aber gantz one / das dem vatter eynicher gefallen wöllen / das gelt lieber dann die dochter gehabt.» *Articuli Elisivi Anna Buschlerin*, Nr. 2 (Hornung II).

58 «Er hab etwa hören sagen / das die Clegerin vill werber gehapt / ji vatter hab nie khain willen darzu geben wellen.» Michael Seiboth, zu *Der Clegerin übergebene Fragstuckh*, Nr. 4–5 (Machtolff): «Allein am vatter erwunden / das die heurath nit fortgang.» Arnold Engel, zu *Fragstuckh / Philipsen Buschlers*, Nr. 4, zu *Articuli Elisivi Anna Buschlerin*, Nr. 1–2 (Hornung II).

59 *Fragstuckh / Philipsen Buschlers*, zu *Articuli Elisivi Anna Buschle-rin*, Nr. 1–2 (Hornung II).

60 «Er hett von Herman Büschler wol gehört / das seiner dochter Annen / etlich gutt heuratt fur gestannden / sie hett aber ime nit volgen wöllen.» Ratsherr Bernhard Werner, zu *Uff dise nachge-ende Fragstuckh*, Nr. 2–3.

61 «Er hab von alten wol gehört / das er der Annan halben, sie angesprochen werden, er wiss aber kein zu nemen … Ware sie der und der gern gehapt aber der vatter nit willigenn wöllen.» Zu *Uff dise nachgeende Fragstuckh*, Nr. 2–3.

62 Gerd Wunder et al., *Die Schenken von Limpurg und ihr Land* (Sigmaringen, 1982), S. 9.

63 Auch «Erbschenken» oder «Reichsschenken». Herolts zeitge-nössische Bezeichnung lautet: «erbschenken des heiligen Rö-mischen reichs und semperfrey.» *Chronica* S. 70.

64 Gerd Wunder et al., *Die Schenken von Limpurg*, S. 13–14, 18.

65 *Ibid.*, S. 24–26.

66 German, *Chronik von Schwäbisch Hall*, S. 111.

67 *Ibid.*, S. 107–10.

68 Herolt, *Chronica*, S. 121; *Das Land Baden-Württemberg*, Band IV, Landesarchivdirektion Baden-Württemberg (Hrsg.) (Stutt-gart, 1980), S. 391–94.

69 German, *Chronik von Schwäbisch Hall*, S. 136.

70 Es war üblich, die erste Fassung eines Briefs zu behalten und die Reinschrift zu verschicken. Das erklärt, warum einige ihrer Briefe an Erasmus in ihrem Besitz waren. Vgl. Steinhausen (Hrsg.), *Deutsche Privatbriefe des Mittelalters I: Fürsten und Ma-gnaten, Edle und Ritter* (Berlin, 1899), *II: Geistliche und Bürger* (Berlin, 1907).

71 «Das sy unzuchtige brief so kheiner eerlichen dochter und junckhfrauen zugestanden hin und wider geschriben habe.» *Su-perelisif Articul Philipsen*, Nr. 1 (Windberg).

72 Dieser Brief gehört zu den Windberg-Akten.

73 «Es ist ein Mann haist Herman Büschler / Wan der selb nit wer wolt ich mir vill ding ein ennd schaffen.»

74 «Wann derselbig nit werhe / wolt sie wol gutter ding gegen jr schenkin komen.» Vahman, zu *Uff dise nachgeende Fragstuckh*, Nr. 5 (Windberg).

291

75 «Sein dochter Anna / durfft irem sun nit hembder machen / sie
    wolt jren sunb noch selber wol bekleiden. Durch ein sollichs
    dann der vatter / sie auss den hauss zu jagen verursacht.» *Ibid.*

76 Als Erasmus' Vater 1530 in völliger Armut starb, teilte er sein
    bescheidenes Reich zwischen Erasmus und seinem älteren Bru-
    der Karl (1498–1558) auf. Erasmus erhielt Limpurg (die
    Stammburg) und Obersontheim, wo er später eine neuere, be-
    scheidenere Burg baute, während Karl das reichere Speckfeld
    erhielt, das Gottfried erst 1521 geerbt hatte. Gerd Wunder et al.,
    Die Schenken von Limpurg, S. 36–37; Karl O. Müller, «Das Ge-
    schlecht der Reichserbschenken zu Limpurg bis zum Ausster-
    ben des Mannesstammes (1713)», *Zeitschrift für Württembergische
    Landesgeschichte* 5 (1941): 215–43.

77 *Der Clegerin übergebene Fragstuckh*, Nr. 2–3 (Machtolff).

78 «Offtmals sie ein bose schlangen gehaissen.» Anthon Brel-
    lochs, zu *Defensional Articull*, Nr. 1 (Machtolff).

79 Heide Wunder, *«Er ist die Sonn', sie ist der Mond»*, S. 59.

80 Richard van Dülmen, *Kultur und Alltag in der Frühen Neuzeit*, I:
    Das Haus und seine Menschen 16.–18. Jahrhundert (München,
    1990), S. 185–89; Völker-Rasor, *Bilderpaare–Paarbilder*, S. 121,
    267; Steven Ozment, *When Fathers Ruled: Family Life in Refor-
    mation Europe* (Cambridge, MA, 1983), Kap. 1.

81 Rudolf Weigand, «Ehe- und Familienrecht in der mittelalter-
    lichen Stadt», in *Haus und Familie in der spätmittelalterlichen
    Stadt*, Alfred Haverkamp (Hrsg.) (Köln, 1984), S. 166.

82 Van Dülmen, *Kultur und Alltag in der Frühen Neuzeit*, S. 188;
    Völker-Rasor machte die Reformation dafür verantwortlich.
    Bilderpaare–Paarbilder, S. 150–52.

83 In St. Gallen brachte ein erster Fall von Ehebruch dem Übeltä-
    ter drei Monate bei Brot und Wasser ein, ein zweiter sechs Mo-
    nate und ein Jahr Ausweisung, der dritte Auspeitschung und
    ewigen Landesverweis. Zeeden, *Deutsche Kultur in der Frühen
    Neuzeit*, S. 202–6. Über Sodomie vgl. Van Dülmen, *Kultur und
    Alltag in der Frühen Neuzeit*, S. 195–96.

84 Vgl. Edward Shorter: «Vor 1750 war das Leben der meisten
    jungen Menschen völlig unerotisch… die traditionelle Gesell-
    schaft war sehr erfolgreich darin, den Geschlechtstrieb Unver-
    heirateter zu unterdrücken (zu sublimieren, wenn Sie so wol-

len).» *The Making of the Modern Family* (New York, 1975), S. 99. Eine interessante Gegendarstellung findet sich bei van Dülmen, *Kultur und Alltag in der Frühen Neuzeit*, S. 185.

85 Barbara Beuys, *Familienleben in Deutschland* (Reinbek bei Hamburg, 1980), S. 170.

86 Über das Leben im 16. Jahrhundert in deutschen und schweizerischen Städten vgl. Thomas Max Safley, *Let No Man Put Asunder: The Control of Marriage in the German Southwest: A Comparative Study, 1550–1600* (Kirksville, MO, 1984).

87 Beatrice Gottlieb, «The Meaning of Clandestine Marriage», in *Family and Sexuality in French History*, Robert Wheaton und Tamara K. Hareven (Hrsg.) (Philadelphia, 1980), S. 73. Vergleiche auch Weigand, «Ehe- und Familienrecht», S. 173–77.

88 Elisabeth Koch, *Major dignitas est in sexu virili. Das weibliche Geschlecht im Normensystem des 16. Jahrhunderts* (Frankfurt am Main, 1991), S. 92–93.

89 *Ibid.*, S. 95–96.

90 Ozment, *When Fathers Ruled*, S. 25–44; Safley, *Let No Man Put Asunder.*

91 Beuys, *Familienleben in Deutschland*, S. 227; Völker-Rasor, *Bilderpaare – Paarbilder*, S. 267–69; Ozment, *When Fathers Ruled*, S. 84, 93.

92 Ozment, *When Fathers Ruled*, S. 150.

93 Friedrich Beyschlag (Hrsg.), «Ein Vater an seinen Sohn (1539)», *Archiv für Kirchengeschichte*, 4 (1906): 296–302; Ozment, *Protestants*, S. 109.

94 Cornelia N. Moore, *The Maiden's Mirror: Reading Material for German Girls in the Sixteenth and Seventeenth Centuries* (1987), S. 17, 30, 34.

95 Edward Bodemann, «Höhere Töchtererziehung im 17. Jahrhundert: Ein Testament oder Verordnung der Frau von Quitzau ihren beiden Töchtern hinterlassen», *Zeitschrift des historischen Vereins für Niedersachsen* (1890): 309–13, zitiert in Moore, *The Maiden's Mirror*, S. 105–6.

96 Siehe unten.

Kapitel 2: Die Liebschaften

1 Gerd Wunder, «Liebesbriefe»: 83–84.

2 Krüger, *Schwäbisch Hall*, S. 46. Vgl. Bernd Moeller, «Piety in Germany Around 1500», in Steven Ozment (Hrsg.), *The Reformation in Medieval Perspective* (Chicago, 1971), S. 50–75.

3 Nach einer Schilderung von Johann Herolt; Gerd Wunder, *Die Bürger von Hall*, S. 103.

4 Die ursprüngliche Marienstatue stammt etwa aus dem Jahre 1320; als sich die Kirche, die bis 1440 Heiligkreuzkirche hieß, zu einer beliebten Wallfahrtsstätte entwickelte, wurde sie in Marienkirche umbenannt. Dank der großzügigen Spenden der zahlreichen Wallfahrer konnte die Kirche sogar renoviert werden. Die Madonnenfigur überstand den Bombenangriff der Alliierten so gut wie unbeschadet. Erst in den Nachkriegsjahren wurde sie von Vandalen und Reliquiensammlern stark beschädigt. Heute ist von «Unserer Frau zum Hasen» nur noch der obere Rumpf erhalten, den ich mit Mathias Beer im Sommer 1994 im Dachgeschoß der Kirche entdeckte, die jetzt auf dem Platz der ehemaligen Marienkirche steht.

5 Gmelin, *Hällische Geschichte* (Hall, 1896–99), S. 657–58; Gerd Wunder, *Die Bürger von Hall*, S. 34–36. Vgl. Richard Auernheimer und Frank Baron (Hrsg.), *Das Faustbuch von 1587: Provokation und Wirkung* (München, 1991).

6 Krüger, *Schwäbisch Hall*, S. 44, 53; Gerd Wunder, *Die Bürger von Hall*, S. 129, German, *Chronik von Schwäbisch Hall*, S. 183–84.

7 Die folgende zusammenfassende Darstellung der wichtigsten Ereignisse der Haller Reformation stützt sich auf Krüger, *Schwäbisch Hall*, S. 47; Herolt, *Chronica*, S. 112, Fußnote 1, 189; Gerd Wunder, *Die Bürger von Hall*, S. 103–4; und German, *Chronik von Schwäbisch Hall*, S. 149–52.

8 Zitiert von James M. Estes, *Christian Magistrate and State Church: The Reforming Career of Johannes Brenz* (Toronto, 1982), S. 81–88.

9 German, *Chronik von Schwäbisch Hall*, S. 151.

10 Herolt, *Chronica*, S. 189–90.

11 A. Rentschler, «Einführung der Reformation in der Herrschaft

Limpurg», *Blätter für Württembergische Kirchengeschichte N. F. 20* (1916): 97–134; 107.

12 *Ibid.*: 110.

13 *Ibid.*: 113–14, 121.

14 *Ibid.*: 129. Rentschler widerspricht in seinen Ausführungen von 1916 der damals herrschenden Auffassung, daß Erasmus bis 1544 katholisch geblieben sei. Seiner Ansicht nach sind die beiden – unzureichend belegten – Hauptargumente für diese Einschätzung nicht stichhaltig: (1) die Tatsache, daß Erasmus im Jahre 1541 darauf beharrt habe, Burg Limpurg nur unter der Bedingung an Hall zu verkaufen, daß in der Pfarrkirche in Unterlimpurg ein katholischer Pfarrer eingesetzt werden würde, und (2) Erasmus' Weigerung im Jahre 1544, gemeinsam mit anderen Schenken der Gegend, die lutherische Augsburger Konfession zu unterzeichnen. Siehe *Heinrich Preschers Limpurgischen Pfarrers zu Gschwend Geschichte und Beschreibung der zum Fränkischen Kreise gehörigen Reichsgraffschaft Limpurg, I* (Stuttgart, 1789), S. 301–5. Rentschler weist nach, daß Prescher in beiden Fällen das Material aus Herolts *Chronica* und anderen Quellen mißdeutet hat. Rentschler, «Einführung der Reformation»: 102–7. Obwohl ich Rentschlers Neueinschätzung im wesentlichen teile, so scheint er doch den Eid von 1537 als Beleg für Erasmus' Protestantismus überzubewerten. Es gab auch andernorts reformorientierte katholische Fürsten und Prälaten – darunter auch der Kaiser –, die ihre Geistlichen ebenfalls zu bibeltreuen Predigten anhielten und möglicherweise ihrem Klerus guten Gewissens genau denselben Eid abnahmen wie Erasmus.

15 Rentschler, «Einführung der Reformation»: 122–23.

16 *Ibid.*: 101–2.

17 Krüger, *Schwäbisch Hall*, S. 50; Rentschler, «Einführung der Reformation»: 123–24; Gerd Wunder, *Personendenkmale der Michaelskirche in Schwäbisch Hall* (Hall, 1987), Nr. 8, S. 12; German, *Chronik von Schwäbisch Hall*, S. 155. Auf einem Holzepitaph an der Innenwand der Michaelskirche wird dieses Ereignisses gedacht. Allerdings wird hier offenbar ein Haller Kaufmann namens Philipp Büschler (gest. 1570) mit dem Bürgermeister Philipp Büschler (gest. 1568) verwechselt.

18 Gerd Wunder et al., *Die Schenken von Limpurg*, S. 37–38.

19 Gerd Wunder, «Liebesbriefe»: 88, Anmerkung 4.

20 «Es ist aber denen von Hall der gelt zweyen wert/dan sich all tag zanckh des zols und gefreisch zutrungenn.» Herolt, *Chronica*, S. 260.

21 Gerd Wunder et al., *Die Schenken von Limpurg*, S. 38.

22 «So gesegen mir Gott das bad», wörtlich: «So Gott mir mein Bad segne».

23 Das heißt aus anderen Quellen, während sie nur durch seine Briefe etwas über ihn erfahren kann.

24 «Schnur». Ursprünglich bezeichnete man mit diesem Wort die enge Beziehung zwischen zwei Menschen (eine Schwiegertochter bezeichnete sich beispielsweise als «Schnur» ihrer Schwiegermutter), aber hier ist ein geflochtenes Armband gemeint, das man als Zeichen der Freundschaft oder Liebe am Handgelenk trug.

25 «Wann ich wol weiss, dass ich euer gnad nit gemiess bin, wann ich euer gnad nit zulaid wolt than. Darumb geriethe man vil wesen wol.» Gerd Wunder, «Liebesbriefe»: 69.

26 Der vorletzte Satz ist sehr lyrisch: «lang mich und mach mir die weil nit lang» *Ibid.*: 70. Die Briefe existieren nur noch als Abschriften, die im 16. Jahrhundert von Notaren angefertigt wurden. Sie befinden sich im Hauptstaatsarchiv Stuttgart, C3 Bü 529 (7, Q32). Ich übernehme Wunders Numerierung («Liebesbriefe»: 69–83). Wunders Abschriften wurden mit den Originalen genau verglichen. Ich habe einen Brief aufgenommen, den Wunders Sammlung nicht enthält. Weitere Briefe habe ich frei wiedergegeben oder nur kurz erwähnt. Manche Briefe tragen eine Unterschrift.

27 Zu Erasmus' verschiedenen Ämtern vgl. Karl O. Müller, «Das Geschlecht der Reichserbschenken zu Limpurg bis zum Aussterben des Mannesstammes (1713)», *Zeitschrift für Württembergische Landesgeschichte 5* (1941): 215–43; 233–34.

28 Gerd Wunder, «Liebesbriefe», 8. April 1521: 70.

29 *Ibid.*, 9. Mai 1521: 71–72.

30 Es hatte schon einmal Ende des 14. Jahrhunderts eine eheliche Verbindung zwischen den Hohenlohern und den Speckfelds gegeben (Elisabeth von Hohenlohe hatte 1394 den Schenken

Friedrich von Speckfeld geheiratet). Das Haus von Hohenlohe erwog offenbar erneut eine solche Verbindung. Nach dem Tod des Schenken Friedrich von Speckfeld im Jahre 1521 erbte Erasmus' Vater Gottfried, Friedrichs jüngerer Bruder, Speckfeld.

Falls eine erneute Verbindung zwischen dem Haus von Hohenlohe und den Schenken von Limpurg zustande kommen sollte, so würde mit Erasmus und seinem Vater zu verhandeln sein. Es wäre für Elisabeth von Hohenlohe einträglicher gewesen, sich für Erasmus' älteren Bruder Karl zu interessieren, da dieser beim Tod seines Vaters 1530 Speckfeld erbte. Es ist unwahrscheinlich, daß Elisabeth vor Friedrichs Tod eine Heirat mit ihm erwogen hat, denn es bestand zwischen ihnen ein Altersunterschied von 27 Jahren; er blieb sein Leben lang ledig. Wunder, *Die Schenken von Limpurg*, S. 30–31, 36.

31 Ludwig II. (1498–1538). Einer seiner Söhne heiratete Erasmus' Schwester Anna, die in Anna Büschlers Alter war und sehr wahrscheinlich bei der Hohenloher Fürstenfamilie ein gutes Wort für Anna Büschler einlegte. Elisabeth von Hohenlohe heiratete schließlich Georg Freiherr von Hohen-Höwen. Gerd Wunder, «Liebesbriefe»: 88, Anmerkung 14, 17.

32 Bischof Georg, Erasmus' Onkel.

33 «Zerreyss den brief, es mechts sonst frau mutter inne werden.» Gerd Wunder, «Liebesbriefe»: 73.

34 Hier ist zweifellos Erasmus gemeint.

35 «Schlechte rechnung».

36 Zu den Geschlechterrollen zu jener Zeit siehe Beuys, *Familienleben in Deutschland*, S. 223–98; Merry Wiesner, *Working Women in Renaissance Germany* (New Brunswick, NJ, 1986); Moore, *The Maiden's Mirror*.

37 «Und was auch euern gnaden geschrieben hat, das willen ich sitzen heilen bis zu mein letzen end.» Gerd Wunder, «Liebesbriefe», undatiert (Nr. 12): 74.

38 «Spitzige red.»

39 «Gemachten kragen.»

40 «Dieweil der ein Thrum ist.» Gerd Wunder, «Liebesbriefe»: 74–75.

41 «Ein luederlin geben.»

42 «Ir habt villeicht sorg es mecht leben und mecht euch einmal
   zuteil werden, so werdt ir mir gantz zu hüpsch dartzu.»
43 Falls dies nicht nur eine Ausrede ist, so wollte Erasmus damit
   wohl sagen, die ihm die Anwesenheit seines oder ihres Vaters in
   Hall einen guten Vorwand geliefert hätte, um nach Hall zu reiten und sich dort heimlich mit Anna zu treffen.
44 German, *Chronik von Schwäbisch Hall*, S. 87, 147.
45 Renate Dürr, «Ursula Gräfin – der Lebensweg einer Haller
   Magd und ledigen Mutter im 17. Jahrhundert», *Württembergisch
   Franken 76* (1992): 169–70.
46 Die beiden hatten sich offenbar «für die Zukunft» (deponsatio
   de futuro) die Ehe versprochen, was unserer heutigen Verlo-
   bung entspricht, und nicht «für die Gegenwart» (deponsatio de
   praesenti), was einer privaten Eheschließung entsprochen und
   sie unverzüglich im Angesicht Gottes zu Mann und Frau gemacht hätte. Beide Gelöbnisse waren rechtsverbindlich.
47 Nur wenige Wochen nach Zurückweisung der Klage heiratete
   er eine Haller Bürgerstochter, die zu diesem Zeitpunkt ebenfalls von ihm schwanger war. Dürr, «Ursula Gräfin»: 172.
48 *Ibid.*: 171–76.
49 «Ich erpiet jr . . . gutt lassen sein.»
50 HSA Stuttgart C3 Bü 529 (L 32), S. 115. Dieser Brief befindet
   sich nicht in Wunders Sammlung.
51 Nach Trotula (11. Jh.) und Lanfranc (spätes 13. Jh.). In Edward
   Grant (Hrsg.), *A Sourcebook in Medieval Science* (Cambridge,
   MA, 1974), S. 764, 800. Während die medizinischen Kapazitäten jener Zeit Männern wie Frauen zur Steigerung des Allge-
   meinbefindens einen regelmäßigen Aderlaß empfahlen – in der
   Regel zweimal jährlich –, riet man schwangeren Frauen jedoch
   entschieden davon ab.
52 Lanfranc in *ibid.*, S. 801.
53 Zur jüngeren Geschichte dieses Irrglaubens vgl. Mathias Beer,
   «Kinder in den Familien deutscher Städte des späten Mittelalters und der frühen Neuzeit», *Zeitschrift für Kulturwissenschaf-
   ten 6* (1994): 25–48; Klaus Arnold, *Kind und Gesellschaft in Mittelalter und Renaissance* (Paderborn, 1980), S. 11–15.
54 «Und als ich vor 2 jarn zu Forcheym gewesn, war ich an ein
   Frauen gewisen, die auch vil fruezeitige Kinder gehabt het, die

298

saget mir schrepfen het ir geholfen, doran kont ich mein weib koum bringen, bis das sie es auch tet, wiwol ich acht, das gross gepet zu unserm heiland hab uns unsern Samuel vom got Israhel erworben, der frist im in seinen wegen sein leben.» In Heinrich Herrwagen, «Bilder aus dem Kinderleben in den 30-er Jahren des 16. Jahrhunderts», *Mitteilungen aus dem Germanischen Nationalmuseum* (Nürnberg, 1906), S. 96; Mathias Beer, «Kinder in den Familien deutscher Städte»: 32–33. Zu den Kindern der Scheurls, J. G. Biedermann, *Geschlechtsregister des Hochadelichen Patriciats zu Nürnberg* (Bayreuth, 1748), Tabula CCCCXLIV. In meiner nächsten Untersuchung über die Rolle der traditionellen Familie werde ich auch der Familie Scheurl ein Kapitel widmen.

55 Gerd Wunder ordnet Brief Nr. 13 [16] Anna und nicht Erasmus zu. Er belegt dies anhand von historischen Quellen, aus denen hervorgeht, daß Hermann Büschler im Herbst 1522 am Nürnberger Reichstag und an einem Städtetag in Esslingen teilnahm, und vermutet deshalb, daß dies die «väterliche Abwesenheit» ist, auf die sich die Briefe 13 [16] und 14 [18] beziehen. «Liebesbriefe»: 88, Nr. 24. Meiner Ansicht nach irrt Wunder hier. Im zweiten Brief, der vom 14. August datiert ist, heißt es, daß der Vater verreist sei und nicht vor Ende September zurückkehren werde, während es im ersten Brief heißt, daß der Vater erst «in vierzehn Tagen» wiederkommen werde. Es scheint sich in den beiden Briefen demnach um zwei völlig verschiedene «Abwesenheiten» zu handeln: Im ersten Brief geht es um Erasmus' und im zweiten um Annas Vater. Darüber hinaus sprechen die unterschiedlichen Schreibstile dieser beiden sowie auch der folgenden Briefe für diese Deutung.

56 Offenbar hält es Erasmus für am günstigsten, wenn Anna ihn am Sonntag besucht, da der Gottesdienst ein guter Vorwand ist, um auf Burg Limpurg einen Besuch zu machen.

57 Gerd Wunder, «Liebesbriefe», (undatiert) Nr. 19: 76.

58 Margarethe, Tochter von Bürgermeister Konrad Büschler. *Ibid.*, 13. Juni 1523 (Nr. 25): 79–80.

59 Es ist unklar, welches «Unglück» Erasmus hier meint. Möglicherweise könnte es sich um die strenge Überwachung durch seine argwöhnischen Eltern handeln, die seine Liebschaft mit

Anna sicher nicht begrüßt hätten und einen öffentlichen Skandal um jeden Preis hätten verhindern wollen. Allerdings brachten andere Frauen Erasmus viel mehr «Unglück». Siehe unten.

60 Treuhandvermögen.

61 «Frümer»; Erasmus verwahrt sich hier gegen Annas Unterstellung, daß ihm Geld wichtiger sei als sie.

62 Nachdem Hermann Büschler Anna ihre Schlüssel weggenommen hatte, plante sie möglicherweise, sie nachmachen zu lassen, und bat Erasmus um seine Mithilfe. Siehe oben.

63 Zu jener Zeit war es unter Liebespaaren üblich, Kleidung in den Lieblingsfarben des Geliebten zu tragen. Offenbar waren Erasmus' Lieblingsfarben aschgrau, braun und weiß. Oder wollte er auf Annas Liebschaft mit Daniel Treutwein anspielen, indem er ihr die Farben des Büßergewandes anempfahl?

64 Zu ihren finanziellen «Transaktionen» siehe unten.

65 Herolt, *Chronica*, S. 58; Georg Widmann (1486–1570) (nicht mit Georg Rudolf Widmann zu verwechseln, dem Autor des Faustbuchs [1599]), in Gerhard Wunder und Georg Lenckner, *Die Bürgerschaft der Reichsstadt Hall*, S. 182.

66 Gerd Wunder, *Die Bürger von Hall*, S. 153; Karl Steiff und Gebhard Mehring, *Geschichtliche Lieder und Sprüche Württembergs* (Stuttgart, 1912).

67 «Ein weis judenhaubt sampt der brust on arm, mit einem braidten judenhuet unnd schnur under dem kyn herumb gezogen, in einem rotten feldt.» Das Wappen ist auf der Grabplatte von Konrad Treutwein (gest. 1438) an der Nordwand der Michaelskirche in Hall zu sehen. Herolt, *Chronica*, S. 58.

68 Friedrich Pietsch, *Die Urkunden des Archivs der Reichsstadt Schwäbisch Hall*, Bd. 1 (1156–1399), Bd. 2 (1400–1479), (Hall, 1967, 1972), 2: 546–47; Gerhard Wunder und Georg Lenckner, *Die Bürgerschaft der Reichsstadt Hall*, S. 182; Gerd Wunder, *Die Bürger von Hall*, S. 94.

69 Vgl. die Klagen über jüdische Wucherer des Studenten Paul Behaim II. in Padua. *Deutsches Studentenleben in Padua 1575–1578,* in Wilhelm Loose, *Beilage zur Schul- und Universitätsgeschichte* (Meissen, 1879), S. 11–38, Nr. 3, S. 14.

70 John Edwards, *The Jews in Christian Europe 1400–1700* (London, 1988), S. 12, 16.

71 *Ibid.*, S. 25–26, 29–34, 58–60.

72 Zum Mythos der Ritualmorde siehe Ronnie Po-Chia Hsia, *The Myth of Ritual Murder: Jews and Magic in Reformation Germany* (New Haven, 1988).

73 Herolt, *Chronica*, S. 150, Fußnote 2; Gerd Wunder, *Die Bürger von Hall*, S. 94–95. Die Großzügigkeit, die der Kaiser gegenüber den Hallern zeigte, muß den örtlichen Klerus geärgert haben. Auch wenn Geldstrafen zur damaligen Zeit selten einen Entschädigungscharakter hatten (sie flossen einfach in die Staatskassen), pflegten die Behörden in solchen Fällen normalerweise das eingetriebene Bußgeld zum Teil oder gar vollständig dem örtlichen Klerus zu übergeben, um die Kirche zu beschwichtigen, deren eigenes Recht jedoch – im Gegensatz zum kaiserlichen Recht – den Juden nicht sonderlich wohlgesinnt war. Zur unterschiedlichen Stellung der Juden im kaiserlichen und im Kirchenrecht siehe Solomon Grayzel, *The Church and the Jews in the XIIIth Century... 1198–1254* (Philadelphia, 1933), S. 49–59; Kenneth R. Stow (Hrsg.), *The Church and the Jews in the XIIIth Century, II: 1254–1314* (New York, 1989) S. 1–47.

74 Gerd Wunder, *Die Bürger von Hall*, S. 94–95.

75 Herolt, *Chronica*, S. 19.

76 Vgl. Heiko A. Oberman (Hrsg.), *Deutscher Bauernkrieg 1525. Zeitschrift für Kirchengeschichte* 85 (1974): 157–72.

77 H. C. Erik Midelfort, «The Revolution of 1525: Recent Studies of the Peasants' War», *Central European History*, 1978, S. 189–206. Midelfort erörtert die frühe, aber keineswegs veraltete Arbeit von Günther Franz (Hrsg.), *Der deutsche Bauernkrieg*, zehnte Auflage (Darmstadt, 1975), und die neuen, mittlerweile umstrittenen Thesen Peter Blickles, der im Bauernkrieg eine konsequente Umsetzung der reformatorischen Ideen und nicht etwa deren eigennützige Vereinnahmung sah. Peter Blickle, *The Revolution of 1525: The German Peasants' War from a New Perspective* (Baltimore, 1981; ursprünglich 1975 erschienen). Vgl. auch meine Erörterung von Blickles Arbeit und anderer moderner, höchst spekulativer Theorien, die die Reformation mit dem Bauernkrieg in engen Zusammenhang bringen. *Protestants*, S. 118–34.

78 Gerd Wunder, *Die Bürger von Hall*, S. 31.

79 Herolt, *Chronica*, S. 19.

80 Herolt beschreibt ausführlich seinen unfreiwilligen Militärdienst. *Chronica*, S. 199–200; auch in Prescher, *Geschichte der Reichsgraffschaft Limpurg*, S. 215, 223.

81 German, *Chronik von Schwäbisch Hall*, S. 195–97.

82 Herolt, *Chronica*, S. 205; Prescher, *Geschichte der Reichsgraffschaft Limpurg*, S. 244–47; German, *Chronik von Schwäbisch Hall*, S. 220.

83 Herolt, *Chronica*, S. 242–44; Prescher, *Geschichte der Reichsgraffschaft Limpurg*, S. 166; German, *Chronik von Schwäbisch Hall*, S. 220.

84 Herolt, *Chronica*, S. 270, 296–97; Prescher, *Geschichte der Reichsgraffschaft Limpurg*, S. 268–71; German, *Chronik von Schwäbisch Hall*, S. 221. Beide Massaker wurden in der zeitgenössischen Lyrik gefeiert. Steiff und Mehring, *Geschichtliche Lieder*, S. 210–52.

85 «Ein Sündenregister Herzog Ulrichs, zur Warnung vor ihm aufgestellt» (1520). Steiff und Mehring, *Geschichtliche Lieder*, S. 189–208.

86 «Wyrtenbergscher Spruch wider die stet des bunds.» *Ibid.*, S. 151–57, 164. Es gibt zwei Fassungen des Gedichts. Das Original stammt von 1519, die neue, protestantisch gefärbte Fassung von 1524.

87 Herolt, *Chronica*, S. 58–59, 92–93, Fußnote 3; Joseph Baader (Hrsg.), *Verhandlungen über Thomas von Absberg und seine Fehden gegen den Schwäbischen Bund 1519–1530* (Tübingen, 1873), S. 222.

88 Baader, *Verhandlungen über Thomas von Absberg* (Tübingen, 1873), S. 228; *Fehde Hanns Thomas von Absberg wider den Schwäbischen Bund* (München, 1880).

89 Vgl. Brief 19. Bezüglich Daniels Alter siehe Anhang.

90 Herolt, *Chronica*, S. 182–83, 189.

91 HSA Stuttgart, C3 Bü 529 L 32, S. 137–45. Die Numerierung entspricht dem System des Archivs. Keiner der Briefe ist datiert, und nur zwei sind unterschrieben.

92 Offenbar Daniels Dienstherr, aber möglicherweise auch jemand, den Annas Vater gebeten hatte, ein Auge auf Daniel zu

haben, wenn er und Anna in derselben Gegend unterwegs waren.

93 Es ist unklar, um wen es sich handelt, aber offenbar ein vertrauenswürdiger Bote.

94 Erasmus' Namensvetter war der Schutzheilige von Menschen, die an Darmerkrankungen litten, vor allem von Kindern, die Koliken hatten. Im Spätmittelalter wurde er unter Hunderten von anderen Schutzheiligen zu einem der vierzehn «Heiligen Helfer» ernannt.

95 Dieser Brief könnte von Anna stammen, wenn man den letzten Satz als eine Anspielung auf Daniels ‹stock closing› liest.

96 Sulz ist eine Burg in der Nähe von Kirchberg an der Jagst, im Besitz der Markgräfin von Hohenlohe.

97 Ein Haller Ratsherr.

98 Der Brief wurde offenbar an oder kurz nach Neujahr geschrieben.

99 «St. Gilgien.» Damit ist Erasmus gemeint. St. Gilgien war der Schutzpatron der Krüppel, Einsiedler, Pferde, Leprakranken und Mütter und wurde ebenso wie St. Erasmus im Spätmittelalter in Deutschland als einer der vierzehn «Heiligen Helfer» verehrt. Daniel hatte ihn vielleicht mit Erasmus in Verbindung gebracht, weil er wußte, daß dieser an einer Krankheit litt, die ihn zum Krüppel machte. Siehe unten.

100 Offenbar ist damit Geld gemeint.

101 «Ibo. zweiffeln»; an anderer Stelle auch: «IBOZ.»

102 Offenbar ihr häufig erwähnter geistlicher Mittelsmann, an den der Brief geschickt wird, damit er sicher zu Anna gelangt.

103 Möglicherweise bezieht sich Daniel auf eine unbeherrschte Reaktion seinerseits. Er glaubt aber, daß Anna mit der Zeit einsehen wird, daß er ihr einen Gefallen getan hat.

104 Johann Mangolt, Doktor der Jurisprudenz und Stadtschreiber von Hall (1509–1520), später Assessor am Reichskammergericht in Speyer; Herolt, *Chronica*, S. 146. Anna hatte vielleicht wegen der sich verschlechternden Beziehung zu ihrem Vater rechtlichen Rat gesucht.

105 Diese Bemerkung bezieht sich auf den Wein und die Lebensmittel, die die beiden konsumierten oder Hermann Büschler zufolge aus seinem Haus «stahlen».

106 Es ist unklar, um was für Briefe es sich hier handelt, möglicherweise Rechtsdokumente.

107 Es ist unklar, ob hier der Obervogt oder Hermann Büschler gemeint ist.

108 Wahrscheinlich ein weiteres Darlehen.

109 Es ist unwahrscheinlich, daß es sich hier um Hans Kitzinger, Erasmus' treuen Diener, handelt.

110 Im Kreis Scheinfeld in Mittelfranken.

111 Offenbar wünscht er ihr, daß ihr Vater ihr verzeiht, nachdem er von den nächtlichen Vergnügungen seiner Tochter mit Daniel erfahren hat, die inzwischen schon Stadtgespräch waren.

112 «Ein Vater an seinen Sohn (1539)», *Archiv für Kirchengeschichte* 4 (1906): 296–302, Nr. 13.

113 «Einlegen in das holtz.»

114 Guajakbaum oder Pockholz.

115 Offenbar lieh sich Erasmus öfter Geld von seinem älteren Bruder Karl.

116 Siehe oben.

117 Rainer Jooss, *Kloster Komburg im Mittelalter: Studien zur Verfassungs-, Besitz- und Sozialgeschichte einer fränkischen Benediktinerabtei* (Sigmaringen, 1987), S. 141.

118 Siehe unten.

Kapitel 3: Auf der Flucht

1 *Verneute Ordnung und Verbott der Hoffart, eines … weisen Raths der Statt Nürmberg was unter ihrer Burgerschaft … jedem in seinem Stand… in Beklaidungen zugelassen und verbotten wird.* (1618). Britisches Museum 5511.aaa.18.

2 «William Smith: Beschreibung der Reichsstadt Nürnberg (übers. von William Roach)» in: *Mitteilungen des Vereins für Geschichte der Stadt Nürnberg 48* (1958): 233.

3 *Ibid.*, 213–14, 216–17, 222.

4 Ozment, *Protestants*, Kap. 5.

5 «Das vetterlich hertz on ime [Hermann Büschler] gethon.» *Exceptiones Articulate… Anna Buschlerin gegen Stetmeister und Rath zu Schwebischen Hall*, Nr. 5.

6 «sie auss seinem hauss unverschulter sachen ganz ungestim-
migklich gejagt.» *Articuli Elisivi Anna Buschlerin*, Nr. 4 (Hornung II).

7 *Exceptiones Articulate*, Nr. 4.

8 «Domit sie nicht in weltlich schanden fallen durfft.» *Exceptiones
Articulate*, Nr. 6. Die folgende Schilderung der Ereignisse nach
Annas Vertreibung aus ihrem Elternhaus stützt sich auf ihre
eigenen Angaben in den drei wichtigsten Prozeßakten: *Exceptiones Articulate; Der Clegerin übergebene Fragstuck* (Machtolff);
und *Articuli Elisivi Anna Buschlerin* (Hornung II).

9 Hornberger, zu *Der Clegerin übergebene Fragstuck*, Nr. 8 (Windberg).

10 Dollen, zu *ibid.*, Nr. 35 (Windberg).

11 *Exceptiones Articulate*, Nr. 6.

12 «Ja, hett die dochter Annen gern wider im hauss gehabt.» Zu
Uff dise nachgeende Fragstuckh, Nr. 7 (Windberg).

13 Ihre Geschwister gaben an, daß «sy sich allenthalben im landt
so ergerlich gehalten / unnd allerley ungerathen verdechtlich
gesinndt an sich gehenckt». *Superelisif Articul Philipsen Buschlers et Consorten contra Anna Buschlerin*, Nr. 4 (Windberg).

14 Vierzig Kilometer nordöstlich von Hall und südlich von Rothenburg.

15 «Sie sag sie well ewer vest inn grossen schaden fieren im Cam-
mergericht.» Datiert vom Sonntag nach Ostern 1525 (Machtolff).

16 Leinlin von Blaufeldens undatierter Brief an Anna, in dem er sie
über seine juristischen Schritte informiert, und Apollonia Pren-
ners Brief an Annas Vater, in dem sie diesen bittet, Anna fort-
zuholen, wurden bei der Machtolff-Vernehmung vorgelegt.
Vgl. auch Gerd Wunder, «Liebesbriefe»: 86–87.

17 *Anna Buschlerin schrifftlich Bitt um tagsatzung und glait gegen irem
vatter* (19. August 1525), HSA Stuttgart, C3 Bü 1546.

18 Karl-Ernst Küpper, «Das Reichskammergericht», in *Deutsche
Rechtsgeschichte 1500–1800 im Spiegel der Bestände der Historischen
Bibliothek der Stadt Rastatt*, Historische Bibliothek der Stadt Ra-
statt (Hrsg.) (Rastatt, 1991), S. 321–24; Hajo Holborn, *A Hi-
story of Modern Germany: The Reformation* (New York, 1961),
S. 43–44.

19 Karl-Ernst Küpper, «Das Rottweiler Hofgericht», in *Deutsche Rechtsgeschichte*, S. 321–24.

20 *Anna Buschlerin schrifftlich Bitt um tagsatzung und glait gegen irem vatter/und daruff ervolgtte antwort und glayt* (19. August 1525), HSA Stuttgart, C 3 Bü 1546.

21 Nordhoff-Behne, *Gerichtsbarkeit und Strafrechtspflege*, S. 23–24, 57–61.

22 Ozment, *Three Behaim Boys*, S. 12. Wie sich am Beispiel der Mutter von Friederich Behaim (1563–1613) zeigen läßt, spielten Witwen bei der Erziehung und Ausbildung ihrer Kinder doch eine wichtige Rolle. *Ibid.*, S. 94–96.

23 Rudolf Huebner, *A History of Germanic Private Law*, übersetzt von Francis S. Philbrick (Boston, 1918), S. 61–68; Gerhard Köbler, «Das Familienrecht in der spätmittelalterlichen Stadt», in: Alfred Haverkamp (Hrsg.), *Haus und Familie in der spätmittelalterlichen Stadt*, (Köln, 1984), S. 136–60; Merry E. Wiesner, «Women's Defense of Their Public Role», in: Mary Beth Rose (Hrsg.), *Women in the Middle Ages and the Renaissance*, (Syracuse, 1968), S. 1–28; Gabriele Becker et al., *«Aus der Zeit der Verzweiflung.» Zur Genese und Aktualität des Hexenbildes* (Frankfurt am Main, 1977), S. 49–50.

24 Heide Wunder, *«Er ist die Sonn', sie ist der Mond»*, S. 107–11.

25 Siehe unten.

26 Köbler, «Das Familienrecht», S. 155–56. Zur Stellung der Frau im Rechtsleben vgl. Koch, *Maior dignitas est in sexu virili*, S. 75–90.

27 «Ain sicher frey stadtsgeleyt fur meniglich unnd sunderlich fur die jhennen so sie mechtig sein zu rechten zugegen unnd zugestelt haben.» *Exceptiones Articulate*, Nr. 13.

28 *Ibid.*, Nr. 16–18.

29 Holborn, *A History of Modern Germany*, S. 44–46, 48.

30 John Witte jr. wies mich auf diese mögliche Erklärung für die scheinbar widersprüchliche Haltung des Gerichts hin.

31 «Mandat per surrepnans et abrepnans.» *Exceptiones Articulate*, Nr. 22. «Die gefennclich anzenomen unnd innzusetzen.» *Der Clegerin übergebene Fragstuck*, Nr. 19 (Machtolff). «Fenncklicheinziehung und verwarung». *Defensional Articuli* Nr. 2 (Machtolff).

32 *Vom Reichsregiment in Esslingen ausgest. ksl. Geleitsbrief betr. unge-
    hinderte Verbringung der Anna Buschlerin in väterlichen Gewahr-
    sam.* HSA Stuttgart, C3 Bü 528 (7, Q 10).

33 Gerd Wunder, *Die Bürger von Hall*, S. 180.

34 Vgl. den Fall von Benoite Ameaux in Robert M. Kingdon,
    Adultery and Divorce in Calvin's Geneva (Cambridge, Mass.,
    1995), S. 60–61.

35 Zu *Uff dise nachgeende Fragstuckh*, Nr. 24 (Windberg).

36 *Exceptiones Articulate*, Nr. 31.

37 Zu *Uff dise nachgeende Fragstuckh*, Nr. 24 (Windberg).

38 Zu *Der Clegerin übergebene Fragstuck*, Nr. 33 (Machtolff); laut
    Konrad Büschler war Oeffner Hermann Büschlers «nahe
    freund und schweger», *ibid.*

39 *Copey Margrave Casimir Befelchs Anna Buschlerin halben aussgan-
    gen* (1526), HSA Stuttgart, C3 Bü 529 (7, Q 7/8); Herolt, *Chro-
    nica*, S. 182.

40 *Exceptiones Articulate*, Nr. 35; *Defensional Articull*, Nr. 4 (Mach-
    tolff).

41 Nordhoff-Behne, *Gerichtsbarkeit und Strafrechtspflege*, S. 26–28.

42 «Grusamlich gepeiniget.»

43 «Wider junnckfrolich zucht verjagt.»

44 *Urteilsbrief des Hofgerichts Rottweil* (1526), HSA Stuttgart, C3 Bü
    1546.

45 *Der Clegerin ubergebene Fragstuck*, Nr. 24–30 (Machtolff).

46 «Sich beclagt die Ersame Junckgfrau Anna Buschlerin von
    Hall ... wiewol die anntwurter [= Angeklagten] jr. Clegerin
    ain frey sicher schrifftlich besigelt glait unnd trostung in die stat
    Hall zukhumen gegeben unnd zugeschickt haben/So sey doch
    solch glait an jr. Clegerin (uber unnd wider das sy sich glaitlich
    gehalten) gebrochen worden und nit gehalten. Indem das sy
    Clegerin auf jr. anntwurter vergunnden/in der stat Hall durch
    jre Statknecht fanngklich angenomen/und jren vatter uberli-
    fert/unnd also ob ainen halben jar fanngklich gehalten unnd
    grusamlich gepeiniget worden/unnd so jr der allmechtig nit ge-
    hollffen/also das sy hohenndt zu einem laden aussfallendt/ent-
    loffen were/hette sy als wol zuvermueten/one betracht des
    gegeben glaits/jren anntwurter halben in fanngkhnus muessen
    erfulen unnd sterben/dardurch sy Clegerin in grosse schwer ver-

liembdung jrer eeren halber/schmach/schannd/spott krannck-
heit jrs leibs/unnd entgweltigung jrer klainater unnd klaider
khumen/unnd also wider junnckhfrolich zucht verjagt im ja-
merlichen ellenddt umbtziehen muessen / damit sy anntwurter
jr zuvil unnd zum hochsten gewallt unnd unrecht gethon/unnd
sy Clegerin vil lieber funnfft tusennt gulden/wo sol[c]hs in
jrern vermogen/verlieren oder nit haben wellt/dann sol[c]h
gefanngkhuns/schannd/schmachheit/verlust/wie oblaut/noch-
mals gedulden/In hoffnung das sy die anntwurter schuldig jr
Clegerin hierumb mit funf tusent gulden abtrag zuthun/doch
in dem allem Ewer gnaden richterlichen taren [= wagen = es
darauf ankommen lassen] unnd messignung vorbehallten mit
bekherung aller kosten unnd schaden/oder das darumb zu inen
allen mit aucht [= Ächtung] und anlaiten [= Einsetzung eines
um Schadenersatz Klagenden in des beklagten Güter]/wie recht
gericht werde.» *Hofgericht Rottweil: Anna gegen Schwäbisch Hall*,
HSA Stuttgart, C3 Bü 1546.
47 *Vidismus der stat Schwabischen Hall* (Dienstag nach St. Matthias
1526; aufgezeichnet in Speyer am 6. Mai 1527), HSA Stuttgart,
C3 Bü 1546.
48 «Dieweil die sach ain Glaitsbruch unnd also ain Eehafftin disen
loblichen hovegerichts betreffen ist/So weist man den handels
nit.» *Hofgericht Rottweil.*
49 *Petitio stettmaister unnd statt zu Schwabischen Hall contra Anna
Buschlerin*, HSA Stuttgart, C3 Bü 1546.
50 «Ein Predigt, dass man Kinder zur Schulen halten solle» (1530),
D. Martin Luthers Werke: Kritische Gesamtausgabe (Weimar,
1883), 30/II, S. 532; Ozment, *When Fathers Ruled*, S. 153. «Alle
Autorität hat ihren Ursprung und ihre Berechtigung in der elterlichen Autorität ... All jene, die wir Herren und Meister
nennen, nehmen den Platz der Eltern ein und erhalten von
ihnen Vollmacht und Autorität. In der Bibel nennt man sie Väter, weil sie in ihren Regierungen die Funktionen von Vätern
ausüben und ihrem Volk gegenüber ein väterliches Herz haben ... Die Römer und andere Völker des Altertums ... nannten
ihre Fürsten und Obrigkeiten *patres patriae*, Landesväter; und es
ist eine Schande, daß wir, die wir Christen sind, unsere Herrscher nicht auch so nennen oder sie zumindest nicht wie Väter

ehren und behandeln.» *Dr. Martin Luther's Large Catechism* (Minneapolis, 1935), S. 72.

51 *Petitio stettmaister unnd statt zu Schwabischen Hall contra Anna Buschlerin*; vgl. auch *Exceptiones et in eventum conclusiones Stetmaister unnd Rath zu Schwabischen Hall gegen Anna Buschlerin*, HSA Stuttgart, C3 Bü 1546.

52 «Ist mein underthenig bitt E. Mt. wellen mich zu dem aid der armut gnediglich zulossen damit ich zum rechten kumen moge.» *Supplicatio Anna Buschlerin gegen Schwebischen Hall*, HSA Stuttgart, C3 Bü 1546.

53 «Die Citation hab ich uff der Mauern jn ein schiss loch gelegt/ und davon gangen/hat sich die gnanten Anna Busslerin umbgewendt und die Citation auss dem loch genomen/Das ist gescheen am funffundzwenzigisten tage des monets Februarii, Anno 1527» (Machtolff).

54 *Exceptiones Articulate*, Nr. 37–40.

55 *Ibid.*, Nr. 37.

56 Gerd Wunder, «Rudolf Nagel ... und Hermann Büschler», S. 38.

57 «Vor 1531». Gerhard Wunder und Georg Lenckner, *Die Bürgerschaft der Reichsstadt Hall*, Nr. 1149, S. 161. Höchstwahrscheinlich noch vor dem Sommer 1529.

58 *Urkundenbuch der Stadt Heilbronn*, III (1501–1524), Moriz von Rauch (Hrsg.) (Stuttgart, 1916), Nr. 2620, S. 583–84; Wunder, «Rudolf Nagel ... und Hermann Büschler», S. 39.

59 «Hermann Buschlers dritte hausfraw Barbara Eytelwein von hailpronn», *Ratsprotokolle*, 1502–69, S. clxxix, Stadt- und Hospitalarchiv Schwäbisch Hall.

Kapitel 4: Besser als gar nichts

1 Bonney, *The European Dynastic States*, S. 103–4; J. J. Scarisbrick, *Henry VIII* (Berkeley, 1968), S. 137–38.

2 Bonney, *The European Dynastic States*, S. 104–5.

3 Zu diesen Ereignissen vgl. G. R. Potter, *Zwingli* (Cambridge, England, 1976).

4 Zum Täufertum vgl. Claus-Peter Clasen, *Anabaptism: A Social History, 1526–1618* (Ithaca, N. Y., 1972).

5 Potter, *Zwingli*, S. 338.

6 *Uff dise nachgeende Fragstuckh*, Nr. 32 (Windberg).

7 Es war eine kurze Ehe, weil Hermann Büschler irgendwann vor 1531 Barbara Eitelwein aus Heilbronn heiratete. Gerhard Wunder und Georg Lenckner, *Die Bürgerschaft der Reichsstadt Hall*, Nr. 1149, S. 161.

8 Gerhard Köbler, «Das Familienrecht in der spätmittelalterlichen Stadt», in: Alfred Haverkamp (Hrsg.), *Haus und Familien der spätmittelalterlichen Stadt*, (Köln, 1984), S. 157.

9 *Ibid.*, S. 158.

10 *Ibid.*

11 Huebner, *A History of Germanic Private Law*, S. 629, 645.

12 Ihr Bruder Sebald, der 1529 in Heidelberg studierte, starb 1532, und Anna bekam auch einen Anteil seines mütterlichen Erbes, für das sie laut *Bürgerbuch* am 24. April 1532 Steuern bezahlte. Gerd Wunder und Georg Lenckner, *Die Bürgerschaft der Reichsstadt Hall*, Nr. 1168, S. 162. Es ist mir nicht gelungen, die Todestage von Annas drei verstorbenen Geschwistern (Hermann jun., Sebald und Bonaventure) herauszufinden. Vgl. Anmerkungen 19 und 20.

13 Anna behauptete, daß ihre Schulden beim Tod ihres Bruders mehr als doppelt soviel wie die 397 Gulden betragen hätten, die das Paar schließlich bei der Regelung des mütterlichen Erbes erhielt. Zu *Uff dise nachgeende Fragstuckh* Nr. 46 (Windberg).

14 Huebner, *A History of Germanic Private Law*, S. 633–34.

15 «Alle und jegliche jr hab unnd guter ligende unnd varende/ nichts davon ausgenommen.» *Heiratsbrief zwischen Hermann Büschler zu Schwäbisch Hall und Anna, Tochter des Sebold Hornberger* (1495), in *Acta Hermann Buschlers gegen Hansen von Leutzenbrun und sein hausfrau: Verfahrensfehler in Streitsache betr. Entfremdung vergangenen elterlichen Erbes durch Verkauf bzw. im Fall des Lindenhofes, dessen Uebermachung an Sohn des Kl. Philip Büschler, ohne Konsens der Miterben* (ebenfalls *Akten von Stättmeister und Rat der Stadt* [1534], HSA Stuttgart, C 3 Bü 528 [7]. Zu Gesetzen, die das *Heyratsgut* regelten, vgl. Koch, *Maior dignitas est in sexu virili*, S. 41–55.

16 «So mag er auch als ain rechtunnde person bey den kinden in
witwenstuhl pleiben sitzen und solle der kinde auch des guts
getreulich walten / unnd so die kindt zu iren vogtbarn jaren komen nach baiden taile freunde rathe auch aussteuren und berat-
ten.» *Heyratsbrief* (1495).

17 «Und die ersten unnd nachgenden kindt furter Hermann
Büschlers ir vatterlichs erbe unnd gut gleich mit ainander erben
und tailen. Also das der ersten kind ainem als vil als der nachgenden kindt ainem davon volg und werde alles ungeverlich [=
unbefangen].» *Ibid.*

18 «Und zubeschluss dis heyrats / so ist mit nemblicher worten be-
redt das der obgenant Hermann Büschler der vorgenanten sein
eeliche hausfrau der obgenanten irer heymsteuer / widerlegung
und morgengabe / in erbarn zivilichen form versichern und be-
weyssen soll / damit sie und ire erbern / der habent und versorgt
sein / mög.» *Ibid.*

19 Als Annas Mutter 1520 starb, gab es sechs überlebende Kinder:
vier Söhne, Hermann jun., Philipp, Sebald und Bonaventure
(ein Tuchmacher), und zwei Töchter, Anna und Agathe, *Positiones et Articuli* Nr. 1–3 (Hornung II); Leonhard Feuchter zu
Positional Artikel Nr. 3 (Hornung II). Hermann und Sebald waren beide 1528 tot; Bonaventure wird in Hermann Büschlers
Testament (1543) als vermißt und wahrscheinlich tot aufgeführt. Siehe unten.

20 *Urkundenbuch der Stadt Heilbronn*, IV, Moriz von Rauch (Hrsg.)
(Stuttgart, 1922). Nr. 3081, S. 349. Bezüglich des Vertrags mit
den Leuzenbrunns verzeichnet Hermann Büschlers Testament,
daß Anna 1532 achtzig Gulden als ihren Anteil am mütterlichen
Erbteil ihres verstorbenen Bruders *Sebald* erhielt (vgl. Anmerkung 12). *Testament Hermann Büschlers* HSA Stuttgart, C3 Bü
530 (7, Q 28). Den Zeugenaussagen zufolge war es Hermann
juns. Tod 1528, der die Diskussion über Annas mütterliches
Erbe auslöste. Der städtische Rat gestand Anna damals ein Fünftel vom mütterlichen Erbteil ihres Bruders zu, das logischer-
weise ebenfalls achtzig Gulden betrug. Vielleicht verwechselt
ihr Vater die beiden Söhne in seinem Testament, das erst viele
Jahre später verfaßt wurde, oder führt nur Annas zweiten Erhalt
von achtzig Gulden auf und vergißt den ersten. Leonhard Feuch-

ter zu *Peremptorial Articul Philipsen Buschlers unnd Agatha Schantzin*, Nr. 3 (Windberg).

21 *Ibid.*, Nr. 43 (Windberg); Feuchter zu *Peremptorial Articul*, Nr. 3
(Windberg).

22 «Das der... HB/mir AB/fur mein muterlich erbe und fell/clai-
nat geschmuckt und gebende ... bis uff dato dis brieffs geschehen raichen und geben solle drey hundert sibenundneutzigk
gulden an muntz gemeiner Landswertung. Dagegen sol ich ...
den HB mein vatter dweil er lebt ainichs zugelts oder aussteur
claider/oder clainat halben mit oder aus recht nit belestigen
oder anziehen. Dartzu soll auch... mein vatter / und sein erben/
mit meinen schulden gerichts scheden und zerungen wie die
durch mich gemacht und herkomen nichts ausgenomen/weder
zuschicken noch zuschaffen haben/sonder der gar und gentzlich
frey/und zubezalen nit schuldig.» *Erbvertrag zwischen Hans von
Leuzenbronn bzw. dessen Ehefrau Anna geb. Büschler und Hermann
Büschler* (1528), in *Acta Hermann Büschlers*, HSA Stuttgart, C3
Bü 528 (7).

23 *Fragstuckh/Philipsen Buschlers* zu *Articuli Elisivi Anna Buschlerin*,
Nr. 8 (Hornung II).

24 *Uff dise nachgeende Fragstuckh*, Nr. 45 (Windberg).

25 «An statt der aussteur.» *Articuli Elisivi Anna Buschlerin*, Nr. 9
(Hornung II).

26 Kinder unter fünfundzwanzig konnten enterbt werden, wenn
sie ohne elterliche Zustimmung heirateten. Siehe unten.

27 «Zum drittentheil all meiner verlassen hab unnd guter [als] ir
legitima unnd angepurenden theil.» *Testament Hermann Büschlers.*

28 *Ibid.*

29 *Ibid.*

30 «Nicht teilbarer Besitz wurde häufig nicht übertragen oder
veräußert, sondern einem der Erben überlassen, der dann verpflichtet war, die übrigen zu entschädigen, sei es durch die Zahlung einer bestimmten Summe oder durch Pachtgeld (sogenannte ‹Erbegelder›).» Huebner, *A History of Germanic Private
Law*, S. 709. Zu den verschiedenen Vererbungspraktiken in
protestantischen und katholischen deutschen Ländern siehe
Paula S. Fichtner, *Protestantism and Primogeniture in Early Modern*

Germany (New Haven, 1989). Ebenfalls zu diesen Themen: Peter Ketsch, *Frauen im Mittelalter*, II (Düsseldorf, 1984), S. 181; Köbler, «Das Familienrecht», S. 157–58.

31 «Doch so sollen/in allen vorgeschriben puncten/artickeln/und sachen die eegenanten zwey eeleut alwegen an leben oder am tode gwalt und macht haben/nemlich er solt sein pfert/claider/harnisch/und sie ire claider/kleinott/geschmuck und gepende zu ir jedes leibs gehorung hinzugeben zuverschaffen oder zu vermachen/durch got/oder eere/wem und wohin jr jedes wil.» *Heiratsbrief*, in *Acta Hermann Büschlers*.

32 «Auch hab ich als ich der bosen huren die vier hundert gulden must geben zu willen gehabt das ich sylbergeschirr wolt auch angreiffen und verkauffen.» Brief an Philipp (1530), in *Acta Hermann Büschlers*.

33 Vergleiche Leuzenbrunns zusammenfassende Darstellung vor dem Rat: «Nun aber wurde ich bericht unnd in meines schwehers aigen hanndtgeschrifften/inhalt der hiebey eingelegten copein finde/das genanter mein schweher sich unndderstanden die ligende guetter zum tayll/auch das sylbergeschirr nit alain zuverkauffen/sonnder auch dieselbigen verschafft/Und ain gut umb Tausent gulden angeschlagen/das do zway taussent gulden woll wert ist/welcher doch nit alain wider den heyratbrieff/sonnder auch wider alle billichait.» *Acta Hermann Büschlers* (Prolog).

34 «Das … mein schweher sein heyratsbrieff hinder ain erbarn Rathe erlege/unnd jerlichs seins einnemens und aufgebens vor den verordneten unnd obersten vormunder rechnung tue/oder aber im curatores setzen unnd benennen lasse/die gutter zuverwalthen/wie der stat Hall brauch unnd gewonhait/und ander burgern auch geschehen ist/damit dieselbigen guter also verkaufft wider erstatten und herbey zuthun/nit geschwecht. Und so es zum fall komen wurde/mein hausfrau als der rechten und naturlichen erben ainer/derselbigen nit spoliert und entsetzt werde.» *Ibid.*

35 Vgl. Ozment, *Three Behaim Boys*.

36 Köbler, «Das Familienrecht», S. 159.

37 «Wo die kinder understeen ire eltern an Testamenten und verschaffungen/zu iren und zuhindern/so haben die eltern wol ain

313

ursach sy zuenterben/Und die leibs narung zuwaigern/derowegen ich dan hie auch bezeugt und mir vorgestelt haben will/was mir die recht zulassen.» *Exceptionsschrifft* in *Acta Hermann Büschlers*.

38 «So die kinder verpieten iren eltern, gepürliche testament oder gescheft zetun.» *Nürnberger Reformation* in *Quellen zur neueren Privatrechtsgeschichte Deutschlands* I, Wolfgang Kunken (Hrsg.) (Weimar, 1936), Nnb 15.2, S. 19–20.

39 «Hern Herman Büschler hat bis hieher das geschrey nit gehabt/ das er vil golds umb ain ay geb/auch noch nit hat/das er das sein verspill oder verbüb.» *Exceptionsschrifft*, in *Acta Hermann Büschlers*.

40 Erwiderung auf *Exceptionsbrief*, in *ibid*.

41 Es ist unklar, ob er seine zweite Frau, Elisabeth Krauss, meint oder seine dritte, Barbara Eitelwein.

42 «Hab aber ich Anna Buschlerin und irem eevogt dem Leutzenpronner/fur muterlich auch bruderlich erb laut den quittantzen funfhundert gulden weniger dreyundzwantzigk gulden gereicht und geben … ich ir mer geben hab/dan ich jr vermogs heyratsbrieffe schuldig gewest bin/und ist mir durch bede freundtschafft also geratten worden… ich hab ir geben ir muterlich gut/dabey ich mein lebenlanng der beysitz het mogen haben/und sovil gethon als were sy mir gehorsam gevolich kind gewesen…» Erwiderung auf Leuzenbrunn, in *Acta Hermann Büschlers*.

43 «Erkhennt ain erbar rathe zurecht das Herman Buschler uber den mit weilund Anna Hornbugerin hailigen uffgerichten heyratsbrieve/seinem sone Philipsen/ausserhalb beder thail freundschafft/unnd sonderlich L[euzenpronner] und seiner hausfrauen rathe den hove zu Lindenau seines gevallens zuzestellen unnd zuverendern nit geburt habe/unnd sich hinfuro/uff deren/so an sein Herman Buschlers erbforderung haben begern/mit jerlicher rechnung seines einnemens und ausgebens/ neben getrewer verwalthung der selbigen guter/obangezaigtem heyratsbrieve gemess unnd gleichformig zuhalten/und auch ime Leuzenpronner seine in diser rechtvertigung uffgeloffen cost und scheden/yedoch nach rechtlicher erkantnus und messigung zubezalen schuldig sein solle.» *Ibid*.

Kapitel 5: Die Geschwister

1 Bonney, *The European Dynastic States*, S. 106.

2 Ozment, *Age of Reform*, S. 402–6.

3 *Ibid.*; Williston Walker, *A History of the Christian Church* (New York, 1959), S. 340–42.

4 German, *Chronik von Schwäbisch Hall*, S. 164–65.

5 Dieses Menü wurde anhand von Hermann Büschlers noch erhaltener Speisekarte und zeitgenössischen Kochbüchern rekonstruiert. Auch ich habe das «Historische Büschler-Menü» im Sommer 1994 im Hotel Adelshof besonders genossen. Zum Büschlerschen Festmahl siehe auch German, *Chronik von Schwäbisch Hall*, S. 165.

6 *Ibid.*, S. 166.

7 Michael Seiboth, zu *Der Clegerin übergebene Fragstuck*, Nr. 3 (Machtolff).

8 Gerd Wunder, *Die Bürger von Hall*, S. 166–68.

9 Huebner, *A History of Germanic Private Law*, S. 695–97, 753.

10 Zu *Positiones et Articuli*, Nr. 2 (Hornung I).

11 «Prelegaten».

12 David Schmidlin, zu *Articuli Elisivi Anna Buschlerin*, Nr. 13–15 (Hornung II).

13 «Sagt zeug er wiss durch das Herr Philip unnd die Agatha miteinannder abgetheilt … das der Hermann Buschler im lezten Testament gedachtem seinem sune 1200 gulden zu eim Legat/ darzu auch das Haus fur 1000 unnd dann ein Hoff (so er ime zum heuratt gutt gegeben) nur fur tausent gulden angeschlagen unnd verordent habe/doch gegenn der Agathen/die zwei stuck zuvergleichen.» Zu *Uff dise nachgeende Fragstuckh*, Nr. 54 (Windberg).

14 David Schmidlin schätzte Hermann Büschlers Vermögen auf «unter 15000» Gulden (zu *Fragstuckh / Philipsen Buschlers*, Nr. 2 [Hornung II]), während Anna es auf 20000 Gulden schätzte. *Der Clegerin übergebene Fragstuck*, Nr. 49–51 (Machtolff).

15 Zu *Fragstuckh Philipsen Buschlers*, Nr. 20–21 (Hornung II).

16 «Die bemelt Anna Buschlerin/sich solliches testaments um vatterlichen ordnung/als jrenthalben etwas zu hardt unnd unmildt/durch ehegemelten jren lieben vatter seligen gemeint be-

315

schwern/dan jre in crafft ermelten testaments von sollichen hab und gutern/nit sovil damit sie jre glaubigen zufriden sollen/ Unnd von dem ubrigen jr gepurliche leibs narung die ubrigen tage jres lebens gehaben ervolgen und zustehen wirde.» *Verträge der Büschler-Erben 1543*, HSA Stuttgart, C3 Bü 530 (7, Q 28); eine Kurzfassung, ebenfalls ohne Titel, findet sich in den Machtolff-Akten. Aus einer anderen Stelle des Dokuments, in der Annas schwierige Lebenssituation beschrieben wird, geht hervor, daß man offenbar davon ausging, daß sie nicht sehr lange leben würde: «nit sovil ervolgen unnd gedeihen hett mogen darmit sie jre merckliche gelt schulden bezalen/und die wenigern tag jres lebens jr notturfftige underhaltung gehaben mogen.» *Ibid.*

17 Wolf Sünwald, Schultheiß in Hall, zu *Uff dise nachgeende Fragstuckh*, Nr. 75 (Windberg).

18 Vertrag zwischen den Geschwistern (ohne Titel) (Machtolff).

19 *Testament Hermann Büschlers.*

20 «Auch Hermann Buschlers uffgericht ehafft Testament/jhr Anna nit mher fur vetterlich erbschafft dann ein dritthail eines dritthails fur ir legitima geburt/wie dann in angeregtem vertrag sie Anna mer dan dreymal/ultra dimidium/sollichs ires angeburender legitima/verfortheilt kan sein wordenn.» *Fragstuckh / Philipsen Buschlers*, zu *Articuli Elisivi Anna Buschlers*, Nr. 24 (Hornung II). Siehe unten.

21 Gerd Wunder, *Die Bürger von Hall*, S. 290; Gerhard Wunder und Georg Lenckner, *Die Bürgerschaft der Reichsstadt Hall*, Nr. 1159, S. 162.

22 Annas «Verzicht» (ohne Titel) (Machtolff).

23 Herolt, *Chronica*, S. 129–35; Krüger, *Schwäbisch Hall*, S. 49–50.

24 German, *Chronik von Schwäbisch Hall*, S. 210–13. Zur Grafschaft Hohenlohe vgl. Thomas Robisheaux, *Rural Society and the Search for Order in Early Modern Germany* (Cambridge, 1989).

25 «Bosen hönischen [worten] zu schuben.» *Defensional Articull*, Nr. 10–13 (Machtolff).

26 Er bekleidete dieses Amt zwischen 1532 und 1546.

27 *Uff dise nachgeende Fragstuckh*, Nr. 79–80 (Windberg).

28 «Sie were in dem verthrag uberfiert.» Brief von Maternus Wurzelmann (Machtolff).

29 «Hette als ein betranngte und eingesperte uff dem hause fertigen miessen/dann so sie das nit gethonn hette man sie inn das
gewelb gelegt.» *Ibid.*

30 «Wie dann zwen des Raths mit ein annder geredt/das sie dar-
umben/sie usser Hall gewichen ain gutt schmerbain [*smerbaum*
= ein Baum, der Eicheln trägt, von denen sich Schweine er-
nähren; *smerbein* = ein fetter Knochen] gehapt. Darumben sie
mit anwesen nimermehr geen Hall. Dieweil auch jr bruder
sage sy seye unbesindt. So khanndte sie alss ein unbesindte
khain glüpt/ayde/noch verthrag binden. So habe man jr auch
jres junckenn Sigel zerschlagen wollen/welches jres Manns
freundt nit zuguttem verschien werden.» *Ibid.*

31 «So sie inn beschehenenn furhalten als bedacht gewesen/als
jetze/wolte sie vor ewer fursichtig weisheit miten inn der
Rathstuben mit züchten nider gehauert unnd zum grobsten
was gehandlet haben.» *Ibid.*

32 «Das auch jres vatters heuser, ehe unnd dann der verthrag uffgericht in schlechten/aber jetz inn hohen werdt angeschlagen.» *Ibid.*

33 «Wo sie jrer oberkhait solliche schmach und schand beweysen
das gethonn hette oder noch thete/dazu gehörte ein stain an
hals unnd in ain wasser.» *Ibid.*

34 «Sie wolt den ergsten buben den sie finden khönt, der miesste
auch ain langen spizen im kopff haben.» *Ibid.*

35 Christina Larner, *Enemies of God: The Witchhunt in Scotland*
(Baltimore, 1981), S. 97, 125.

36 *Fragstuck eins Erbern Raths*, Nr. 4, zu *Positiones et Articuli*,
Nr. 5–13; *Defensional Articull*, Nr. 14 (Machtolff); *Superelisif
Articul Philipsen*, Nr. 7 (Windberg).

37 «So widerruff unnd widersprich ich hiemit/in besser form/all
ander satzung/ordnung/testament/letsten willen/unnd hei-
raths beredung/so hievor uffgericht/und durch mich verordirt
so ver und wo sie diessem meinem letsten willen abbruchlich
oder widerwertig sein mochten/unnd will das dieselben crafft-
loss/ab und von unwirden seien.» *Testament Hermann Büschlers.*

38 «Auss vatterlicher mildt und güttigkeitt sy in seinem testa-
ment/unnd letzten willen/mit der Legittima ganntz vetterlich

bedacht.» *Peremptorial Articul: Philipsen Buschlers unnd Agatha Schantzin*, Nr. 8 (Windberg).

39 «Keinen schuldigen gerechtigkeit.» Leonhard Bleimeier, zu *Uff dise nachgeende Fragstuckh*, Nr. 61 (Windberg).

40 Siehe Kapitel 4, Anmerkung 5.

41 Zum Thema Frauen und Bürgerrechte vgl. Wiesner, *Working Women in Renaissance Germany*, S. 18–19.

42 *Fragstuckh/Philipsen Buschlers*, zu *Articuli Elisivi Anna Buschlers*, Nr. 16–26 (Hornung II).

43 *Ibid.*, Nr. 29 (Hornung II).

44 *Der Clegerin übergebene Fragstuck*, Nr. 70 (Machtolff).

45 «Ein drittingtheil der Legitima.» *Ibid.*, Nr. 41 (Machtolff).

46 *Ibid.*, Nr. 42 (Machtolff); *Uff dise nachgeende Fragstuckh...* Nr. 47–51 (Windberg).

47 *Uff dise nachgeende Fragstuckh...* Nr. 54–55. «[Hermann Büschler hat] seinem sun Philips... legats weiss verschafft/unnd nach verschaffung der Legata allerst legitimam seinen dreyen kindern vermeynlich institutions weiss geordnet/dem rechten starks zu wider.» *Articuli Elisivi Anna Buschlerin*, Nr. 14 (Hornung II).

48 «Muss... testator von seiner ganzen narung den kindern legitimam lassen.» *Positiones et Articuli*, Nr. 13 (Hornung II). «Wo ein vatter ein testament machen will/das er seinen kindern Legitimam nature/vonn alles dessen nahrung Iustiticionis weiss zuverschaffen schuldig.» *Uff dise nachgeende Fragstuckh* Nr. 53 (Windberg).

49 «So die töchter sich nit wolten bestatten lassen zu der ee, so der vater sie nach seinem vermögen, vor und eedann sie fünfundzweinzig iar alt worden weren, het geestatten wollen, sonder darüber ein unkeusch leben und wesen auserwelt hett; und so aber der vater an söllicher irer bestattung seumig were und sie in eegstympter zeit und maynung nit verheyrat hett, so sollte sie darumb nit enterbt sein.» *Nürnberger Reformation*, Nnb. 15.2, S. 20. Zum *Schwabenspiegel*: Ketsch, *Frauen im Mittelalter*, II, Nr. 15, S. 192. Siehe oben, S. 139.

50 «Auss grosser armut/forcht/unnd unmundt verursacht/in ein billichen richtigen vertrag zu willigen.» *Articuli Elisivi Anna Buschlerin*, Nr. 19 (Hornung II).

51 «Eyn uberbeschwerlichen/fortheylhafftigen/auch der Clegerin hoch nachtheyligen vortrag.» *Ibid.*, Nr. 20 (Hornung II).

52 «In dem vermeyntenn vertheylhafftigen vertrag/nit allein ultra dimidium justi/sonder wol drey mal mehr und weythers vernachthailt worden.» *Ibid.*, Nr. 21 (Hornung II).

53 «Gutt.» *Der Clegerin übergebene Fragstuckh*, Nr. 53 (Machtolff).

54 *Fragstuckh / Philipsen Buschlers*, Nr. 5, zu *Articuli Elisivi Anna Buschlerin*, Nr. 16–24 (Hornung II).

55 *Der Clegerin übergebene Fragstuck*, Nr. 58–63 (Machtolff).

56 *Ibid.*, Nr. 45–47 (Machtolff).

57 Das sie Anna coppey dess verthrags/unnd Testaments von irem geschwesterig/unnd von eim Rath/der Statt Halle/jr zuzustellen (dann sie weder das Testament noch verthrag nie gesehen noch gelesen) begert habe.» *Ibid.*, Nr. 70–71 (Machtolff); *Articuli Elisivi Anna Buschlerin*, Nr. 27–28 (Hornung II).

58 *Der Clegerin ubergebene Fragstuck*, Nr. 72–74, 80 (Machtolff); *Articuli Elisivi Anna Buschlerin*, Nr. 29–30 (Hornung II).

59 *Der Clegerin ubergebene Fragstuck*, Nr. 80–83 (Machtolff); *Articuli Elisivi Anna Buschlerin*, Nr. 31 (Hornung II).

60 «Wider Recht und billicheit.» Brief an den Rat (Machtolff).

61 *Positiones et Articuli*, Nr. 4–7 (Hornung I); «Eyn citation wider die Clegerin erhalten/die ihr auch verkundt worden/ire beschwerd des vertrags halben furzupringen/oder zusehen unnd hören jr ein ewig stillschweigen uffzulegen.» *Articuli Elisivi Anna Buschlerin*, Nr. 32 (Hornung II).

62 *Positiones et Articuli*, Nr. 8 (Hornung I); *Defensional Articull*, Nr. 13 (Machtolff).

63 Bericht des Rats über die Vorladungen, bei Machtolff.

64 «Sich anders nit versehen mögen/dann alles unraths böser muttwilligen zuschub/gewalts unnd bevehdung.» *Defensional Articull*, Nr. 15–17 (Machtolff).

65 «Nichts dann versicherung vor gwalt und bösen meytereyen gesucht.» *Ibid.*, Nr. 20.

66 *Ibid.*, Nr. 19.

67 «Sie als ein Burgerin bedurffte sich keins aigens versehens.» *Uff dise nachgeende Fragstuckh . . .*, Nr. 105–6 (Windberg).

68 «Die beclagten an ihrem rechten gezweiffelt/unnd gewusst/das sie der clegerin unrecht gethon/unnd mitt dem abgerungenen

319

vertrag sie hoch vernachteylt/on das weren sey, bey ihrer aussbeachter Ladung unnd angefengtem Rechten verbliben/das gar keins wegs verhindert/sonnder desselben usstrags erwartett.» *Articuli Elisivi Anna Buschlerin*, Nr. 39–40 (Hornung II).

69 «Gehebt sich ganntz jemerlich unnd übel sprichenndt das es gott geklagt/das jr verdampt jrs vatters gutt/so zu grossem verderben unnd nachtail an seel unnd leib khomen soll.» *Dergleichen Ir Frauw Anna Büschler beschehene Urgicht* (Machtolff).

70 *Ibid.*

71 «Ihr ein ewige gefangnus bawen lassen.» *Positiones et Articuli*, Nr. 9–11 (Hornung I). «Ein gemach... darin [der Rat] die beclagten/in zeit ires lebens gefenglich zuenthalten vorgehabt.» *Uff dise nachgeende Fragstuckh*, Nr. 113 (Windberg). Ebenso *Der Clegerin übergebene Fragstuck*, Nr. 86–89 (Machtolff).

72 Brief bei Machtolff.

73 *Positiones et Articuli*, Nr. 13–19 (Hornung I); *Uff dise nachgeende Fragstuckh*, Nr. 109–10 (Windberg).

74 *Positiones et Articuli*, Nr. 14–20 (Hornung I); *Defensional Articull*, Nr. 21–23 (Machtolff).

75 «Fur und fur listiglich unnd gewaltiglich gehanndlet worden sey.» *Der Clegerin übergebene Fragstuck*, Nr. 96, 98 (Machtolff); *Uff dise nachgeende Fragstuckh*, Nr. 114–15 (Windberg).

Kapitel 6: Die Zeugen

1 Brief des Esslinger Gerichts an die Sporlands, in Machtolff.

2 Sie bezeichnet sich selbst damals als «ein jung medlein» und «kinds medlein». Zu *Superelisif Articul Philipsen*, Nr. 2 (Windberg).

3 Bleimeier, zu *Defensional Articull*, Nr. 5 (Machtolff); Eisenmenger zu *Uff dise nachgeende Fragstuckh*, Nr. 66 (Windberg).

4 Bleimeier, zu *Defensional Articull*, Nr. 5 (Machtolff): «Wiss... nit zu was vorteil [Wurzelmann] den auffgericht/kin gedenckhen sie der clegerin mer zu guttem dann zu argem geschehen.» Eisenmenger zu *Uff dise nachgeende Fragstuckh*, Nr. 80 (Windberg).

5 Bernhard Werner, zu *Uff dise nachgeende Fragstuckh*, Nr. 79 (Windberg).

6 Zu *ibid.* Nr. 65, 67 (Windberg).

7 Zu *Der Clegerin übergebene Fragstuck*, Nr. 74–80 (Machtolff).

8 Zu *Fragstuck eins Erbern Raths der Statt Schwäbisch Hall contra Anna Buschlerin*, Nr. 4–5 (Hornung I); zu *Articuli Elisivi Buschlerin*, Nr. 30 (Hornung II).

9 «Alle puncten unnd articul des vertrags/fur die handt genommen/und denselbigen nach lengst inn des Herman Buschler hauss/im ecke vor der stuben/bewogen.» Zu *Articuli Elisivi Anna Buschlerin*, Nr. 24 (Hornung II). «Er hab sie nach dem vertrag/aus und ein sehen ghon/in das Philipsen Buschlers haus/wann ihr geliebt.» Zu *Fragstuckh Philipsen Buschler*, Nr. 1, zu *Articuli Elisivi Anna Buschlerin*, Nr. 26 (Hornung II); bestätigt auch von Johann Hornberger, Zu *Der Clegerin übergebene Fragstuck*, Nr. 35–37 (Machtolff).

10 Zu *Defensional Articull*, Nr. 9 (Machtolff).

11 «Zur zeit uffrichtung dess verthrags/die Clegerin voller weins gewest/und daruff nachvolgenns der verthrag der ursachen das sie mit wein beladen gewesen nit halten wollen.» Zu *Der Clegerin übergebene Fragstuck*, Nr. 58 (Machtolff).

12 «Das sie sollichen verthrag vor sitzendem Rath/mit dem leiplichen ayd bestetigt habe dann, er zeug jr clegerin als zu einem curator zugeordnet selbs dabey unnd mit gewesen da sie sollichen ayd erstattet/hab seins wissen sollichen ayd guttwillig gethon unnd sich dessen nit gewidert.» Zu *Defensional Articull*, Nr. 6 (Machtolff).

13 «Als ein curator sey darbey und mit gewesen als die clegerin vor einem Ersamen Rathe/den aydt dess verthrags gethonn/das sie aber darzu genöt worden/sey ime nit wissent/ob sie aber den verthrag willigklichen oder nit angenommen/hab/dabey unnd mit sey er nit gewesen/unnd jm nit wissen.» Zu *Der Clegerin übergebene Fragstuck*, Nr. 83 (Machtolff).

14 Zu *Uff dise nachgeende Fragstuckh* Nr. 93–99, 103 (Windberg).

15 Zu *ibid.*, Nr. 54 (Windberg).

16 «Einer des Raths gewesen/... aber nit ein ganntzer Rathe/derhalben ime jeder förchten möchten.» Zu *ibid.*, Nr. 84 (Windberg).

321

17 «Hinterlegt» nicht «hindergehalten». Zu *ibid.*, Nr. 87–88 (Windberg).

18 Zu *ibid.*, Nr. 63 (Windberg).

19 Zu *ibid.*, Nr. 48–51 (Windberg).

20 Zu *ibid.*, Nr. 54 (Windberg).

21 «Nit sunderlichen eidt thon.» Hans Eisenmenger, zu *ibid.*, Nr. 100 (Windberg). «Sagt zeug [Conrad Büschler]/er als ein curator gemelter Clegerin/habe wie er die curatorschafft annemen sollen/unnd derhalbenn durch die obrigkeit beschickt worden/pflicht gethonn.» Zu *ibid.*, Nr. 100 (Windberg).

22 «Feig sie an zu wainen/dann sie thet sich dess beschweren.» Zu *Der Clegerin übergebene Fragstuck*, Nr. 39 (Machtolff).

23 «Heilbronner rürlin.» Zu *Positiones et Articuli*, Nr. 11 (Hornung I).

24 «Der angenommen vertrag sey ihr nit nachtheylig/dann man hab viel schulden von ir wegen miessen bezalenn.» Anthon Brellochs, zu *ibid.* Nr. 2–3 (Hornung I); Hans Eisenmenger, zu *Uff dise nachgeende Fragstuckh*, Nr. 69 (Windberg).

25 Der Priester Arnold Engel, zu *Positiones et Articuli*, Nr. 2 (Hornung I).

26 Florian Bernbeck, zu *ibid.*, Nr. 5 (Hornung I).

27 Zu *ibid.*, Nr. 6 (Hornung I).

28 «Man hab der Anna unrecht gethon.» Zu *Articuli Elisivi Anna Buschlerin*, Nr. 41 (Hornung II).

29 Zu *ibid.*, Nr. 9–12 (Hornung II); Gerhard Wunder und Georg Lenckner, *Die Bürgerschaft der Reichsstadt Hall*, Nr. 7761, S. 573.

30 «Verfortheilt.» Zu *Fragstuckh Philipsen Buschlers*, Nr. 20–21 (Hornung II).

31 «Das sie sich des hausraths/so Ihr geben worden/beclagt/so acht er zeug fur sich selbs/sie sy damitt verfortheilt worden/dieweyl das zinwerck vast blech gewesst.» Zu *Positiones et Articuli*, Nr. 4 (Hornung I).

32 Gabriel Senft, zu *ibid.*, Nr. 5 (Hornung I); Hans Eisenmenger, zu *Uff dise nachgeende Fragstuckh*, Nr. 86 (Windberg).

33 Zu *Uff dise nachgeende Fragstuckh*, Nr. 75 (Windberg).

34 Zu *ibid.*, Nr. 76 (Windberg).

35 Zu *Fragstuckh Philipsen Buschlers*, Nr. 2 und folgende; zu *Articuli Elisivi Anna Buschlerin*, Nr. 16 (Hornung II).

36 «Das Phillips Buschler die gleubiger annderer gestalt nit ange-
farn/dann das er sich bey jnen erkhundiget/wie/wann unnd
warumb die clegerin inn schuldig/dann ettwan einer meher ge-
fordert/dann man jme schuldig gewesen/alss mit dem juden
Mosse zu Beyingen beschehen/welcher meher dann zwaymal
sovil gevordert alss man ime geben hatt.» Georg Bernbeck, Zu
Der Clegerin übergebene Fragstuck, Nr. 65 (Machtolff). Bleimeier
beschreibt Philipps' Modus operandi einfacher: «welcher seiner schulden rechtgeschaffen unnd bestenndig erfunden der sie
mit lieb bezalt worden/da man aber unnder dem hiettlein spie-
lenn wöllen/hetten sie/wie pillich/eingehalten.» Zu *Uff dise
nachgeende Fragstuckh*, Nr. 86 (Windberg).

37 «Ettliche gleubiger fur ain rath und die oberkhait jrer schulden
halben khomen/gegen denen sich Philips Büschler hart gnug
gehalten.» Ratsherr und Weinschenk Bernhard Werner, zu *Der
Clegerin übergebene Fragstuck*, Nr. 65 (Machtolff).

38 «Philip und Agatha haben alle die schulden/so Anna vor dem
bewilligtenn vertrag gemacht/bezalen sollen/dess sie aber nit
gethon.» *Fragstuck Philipsen Buschlers*, Nr. 8, zu *Articuli Elisivi
Anna Buschlerin*, Nr. 25 (Hornung II). «Philips unnd Agatha
Buschlerin/seyen schuldig daran/am vertrag/das derselb nit ge-
haltenn wordenn/dann sie die schuldner nit bezalen wöllen/
sonder wider uff die Annan gewisenn.» Zu *Fragstuck eines Erbern Raths*, Nr. 1, zu *Positiones et Articuli*, Nr. 4 (Hornung I).

39 In David Schmidlins zusammenfassender Darstellung: Philipp
und Agathe hatten den Vertrag gebrochen «in den puncten/das
sie die schuldnerrn nit bezalen/unnd ihre ettlich haussrath irem
gefallen nach nit gebe wellen.» Zu *Fragstuck eines Erbern Raths*,
Nr. 2, zu *Positiones et Articuli*, Nr. 4 (Hornung I).

40 Conrad Büschler, zu *Uff dise nachgeende Fragstuckh*, Nr. 87–88
(Windberg).

41 Gerd Wunder, «Liebesbriefe»: 87.

42 «Das Philips Buschler viel schulden/fur sie Clegerin bezalt/
unnd hab selbst irem jetzigenn hausswirt Hans Sprolland vor
etlichen wochen/ob 30 gulden von wegen des leibgedings ent-
richt.» Zu *Fragstuckh Philipsen Buschlers*, Nr. 14–16, zu *Articuli
Elisivi Anna Buschlerin*, Nr. 23 (Hornung II).

43 «Nit die wenigste ursach sein/das sie eim Erbarn Raths etliche

schmehe schrifften zugesanndt/sunst auch hien unnd wider/ein Erbarn Rathe/schmehelich/wider jr burger pflicht gehalten unnd beschreitt.» Zu *Fragstuckh Philipsen Buschlers*, Nr. 108 (Windberg).

44 Bernhard Werner, zu *Uff dise nachgeende Fragstuckh*, Nr. 108 (Windberg); fast identische Zeugenaussage von Ratsherr Georg Beinbach, zu *ibid.* (Windberg).

45 Jacob Ehinger, Heilbronner Anwalt, zu *ibid.*, Nr. 75 (Windberg): «Sie die frau Anna Büschlerin zu Matternn Wurzelman altem Stattschreiber inn sein herberg khamen/unnd von uffgerichtem verthrag meldung gethonn/hab sie vil boser spitziger wort triben/unnd unnder annndernn sich threulichen vernomen lassen/sie wolt jren sachen rechtthonn/und sonsten anndere mehr sherpffere wort gerett.» Ehinger, zu *Defensional Articull*, Nr. 13 (Machtolff).

46 Zu *Der Clegerin übergebene Fragstuck*, Nr. 1 (Machtolff): «Er zeug alss botten weiss ettwann zu jr khamen/hab sie jme vill klagt wie es jr ganng mit jrem bruder/dann jr bruder Phillips hab es zu wegen bracht/das sie uss dcr statt vertriben/unnd miess jezo jm lannd umbziehen/unnd sitz er Phillips Büschler uff jres vatters unnd muetterlichen gutt/dess thue er niessen/ unnd sey sie davon verthriben/unnd sie well jme mit Recht woll begegnen.» Zu *Defensional Articull*, Nr. 10–11 (Machtolff).

47 «Die brieff unnd gerechtigkeit belangenndt/sagt zeug/es seyen ettlich brieve/inn lumplin gebunden/inn Rath bracht wordenn/ unnd darbey anzeygt das Anna Buschlerin ettlich brieff mitt den zemen zerissen unnd uff den weg von Munckheim einher ires kodt geworffen/die ubrigen so noch da gewesen/hab ein Erbar Rath/uff beschehen schreyben/dem Chamergericht/ uberschickt.» Hans Eisenmenger, zu *Positiones et Articuli*, Nr. 11 (Hornung I). Knapper und sensationslüstern: Florian Bernbeck, zu *ibid.* (Hornung I).

48 Peter Bart, zu *ibid.* (Hornung I).

49 «Aller pfleg.» Ratsherr Georg Bernbach, zu *Defensional Articull*, Nr. 18 (Machtolff).

50 «Sie seines wissenns unklagbar gewest.» Zu *ibid.* (Machtolff).

51 «Ime woll wissendt sein/das ein Ersamer Rath zu Hall im spital

ain gemach zurichten lassen wellen. Ehe aber dasselbig ussge-
macht sey sie clegerin selbs usskhomen.» Zu *Der Clegerin übergebene Fragstuck*, Nr. 94 (Machtolff).

52 Zu *Uff dise nachgeende Fragstuckh*, Nr. 113 (Windberg).

53 Zu *ibid.* (Windberg).

54 «So hab man in einem anndern gewelb oder stublin/eysen güt-
ter fur die fenster/unnd denn offenn machen lassen/Also sey die
sag gewesenn/man habs ihr Anna Buschlerin machen lassenn.»
Zu *Positiones et Articuli*, Nr. 11 (Hornung I).

55 «Nein mit nichten/hett man sie zu ewigen gefenncknus angenommen oder behalten wöllen/sunder sie in ein weibliche
verwarhung ein zeitt lanng verordnet.» Zu *Uff dise nachgeende
Fragstuckh*, Nr. 113 (Windberg).

56 «Nit billich.» Zu *Der Clegerin übergebene Fragstuck*, Nr. 95
(Machtolff).

57 Peter Ketsch, *Frauen im Mittelalter*, II: *Frauenbild und
Frauenrechte in Kirche und Gesellschaft. Quellen und Materialien*,
Annette Kuhn (Hrsg.) (Düsseldorf, 1984), S. 181, 190.

Kapitel 7: Die Moral

1 «Sie haben in die peen/artikculirten mandats nit fallen können/
dieweyl sie Anna seins wissens/zuvor aus der gefengknuss kho-
men/ehe das mandat eim Rath insinuiert worden.» Florian
Bernbeck, *Positiones et Articuli*, Nr. 19 (Hornung I); Leonhard
Feuchter, *ibid.*

2 H. C. Erik Midelfort, *Witchhunting in Southwestern Germany*
(Stanford, 1972); Gerald Strauss, *Law, Resistance, and the State:
The Opposition to Roman Law in Reformation Germany* (Baltimore,
1986).

3 Ich danke John Witte jr., der mich auf diesen Aspekt aufmerk-
sam machte.

4 Bücher zum Thema: Quentin Skinner, *The Foundations of Modern Political Thought, II: The Reformation* (Cambridge, 1978); zu
den Konziltheoretikern des 14. und 15. Jahrhunderts siehe Francis Oakley, «Walter Ullmann's Vision of Medieval Politics»,
Past & Present 60 (1973): 1–10. Zur politischen Theorie Luthers

und dem Widerstandsrecht, Heinz Scheible (Hrsg.), *Das Widerstandsrecht als Problem der deutschen Protestanten* (Gütersloh,
1969); O. K. Olson, «Theology of Revolution Magdeburg,
1550–1551», *Sixteenth Century Journal 3* (1972): 56–79; und Eike
Wolgast, *Die Religionsfrage als Problem des Widerstandsrechts im
16. Jahrhundert* (Heidelberg, 1980). Zur politischen Theorie Cal-
vins und dem Widerstandsrecht J. H. Franklin, (Hrsg. und
Übers.), *Constitutionalism and Resistance in the Sixteenth Century:
Three Treatises by Hotman, Beza, and Mornay* (New York, 1969);
Donald Kelley, *The Beginning of Ideology: Consciousness and
Society in the French Reformation* (Cambridge, 1981); und R. M.
Kingdon und R. D. Lindner (Hrsg.), *Calvin and Calvinism:
Sources of Democracy?* (Lexington, MA, 1970).

5 Siehe Heide Wunders aufschlußreiche Analyse in *«Er ist die
Sonn', sie ist der Mond»*, S. 267–68. Einen anschaulichen Überblick über die Literatur liefert Merry Wiesner-Hanks in *Women
and Gender in Early Modern Europe* (New York, 1993).

6 Heide Wunder stellt den gleichwertigen Beitrag der Frauen zum
Familieneinkommen heraus. Zum einen brachten Frauen ihre
Mitgift in die Ehe ein, zum andern konnten sie, ob ledig oder
verheiratet, ein Gewerbe ausüben; darüber hinaus leisteten
Frauen in ihrer Rolle als Hausfrauen und als Chronistinnen der
Familiengeschichte einen bedeutenden Beitrag zum kulturellen
Leben. *«‹Er ist die Sonn›.»* Zur aktiven Beteiligung von Frauen
an Politik und Kriegen vgl. Marion Kobelt-Groch, *Aufsässige
Töchter Gottes. Frauen im Bauernkrieg und in den Täuferbewegungen*
(Frankfurt am Main, 1993).

7 Gerhard Wunder und Georg Lenckner, *Die Bürgerschaft der
Reichsstadt Hall*, S. 167. Um 1600 konnten in Hall Frauen das
Bürgerrecht erwerben, wenn sie über ein Vermögen von 80 Gulden verfügten; Männer mußten ein Vermögen von 100 Gulden
vorweisen. German, *Chronik von Schwäbisch Hall*, S. 144. In den
Städten verfügten Frauen durch ihre Ehemänner auch über ein
«passives» Bürgerrecht.

8 Zum Thema Frauen und Männer in den Handwerkszünften
siehe Shulamith Shahar, *Die Frau im Mittelalter* (Frankfurt, 1986);
Gabriele Becker et al., *«Aus der Zeit der Verzweiflung». Zur Genese und Aktualität des Hexenbildes* (Frankfurt am Main, 1977),

S. 63–66, 107–14; Barbara Beuys, *Familienleben in Deutschland. Neue Bilder aus der deutschen Vergangenheit* (Reinbek, 1980), S. 267–75.

9 Christina Larner faßt die Studien von MacFarlane über England (Essex), von Midelfort über Südwestdeutschland und von Soman über Paris zusammen und schließt ihre eigenen Ergebnisse über Schottland an. Sie kommt zu folgendem Schluß: «Der beträchtliche Anteil an ‹männlichen Hexen› in den meisten Teilen Europas weist darauf hin, daß eine Hexe nicht ausschließlich weiblich definiert war... trotzdem waren vier von fünf Personen, die man der Hexerei bezichtigte, weiblich. Hexerei war daher kein geschlechtsspezifisches, dafür aber ein geschlechtsbezogenes Phänomen.» *Enemies of God*, S. 91–92.

10 Literatur zum Thema: Ian Maclean, *The Renaissance Notion of Women: A Study in the Fortunes of Scholasticism and Medical Science in European Intellectual Life* (Cambridge, England, 1980). Zur rechtlichen Stellung der Frau im Mittelalter vgl. Ketsch, *Frauen im Mittelalter*, und Gernot Kocher, «Die Frau im spätmittelalterlichen Rechtsleben» in *Frau und spätmittelalterlicher Alltag* (Wien, 1986), S. 175–86. Wie Kocher allerdings herausstellt, enthalten selbst die Gesetzbücher sehr unterschiedliche Einschätzungen: «Insgesamt gesehen, bietet die Position der Frau im mittelalterlichen Rechtsleben kein einheitliches Bild. Die Spannweite reicht von der weitgehenden Unterordnung der Frau durch Geschlechtsvormundschaft oder Munt über Lockerungen dieser personenrechtlichen Herrschaftsform bis zur selbständig in das Erwerbs- und Rechtsleben integrierten Frau» (S. 485).

11 *Malleus maleficarum*, in Alan Kors und Edward Peters (Hrsg.), *Witchcraft in Europe, 1100–1700: A Documentary Survey* (Philadelphia, 1972), S. 124–27, 145. Zum Thema Hexenkunst und Hexenverfolgung: Brian Levack, *The Great Witch Hunt in Early Modern Europe* (New York, 1988); William Monter (Hrsg.), *European Witchcraft* (New York, 1969); Richard Kieckhefer, *European Witch Trials* (Berkeley, 1976).

12 Zahlreiche Beispiele hierfür in Ozment, *When Fathers Ruled*, und Moore, *The Maiden's Mirror*.

13 Leonhard Frank, *Hermann Büschler – Der Stättmeister zu Schwäbisch Hall* (Hall, 1922).

14 Siehe oben, Kapitel 1.

15 Frank, *Hermann Büschler*, S. 128, 241.

16 *Ibid.*, S. 128–30, 225–26, 241.

17 Hermann Büschler hatte aus seiner ersten Ehe mit Anna Hornberger keine Tochter namens Susanne. Ich habe keinerlei Nachkommen aus seinen späteren Ehen, die beide nur von kurzer Dauer waren, ausfindig machen können. Da Büschler 1543 starb, kann er eigentlich aus seiner zweiten oder dritten Ehe keine Tochter gehabt haben, die in Susannes Alter war.

18 Die Familie Seiferheld war eine der ältesten Familien in Hall und gehörte auch zu den ersten, die mit der Salzgewinnung ein Vermögen machten. Der bekannte Georg Seiferheld (1482–1539) war ein Zeitgenosse Hermann Büschlers und gehörte ebenfalls dem Rat an. Er heiratete 1513 Walburg Wetzel, die ihn überlebte. Sein ältester Sohn Georg (gest. 1578), der 1537 Kaila Krauss heiratete, spielte im politischen Leben der Stadt eine führende Rolle und war ein Zeitgenosse Annas. Gerd Wunder, *Die Bürger von Hall*, S. 279; Gerd Wunder, *Personendenkmale der Michaelskirche in Schwäbisch Hall*, S. 44. Möglicherweise machte er in den zwanziger Jahren Anna den Hof und diente Leonhard Frank als Vorbild für Susannes ehrbaren Freier.

19 Frank, *Hermann Büschler*, S. 128–30, 187–88, 206.

20 Gerd Wunder, *Die Bürger von Hall*, S. 74–76.

21 «Dem Rat mißfiel Büschlers Eingriff in ein schwebendes Verfahren, und der mächtige Mann verlor darüber seinen Sitz im Rat.» *Ibid*, S. 180. Der Skandal ereignete sich darüber hinaus zu einer Zeit, als sich der alte Bürgermeister mit seinem Widerstand gegen die Reformation im Rat immer unbeliebter machte, so daß seine Tage als Bürgermeister gezählt waren.

22 Gerd Wunder, «Liebesbriefe»: 87.

Die Abbildungen

Barbara Beuys

Florenz
Stadtwelt – Weltstadt
Urbanes Leben von 1200 bis 1500
336 Seiten. Gebunden

Und wenn die Welt voll Teufel wär
Luthers Glaube und seine Erben
608 Seiten. Gebunden
Barbara Beuys gibt einen eindrucksvollen Überblick
über 500 Jahre Protestantismus

Der Große Kurfürst
Der Mann, der Preußen schuf
(rororo sachbuch 7820)

Heimat und Hölle
Jüdisches Leben in Europa durch zwei Jahrtausende.
Religion, Geschichte, Kultur
784 Seiten. Gebunden

Vergeßt uns nicht
Menschen im Widerstand 1933–1945
(rororo sachbuch 8773)

Rowohlt

Hella S. Haasse

Ich widerspreche stets
Das unbändige Leben der Gräfin Bentinck
Roman
Deutsch von Maria Csollány
448 Seiten. Gebunden
Ein biographischer Roman über das Leben einer
außergewöhnlichen Frau im 18. Jahrhundert.

Die scharlachrote Stadt
Roman
Deutsch von Maria Csollány und Waltraud Hüsmert
384 Seiten. Gebunden und als
rororo Band 13917
«Hella S. Haasse malt in ihrem historischen Roman meisterhaft
mit den glühenden Farben von Laster und Leidenschaft,
von Elend und Prachtentfaltung vergangener Zeiten.»
Buchjournal

Die Teebarone
Roman
Deutsch von Maria Csollány
352 Seiten. Gebunden

Wald der Erwartung
Das Leben des Charles von Orléans
Roman
Deutsch von Maria Csollány
688 Seiten. Gebunden und als
rororo Band 13593

Der schwarze See
Roman
rororo Band 13438

Wunderlich